As cem linguagens da criança

E26c Edwards, Carolyn.

As cem linguagens da criança : a abordagem de Reggio Emilia na educação da primeira infância / Carolyn Edwards, Lella Gandini, George Forman ; tradução: Dayse Batista ; revisão técnica: Maria Carmen Silveira Barbosa. – Porto Alegre : Penso, 2016.

295 p. : il. ; 25 cm. – v. 1.

ISBN 978-85-8429-067-3

1. Educação infantil. I. Gandini, Lella. II. Forman, George. III. Título.

CDU 373.2

Catalogação na publicação: Poliana Sanchez de Araujo – CRB 10/2094

Carolyn Edwards | Lella Gandini | George Forman

As cem linguagens da criança

A abordagem de Reggio Emilia na educação da primeira infância

VOLUME 1

Tradução
Dayse Batista

Revisão técnica
Maria Carmen Silveira Barbosa
Doutora em Educação pela Universidade Estadual de Campinas (Unicamp)
Professora Associada da Faculdade de Educação da
Universidade Federal do Rio Grande do Sul (UFRGS)

penso

2016

Obra originalmente publicada sob o título
The Hundred Languages of Children: The Reggio Emilia Approach to Early Childhood Education

ISBN 0-89391-933-0

Gerente editorial: *Letícia Bispo de Lima*

Colaboraram nesta edição

Editora: *Priscila Zigunovas*

Assistente editorial: *Paola Araújo de Oliveira*

Arte sobre capa original: *Márcio Monticelli*

Imagem de capa: *Cervello che pensa e decide. Brain who thinks and decides. Cérebro que pensa e decide.* Desenho feito por crianças de 5 e 6 anos na Diana Preschool, Reggio Emilia, Itália, de: *A journey into the rights of children*, publicado por Reggio Children, 1995.
© Scuole e Nidi d'Infanzia. Istituzione del Comune di Reggio Emilia. Escolas e Creches para a Infância. Instituição da Comuna de Reggio Emilia. Preschools and Infant-Toddler Centres. Institution of the Municipality of Reggio Emilia (Itália).

Leitura final: *Juliane Gabriela Mergener*

Editoração eletrônica: *Formato Artes Gráficas*

Reservados todos os direitos de publicação, em língua portuguesa, à
PENSO EDITORA LTDA., uma empresa do GRUPO A EDUCAÇÃO S.A.
Av. Jerônimo de Ornelas, 670 – Santana
90040-340 – Porto Alegre – RS
Fone: (51) 3027-7000 Fax: (51) 3027-7070

Unidade São Paulo
Av. Embaixador Macedo Soares, 10.735 – Pavilhão 5 – Cond. Espace Center
Vila Anastácio – 05095-035 – São Paulo – SP
Fone: (11) 3665-1100 Fax: (11) 3667-1333

SAC 0800 703-3444 – www.grupoa.com.br

IMPRESSO NO BRASIL
PRINTED IN BRAZIL

Invece il cento c'é.

Il bambino
é fatto di cento.
Il bambino ha
cento lingue
cento mani
cento pensieri
cento modi di pensare
di giocare e di parlare
cento sempre cento
modi di ascoltare
di stupire di amare
cento allegrie
per cantare e capire
cento mondi
da scoprire
cento mondi]da inventare
cento mondi
da sognare.
Il bambino ha
cento lingue
(e poi cento cento cento)
ma gliene rubano novantanove.
La scuola e la cultura
gli separano la testa dal corpo.
Gli dicono:
di pensare senza mani
di fare senza testa
di ascoltare e di non parlare
di capire senza allegrie
di amare e di stupirsi
solo a Pasqua e a Natale.
Gli dicono:
di scoprire il mondo che già c'é
e di cento
gliene rubano novantanove.
Gli dicone:
che il gioco e il lavoro
la realtà e la fantasia
la scienza e l'immaginazione
il cielo e la terra
la ragioone e il sogno
sono cose
che non stanno insieme.

Gli dicono insomma
che il cento non c'é.
Il bambino dice:
invece il cento c'é.

Ao contrário, as cem existem.

A criança
é feita de cem.
A criança tem
cem mãos
cem pensamentos
cem modos de pensar
de jogar e de falar.
Cem sempre cem
modos de escutar
as maravilhas de amar.
Cem alegrias
para cantar e compreender.
Cem mundos
para descobrir.
Cem mundos
para inventar.
Cem mundos
para sonhar.
A criança tem
cem linguagens
(e depois cem cem cem)
mas roubaram-lhe noventa e nove.
A escola e a cultura
lhe separam a cabeça do corpo.
Dizem-lhe:
de pensar sem as mãos
de fazer sem a cabeça
de escutar e de não falar
de compreender sem alegrias
de amar e maravilhar-se
só na Páscoa e no Natal.
Dizem-lhe:
de descobrir o mundo que já existe
e de cem
roubaram-lhe noventa e nove.
Dizem-lhe:
que o jogo e o trabalho
a realidade e a fantasia
a ciência e a imaginação
o céu e a terra
a razão e o sonho
são coisas
que não estão juntas.

Dizem-lhe:
que as cem não existem
A criança diz:
ao contrário, as cem existem.

– LORIS MALAGUZZI

Autores

Carolyn Pope Edwards, Professor, College of Human Environmental Sciences, University of Kentucky, Lexington.

Lella Gandini, Liaison to the U.S. for the Department of Early Education, Reggio Emilia; and Adjunct, School of Education, University of Massachusetts, Amherst.

George Forman, Professor, School of Education, University of Massachusetts, Amherst.

Baji Rankin, Doctoral Student, Boston University, Boston, MA, Adjunct Faculty, Wheelock College, Institute for Self-Active Education.

Betsy Damian, Follow-Through Kindergarten Teacher, Cambridge Public Schools, Cambridge, MA.

Carlina Rinaldi, *Pedagogista*, Department of Early Education, Reggio Emilia.

David Hawkins, Professor Emeritus, University of Colorado, Boulder.

Debie LeeKeenan, Teacher, Amherst Public Schools, Amherst, Massachusetts.

Diane Rollo, Education Supervisor, Head Start, Boston, MA.

Eunice Shaw Perry, Associate Professor, Director of Child Study, Mount Ida College, Newton, MA.

Howard Gardner, Professor, Graduate School of Education, Harvard University, Cambridge, MA.

Irene Rochwarg, Director, Early Childhood Learning Center, North Andover, MA.

Joan Langley, Teacher, Amherst Public Schools, Amherst, Massachusetts.

John Nimmo, Assistant Professor, Faculty of Education and Human Development, Pacific Oaks College Outreach, Bellevue, WA.

Lilian Katz, Profesor, ERIC Clearinghouse on Elementary and Early Childhood Education, University of Illinois, Urbana.

Loris Malaguzzi, Founder and Past Director; Director, *Bambini* (journal), Department of Early Education, Reggio Emilia.

Lynda Wrisley, Teacher, Amherst Public Schools, Amherst, Massachusetts.

Meg Barden, Lecturer, School of Education, University of Massachusetts, Amherst.

Moonja Lee, Doctoral Student, School of Education, University of Massachusetts, Amherst.

Nora Cannon, Artist, Art Educator, Boston, MA.

Patricia Corsaro, Art Specialist, Early Childhood Learning Center, North Andover, MA.

Paul Kaufman, Writer and Television Producer, P.K. Inc., New York.

Rebecca New, Assistant Professor, Department of Education, University of New Hampshire, Durham.

Sergio Spaggiari, Director, Department of Early Education, Reggio Emilia.

Tiziana Filippini, *Pedagogista*, Department of Early Education, Comune of Reggio Emilia, Italy.

Vea Vecchi, *Atelierista*, Department of Early Education, Reggio Emilia.

Sumário

Parte III
Da teoria à prática

Parte IV
A extensão da abordagem de Reggio Emilia para as escolas americanas

Parte V
Conclusão

"Eu penso sobre minha vida". Desenho realizado por criança de 5 anos, Diana School.

Prefácio
Perspectivas complementares sobre Reggio Emilia

Em meio à imensa gama de livros sobre educação lançados atualmente, poucos se destacam. É o caso do livro que você tem em suas mãos agora. Conjunto integrado de ensaios sobre uma abordagem única à educação na primeira infância, *As Cem Linguagens da Criança* documenta o impressionante conjunto de escolas criadas nos últimos 30 anos em Reggio Emilia, no norte da Itália. Ao mesmo tempo, o livro constitui uma meditação profunda sobre a natureza da condição humana inicial, e sobre como ela pode ser guiada e estimulada em diferentes meios culturais. Todos aqueles com interesse por educação de crianças devem lê-lo; poucos sairão dessa experiência indiferentes.

Nas páginas iniciais deste livro, você lerá a impressionante história de como Loris Malaguzzi, um intelectual e jovem professor italiano, interessou-se pela construção de uma nova escola logo após a Segunda Guerra Mundial e transformou a paixão momentânea por essa construção em um amor vitalício por seus pequenos alunos. Sem dúvida, Malaguzzi (como é geralmente chamado) é o gênio condutor de Reggio – o pensador cujo nome merece ser pronunciado com a mesma reverência oferecida a seus heróis, Froebel, Montessori, Dewey e Piaget. Entretanto, muitíssimo mais que a maioria dos outros pensadores educacionais, Malaguzzi dedicou sua vida ao estabelecimento de uma comunidade didática: um grupo impressionante de professores de várias linhas e especialidades que trabalhou junto por anos, até mesmo por décadas, com os pais, membros da comunidade e milhares de crianças, para formar um sistema que funciona.

O sistema de Reggio pode ser descrito sucintamente da seguinte maneira: ele é uma coleção de escolas para crianças pequenas, nas quais o potencial intelectual, emocional, social e moral de cada criança é cuidadosamente cultivado e orientado. O principal veículo didático envolve a presença dos pequenos em projetos envolventes, de longa duração, realizados em um contexto belo, saudável e pleno de amor. Dewey escreveu sobre a educação progressiva por décadas, mas sua escola teve a duração de escassos quatro anos. Em acentuado contraste, a comunidade de Reggio, mais do que a filosofia ou o método, é a conquista central de Malaguzzi: em nenhum outro local, no mundo, existe tamanha relação harmoniosa e simbiótica entre a filosofia progressiva de uma escola e suas práticas.

Assim como Reggio representa a conquista de muitos indivíduos e grupos, cujos talentos foram trazidos à tona, também este livro é especial pelos indivíduos que nele ofereceram suas reflexões sobre Reggio a partir de suas perspectivas diferenciadas e complementares. Dentro da família de Reggio, existem ensaios realizados por indivíduos que representam o ensino, o desenho e a apresentação arquitetônica, as relações comunitárias e o rico currículo de projetos. Sob a perspectiva norte-americana, existem as impressões de um filósofo, um produtor de filmes, um educador progressista e diversos pesquisadores que exploraram as dimensões cognitiva, afetiva e social dos projetos levados avante pelas crianças de Reggio e por seus professores. Merece uma menção especial o grupo de educadores-pesquisadores que realizaram idas e vindas entre Reggio e Massachusetts, durante a década de 80, compartilhando experiências e desenvolvendo sua própria rede transoceânica. Esses indivíduos e outros ajudaram a tornar Reggio Emilia conhecida no mundo, mesmo enquanto tentavam explicar sua natureza especial a audiências interessadas de ambos os lados do Atlântico.

Palavras são o meio principal – necessariamente – em um livro. Os escritores realizaram um trabalho esplêndido, recriando a atmosfera especial de Reggio, e as várias fotos e diagramas aqui apresentados acrescentam o elemento visual essencial à composição. As várias exibições sobre Reggio que têm sido disponibilizadas têm ajudado a transmitir sua atmosfera única, vista atualmente também em filmes e vídeos sobre ela. É certo, contudo, que não há substituto para uma visita a Reggio Emilia, e a publicação deste livro aumentará, evidentemente, o movimento em direção à exuberante e civilizada área de Emilia Romagna. Mesmo para aqueles que estão bastante familiarizados com o cenário de Reggio, este livro oferece uma ampla gama de informações adicionais. Como alguém que teve o privilégio de visitar Reggio alguns anos atrás, e que desde então permaneceu em contato, posso dizer que aprendi algo com quase todas as páginas deste audacioso livro.

Ao ler *As Cem Linguagens da Criança*, senti-me impressionado – ou novamente impressionado – por muitas de suas mensagens, das quais mencionarei apenas algumas. Muito tem sido escrito sobre os métodos progressistas na educação, mas raramente os ideais da educação progressista são realmente tornados realidade. Talvez uma das razões para isso seja a necessidade de uma equipe disposta a trabalhar em prol de um conjunto de ideias estimulantes; a equipe precisa criar procedimentos para alcançar uma educação de qualidade, encorajando, ao mesmo tempo, o crescimento de todos aqueles que nela participam. Muito tem sido escrito sobre os poderes da mente jovem, mas raramente esses poderes podem ser vistos em plena ação. Em Reggio, os professores sabem como escutar as crianças, como permitir que tomem a iniciativa e também como orientá-las de maneira produtiva. Não é exagero querer alcançar padrões adultos, mas é a dedicação exemplificada pela comunidade que garante resultados de qualidade. O efeito se dá por causa do infinito cuidado com cada aspecto da existência, quer seja pela decisão de constituir grupos de duas crianças, em vez de três, quer seja pela escolha do pincel ou da cor ou mesmo pela receptividade a receber e fazer surpresas. Reggio desafia com sucesso muitas falsas dicotomias – arte *versus* ciência, indivíduo *versus* comunidade, criança versus adulto, prazer *versus* estudo, família nuclear versus grande família. Ao alcançar uma harmonia única que engloba esses contrastes, ela reconfigura os nossos esclerosados sistemas categóricos.

Como um educador norte-americano, não posso evitar a surpresa por certos paradoxos. Na América, orgulhamo-nos do foco sobre as crianças e, contudo, não prestamos atenção suficiente ao que elas estão realmente expressando. Podimos a aprendizagem cooperativa entre as crianças e, ao mesmo tempo, raramente sustentamos esta cooperação no nível do professor e do administrador. Exigimos trabalhos artísticos, mas raramente conseguimos criar ambientes que possam verdadeiramente apoiá-los e inspirá-los. Pedimos o envolvimento da família, mas detestamos dividir a autoria, a responsabilidade e o crédito com os pais. Reconhecemos a necessidade por uma comunidade, mas com muita frequência nos cristalizamos imediatamente em grupos com interesses próprios. Saudamos o método da descoberta, mas não temos confiança para permitir que as crianças sigam suas próprias intuições e palpites. Desejamos o debate, mas repetidamente o arruinamos; queremos escutar, mas preferimos falar; somos afluentes, mas não protegemos os recursos que nos permitem permanecer assim e, dessa forma, apoiar a afluência de outros. Reggio é muito instrutiva nesses aspectos. Enquanto ficamos propensos a invocar slogans, os educadores em Reggio trabalham incessantemente para a solução de muitos desses temas fundamentais e fundamentalmente difíceis.

É tentador idealizar Reggio Emilia. É tão bonita, funciona tão bem! Isso seria um erro, contudo: está claro, a partir dos ensaios apresentados neste livro, que Reggio lutou muito no passado e que, efetivamente, o conflito jamais pode estar ausente das conquistas de qualquer entidade dinâmica. As relações com a Igreja Católica jamais foram fáceis; os conflitos políticos nos níveis municipal, estadual e nacional nunca cessam; e até o maravilhoso início educacional alcançado pelos mais jovens é ameaçado - e talvez minado - por um sistema escolar muito menos inovador. Reggio se distingue menos pelo fato de ter descoberto soluções permanentes para esses problemas – porque, naturalmente, isso não ocorreu – do que pelo fato de reconhecer esses dilemas destemidamente e continuar tentando lidar com eles com seriedade e imaginação.

Tive o privilégio de visitar centros de educação para a primeira infância em muitos países, e aprendi muito com o que observei nesses diversos contextos. Como outros turistas educacionais, fiquei impressionado com os estimulantes museus para crianças nas cidades grandes dos Estados Unidos, com os ambientes não competitivos na Escandinávia, com a formação compassiva e sensível das habilidades artísticas na China, com o envolvimento bem orquestrado da resolução conjunta de problemas no Japão e com os sinceros esforços que estão sendo empregados em muitos locais para desenvolver, nas crianças pequenas, a sensibilidade a diversos grupos raciais e étnicos. A seu modo, cada um desses ambientes educacionais tem de se esforçar para encontrar seu próprio ponto confortável de repouso entre os desejos dos indivíduos e as necessidades do grupo; a formação de habilidades e o cultivo da criatividade; o respeito pela família e o envolvimento em uma comunidade mais ampla; a atenção ao crescimento cognitivo e a preocupação com questões de temperamento, sentimentos e espirituais.

Existem muitas formas de mediar essas tensões e esses impulsos humanos. A meu ver, nenhum lugar do mundo contemporâneo conseguiu ter tamanho sucesso como as escolas de Reggio Emilia. Quando a Revista Newsweek, lançando discretamente uma moda, escolheu "As dez melhores escolas do mundo", em dezembro de 1991, fazia todo o sentido que Reggio Emilia fosse a vencedora na categoria infantil. Reggio significa, para mim, uma educação efetiva e humana; seus alunos passam por um aprendizado consistente sobre a humanidade, que pode durar por toda a vida.

Graças aos esforços de Carolyn Edwards, Lella Gandini e George Forman, este incrível empreendimento educacional pode agora ser melhor conhecido – e mais efetivamente usado como um modelo – pela comunidade de cidadãos preocupados de nosso mundo tão cheio de problemas.

Howard Gardner

"Discussões difíceis, em zigue-zague, intricadas e importantes". Desenho realizado por criança de 5 anos, Diana School

Comentários

A história de Malaguzzi, outras histórias

A extraordinária história contada por Loris Malaguzzi, em sua entrevista com Lella Gandini, lembrou-me vividamente de meu primeiro encontro com ele. Isso ocorreu na grande conferência de Reggio Emilia em março de 1990, quando ele falou de modo bastante incisivo sobre o tema da conferência – os Potenciais e os Direitos das Crianças. Sua história lembrou-me também de outras histórias que têm sido contadas, ou poderiam ser contadas, de diferentes locais e momentos. Todas falam de esforços bem-sucedidos para a criação de novos padrões de prática didática – padrões que podem, no mínimo, começar a ir de encontro aos múltiplos talentos das crianças pequenas. A maior parte desses outros sucessos tem sido limitada e, frequentemente, tem curta duração. Contudo, somados, eles lançam alguma esperança e compensam algo das muitas décadas de negligência e preocupação dos adultos com outras questões. Embora a educação esteja entre as partes mais antigas e mais vitais da práxis humana, os sucessos têm sido tipicamente apoiados apenas por meio de uma tradição de minorias, ignorados pela sociedade mais ampla, até mesmo pela curiosidade científica e pelos pesquisadores da educação. O fato de isso ser verdade é paradoxal. Uma exceção tão brilhante, como é o caso de Reggio Emilia, deve, portanto, trazer consigo uma grande alegria.

Penso que vale a pena recordarmos algumas dessas outras histórias. Malaguzzi refere-se, de passagem, a algumas delas, principalmente aos teóricos. Deixe-me mencionar alguns. Na área da educação, como em muitas outras, a boa teoria – ouso dizer – tem vindo principalmente como uma colheita, um reflexo da prática bem-sucedida. Colhida da prática passada, a teoria pode, por sua vez, trazer uma nova orientação prática. Um exemplo notável dessa relação interativa foi o papel exercido por John Dewey.

Na época de Dewey, quase um século atrás, já existia nos Estados Unidos uma tradição minoritária de prática exemplar na educação para a infância. Essa tradição evoluiu, por sua vez, da experiência dos Jardins de Infância de Froebel. Minha própria mãe recebeu uma parte básica de sua educação em um Jardim de Infância de Froebel por volta de 1870, quando o número dessas escolas nos Estados Unidos cresceu em duas ou três ordens de magnitude. Professoras vigorosas haviam sido formadas pelo *insight* básico de Froebel sobre o processo de aprendizagem, mas haviam superado a estranha rigidez de seu "sistema" pioneiro – algo similar ocorreu também, posteriormente, com a influência de Montessori. As professoras pioneiras envolvidas nesse avanço buscavam novo reconhecimento e orientação teórica. Elas encontraram isso em John Dewey, já então um filósofo e psicólogo profundamente perceptivo. Contudo, tiveram que o educar antes, um aluno de grande aptidão! A prática do próprio Dewey era a de um palestrante universitário, profundamente sensato, mas seco e árido, exceto para aqueles que já compartilhavam algo de seu espírito e *insight*. Embora muitos de seus contemporâneos estivessem profundamente estimulados por sua clareza de entendimento, sua influência perdeu grande parte de sua força em meu país, como parte do atrito da educação para crianças. Sinto-me contente por este grande filósofo educacional estar ainda vivo e bem na Itália. Associo sua vitalidade principalmente aos nomes de Lydia Tronatore e Nando Filograsso, entre vários outros.

Lançando o olhar ainda mais para trás, Froebel ligou-se teoricamente a Hegel; e para a prática e comprometimento, com o seu mentor, Johan Pestalozzi. Não muito ao norte de Reggio Emilia, mas quase dois séculos atrás, Pestalozzi resgatou crianças tornadas tragicamente órfãs no rastro dos exércitos de Napoleão, desenvolvendo *insights* profundos quanto ao incentivo da vida e dos talentos dessas crianças.

Avançando novamente no tempo, vemos que os resultados desse longo avanço não têm sido uniformes. Suas influências práticas difundiram-se também no Canadá e na Europa continental, desenvolvendo-se diferentemente na Alemanha e nos países baixos, na França e na Escandinávia. Nos Estados Unidos, o avanço na educação já foi poderoso, mas foi amplamente comprometido pelas escolas, cujos "Jardins de Infância", em sua maior parte, sobrevivem apenas no nome. Toda essa história internacional precisa ser resgatada. Aqui, acrescentarei apenas uma nota sobre a Inglaterra, cujos maiores avanços tiveram uma história similar, até certo ponto, à dos Estados Unidos, começando também no século XIX, com pequenos passos, sob influências tais como as de Froebel e, posteriormente, de Dewey e das irmãs McMillan. Enquanto nos Estados Unidos essa evolução sofreu pela negligência ou rejeição após a Segunda Guerra Mundial, a Inglaterra presenciou sua prosperidade. Em algumas regiões, uma grande porção das Escolas Infantis* (para crianças a partir dos 5-7 anos) foi radicalmente transformada, assim como porções menores das Escolas de Primeiro Grau** (para crianças a partir dos 7-11 anos). Quem visitasse algumas dessas boas salas de aulas poderia encontrar muito com o que se alegrar e sobre o que refletir. Os ideólogos políticos, mais recentemente, suprimiram ou ignoraram esses avanços. Contudo, os novos modos de aprender e ensinar não sofreram uma inversão total. Eles têm tido sucesso, persistem e ainda são capazes de nos ensinar.

* N. de T. Infants Schools, no original.

** N. de T. Junior Schools, no original.

Menciono essa fase inglesa de nossa história conjunta porque ela atraiu grande atenção de muitos de nós, nos Estados Unidos, sofrendo pela perda de nossas melhores tradições. O resultado foi um modismo, uma tentativa de imitar "A Escola Infantil Inglesa". Essa foi uma espécie de imitação que ignorou uma longa história de progresso, uma árvore bem enraizada que não poderia ser simplesmente colocada em um avião e transportada. Temos nossa própria história, longa, de tradições muito poderosas, e precisamos resgatá-las.

Após esse giro pela história, volto, finalmente, à história fascinante de Reggio Emilia e das outras comunidades italianas nas quais a educação infantil, similarmente, evoluiu e prosperou. Nós, que trabalhamos nessa área em particular, temos muito a aprender com a história de Reggio e de sua prática ainda em construção. Uma construção com tamanho apoio comunitário é uma conquista que os americanos, em particular, estudarão com muito cuidado. Contudo, seria um grande erro se nós, como já ocorreu com nosso desejo de imitar as Escolas Infantis Inglesas, pensássemos que podemos de algum modo simplesmente importar a experiência de Reggio. Temos a fama de buscar "o modo rápido" de fazer as coisas. Essa atitude depreciaria a própria conquista da qual nos dizemos admiradores. Entre muitas outras diferenças institucionais e culturais, nós, nos Estados Unidos, não conhecemos tal solidariedade, tal prolongado senso de comunidade, que se reconfigura como Malaguzzi descreve, demandando uma melhor educação para as crianças. Nossa paisagem social é diferente, de modo que nossas batalhas também precisam ser outras.

Embora muitos de nós ainda não tenhamos um bom conhecimento sobre a profusão óbvia da prática de Reggio, arrisco minha opinião de que nós – sendo este "nós" os Estados Unidos, Inglaterra e outros locais – tanto podemos dar quanto receber contribuições. Devo mencionar particularmente a prática de desenvolver "projetos" para a investigação e a inventividade infantil. Isso é similar a uma estratégia que vimos bem-desenvolvida, anos atrás, na Califórnia. Frances Hawkins (minha coautora nestes comentários) ensinou lá e contribuiu para essa estratégia, frequentemente um grande avanço sobre as "lições" diárias enfadonhas. Quando baseados em parte nos interesses que algumas crianças revelavam nas brincadeiras e nas discussões, esses projetos podiam recrutar seu compromisso e entusiasmo. Contudo, questões fundamentais ainda permaneceram à espera de resposta, com relação ao grau em que esse entusiasmo poderia manter ou meramente mascarar os talentos mais encobertos e menos desenvolvidos de outras crianças. Reconhecer e encorajar crianças menos articuladas em suas trajetórias diferentes de aprendizagem continua sendo um desafio constante.

Essas questões e desafios – já aprendemos – devem sempre permear nossa curiosidade intelectual sobre os primeiros anos da aprendizagem. Conseguimos perceber a necessidade de criar um estilo de prática na sala de aula que apoie uma diversidade simultânea de trabalho maior do que a que nossos métodos de projetos jamais poderiam manter. Desse ambiente mais pluralista e mais rico, ideias e invenções podiam, ocasionalmente (embora não frequentemente) ser compartilhadas com todos. Desse compartilhamento, os projetos realmente chegaram a evoluir, algumas vezes, com grande vitalidade. A definição e a duração desses projetos, entretanto, eram sempre uma variável dependente e restrita.

Menciono este tópico específico – os projetos – porque, enquanto lia as reflexões muito sinceras e cativantes de Loris Malaguzzi, pensei não apenas na história mais ampla da educação na infância, mas também sobre os detalhes, debates, problemas que devem ter surgido a cada passo. Tentei sugerir, como um exemplo, que a etiologia e os usos do "projeto" podem ainda estar neste estado problemático. Para nosso próprio benefício, precisamos conhecer mais sobre o debate, sobre as avaliações retrospectivas, sobre as sucessivas aproximações. Precisamos juntar-nos ao debate!

Nesse meio-tempo, podemos ao menos saudar o sucesso e a dedicação revelados nesta história impressionante de um professor-teórico dedicado e de uma comunidade também dedicada.

David Hawkins

Parte I

Pontos de partida

"Tigres". Desenho realizado por criança de 5 anos, Anna Frank School.

1

Aspectos gerais

Carolyn Edwards, Lella Gandini e George Forman

Reggio Emilia é uma cidade de 130.000 habitantes na região próspera e progressista de Emilia Romagna, no nordeste da Itália. Seu sistema municipal de educação para a primeira infância tornou-se reconhecido e aclamado como um dos melhores sistemas de educação no mundo (NEWSWEEK, 1991). Atualmente, a cidade financia e opera 11 escolas pré-primárias para crianças de 3-6 anos, bem como 13 centros para crianças de 0-3 anos. Nos últimos 30 anos, o sistema criou um conjunto singular e inovador de suposições filosóficas, currículo e pedagogia, método de organização escolar e desenho de ambientes que, tomados como um todo unificado, chamamos de abordagem de Reggio Emilia. Essa abordagem incentiva o desenvolvimento intelectual das crianças por meio de um foco sistemático sobre a representação simbólica. As crianças pequenas são encorajadas a explorar seu ambiente e a expressar a si mesmas através de todas as suas "linguagens" naturais ou modos de expressão, incluindo palavras, movimento, desenhos, pinturas, montagens, escultura, teatro de sombras, colagens, dramatizações e música. Levando-as a níveis surpreendentes de habilidades simbólicas e de criatividade, a abordagem ocorre não em um contexto de elite, protegido, de educação particular, mas, em vez disso, em um sistema municipal de cuidados infantis operando em dois turnos, aberto a todos, incluindo crianças com necessidades especiais. Uma vez que o sistema surgiu a partir de um movimento de colaboração entre os pais, houve, desde o início, um reconhecimento explícito da relação ou da parceria entre os pais, os educadores e as crianças. As salas de aula são organizadas para apoiar a aprendizagem por meio de um enfoque altamente cooperativo de solução de problemas. Outras características importantes são o uso de pequenos grupos na aprendizagem de projetos, a continuidade de professores/alunos (dois professores trabalham juntos com a mesma classe por três anos) e o método de gerenciamento baseado na comunidade. Em Reggio Emilia, a educação é vista como uma atividade comunitária e uma participação na cultura através da exploração conjunta entre crianças e adultos que, juntos, abrem tópicos à especulação e à discussão. O enfoque oferece-nos novos meios de pensar sobre a

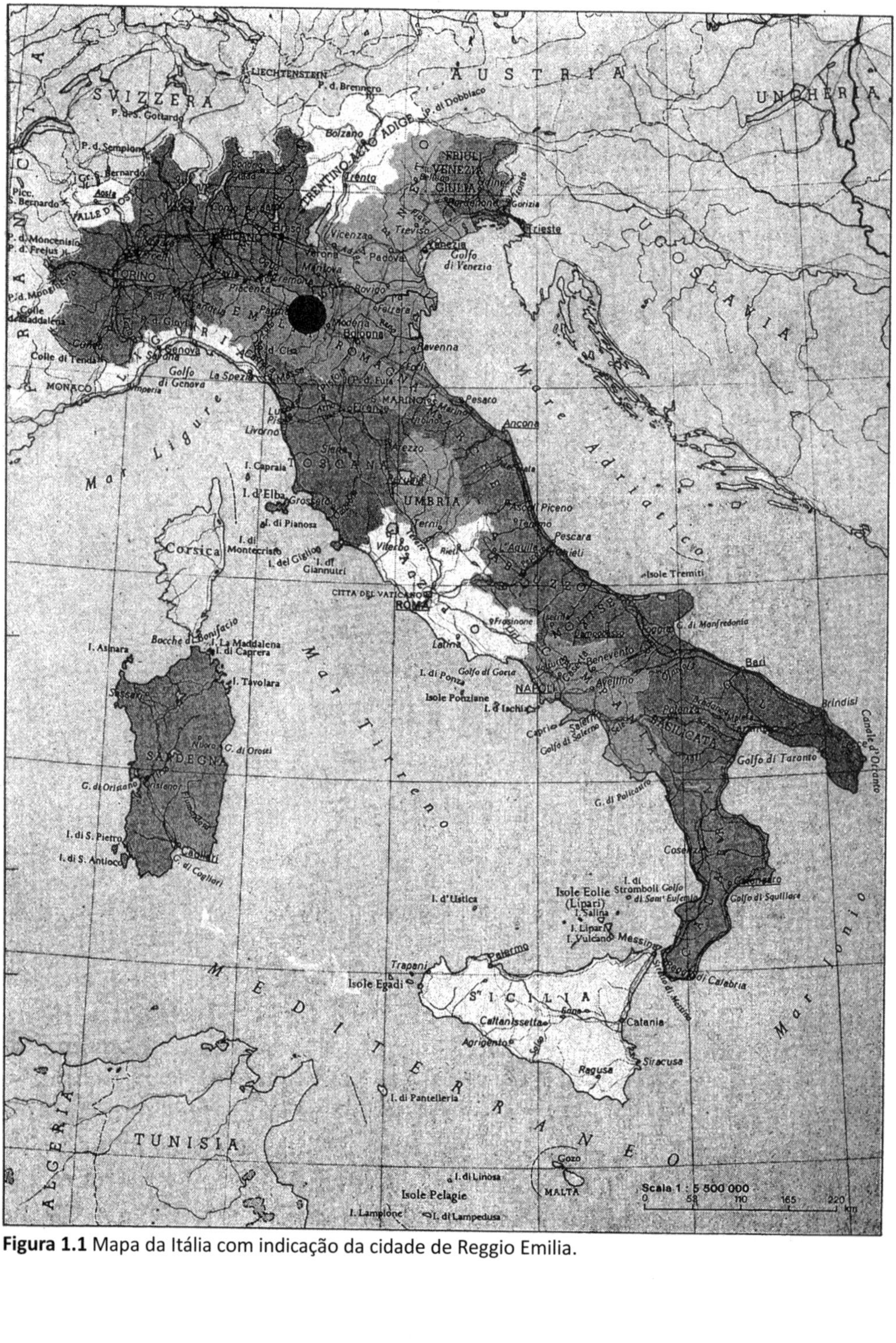

Figura 1.1 Mapa da Itália com indicação da cidade de Reggio Emilia.

natureza da criança como aprendiz, sobre o papel do professor, sobre a organização e o gerenciamento da escola, sobre o desenho e o uso dos ambientes físicos, e sobre o planejamento de um currículo que guie experiências de descobertas conjuntas e solução de problemas de forma aberta. Em virtude de todas essas características, a abordagem de Reggio Emilia é importante e excitante para os norte-americanos. Podemos aprender muito com a história de Reggio enquanto lidamos com nossos próprios e imensos problemas, tais como a qualidade desigual, a fraca coordenação, acesso restrito e o alto custo dos serviços para a primeira infância; da mesma forma, podemos reconhecer a necessidade de programas educacionais de alta qualidade para a primeira infância que aumentem as chances das crianças para um sucesso posterior na escola.

Este livro, na verdade, é o segundo trabalho importante a aparecer originalmente em língua inglesa sobre a abordagem de Reggio Emilia. Entretanto, o primeiro não é um livro como este, mas, em vez disso, é uma exibição, que está em turnê pelos Estados Unidos desde 1987. *The Hundred Languages of Children*, a exibição, é uma amostra bela e intrigante que descreve o processo educacional através de fotografias; exemplos de pinturas, desenhos, colagens e estruturas construtivas das crianças e *scripts* explanatórios e painéis. Criada pelos educadores de Reggio Emilia para contar às audiências norte-americanas sobre seu trabalho[1], a exibição, de modo notável, exemplifica a essência do enfoque educacional. Como um meio de comunicação, a exibição é maravilhosamente apropriada à história que os educadores desejam contar, de cinco importantes maneiras.

Figura 1.2 Uma das quadras principais na cidade de Reggio Emilia.

Tabela 1.1 Horário e pessoal das pré-escolas em Reggio Emilia

Composição típica da pré-escola	
Salas de aula	3
Crianças	75
Professores	6
Atelierista	1
Cozinheiro	1
Equipe Auxiliar	4

Calendário anual típico das crianças	
Início	1 Set.
Encerramento	30 Jun
Atendimento de verão	
Uma pré-escola está aberta durante o mês de julho	

Calendário anual típico da equipe	
Primeiro dia de serviço	23 Ago
Último dia de serviço	5 Jul
Expediente	
Segundas a Sextas:	8:00 – 16:00
Atendimento prolongado:	7:30-8:00 & 16:00-18:20

Quadro de Horários da Equipe	
Professor do primeiro turno	8:00 às 13:48
Professor do segundo turno	8:27 às 16:00
Atelierista	8:30 às 15:33
Cozinheiro	7:45 às 14:54
1ª equipe auxiliar	8:30 às 16:03
2ª equipe auxiliar	8:30 às 16:03
Outros	12:30 às 18:54

Encontros semanais da Equipe
36 horas por semana das quais:
30 horas passadas com as crianças
4 ½ horas para reuniões, planejamento e treinamento em serviço
1 ½ horas para documentação e análise

Fonte: An Historical Outline, Data, and Information (1990).

Em primeiro lugar, a exibição foi autorizada e desenhada não individualmente, mas de modo coletivo. Loris Malaguzzi, fundador e por muitos anos Diretor do Sistema de Reggio Emilia de Educação Municipal para a Primeira Infância, liderou a tarefa de preparação da mostra, mas (demonstrando a qualidade dos resultados que advêm do esforço em grupo) muitos dos administradores e professores de toda a cidade contribuíram com tempo, trabalho, ideias e resultados do trabalho no projeto de registro em suas salas de aulas. Os educadores de Reggio acreditam, como veremos em detalhes, que a reciprocidade, o intercâmbio e o diálogo estão no âmago da educação bem-sucedida.

Em segundo lugar, a exibição mergulha o visitante em uma forma de aprendizagem de múltiplos níveis e múltiplos modos. Observando os grandes painéis, altamente detalhados e densamente enriquecidos com palavras e imagens, a mente e os sentidos são sobrecarregados de informações e impressões vindas de diversos canais simultâneos. Isso dá aos visitantes a experiência imediata e tangível da aprendizagem por meio das "cem linguagens". Como Malaguzzi (1984, p. 20-22) afirma, a exibição cria "[...] um local de condensação ininterrupta de centenas de experiências subjetivas e objetivas".

Em terceiro lugar, perambulando pela exibição, os visitantes descobrem-se em um trajeto circular à medida que refazem seus passos e retornam repetidamente aos painéis ou temas favoritos, a cada vez com um maior entendimento. Desta maneira, simplesmente, a educação em Reggio Emilia é qualquer coisa, exceto linear. Ela, em vez disso, é uma espiral sem fim. As crianças pequenas não são encaminhadas correndo ou sequencialmente apressadas de uma atividade para outra diferente, mas são encorajadas, em vez disso, a repetir experiências fundamentais, a observar e reobservar, a considerar e reconsiderar, a representar e novamente representar.

Em quarto lugar, a exibição como uma forma de comunicação surgiu diretamente do que os educadores de Reggio Emilia chamam de "documentação". Desde cedo em sua história Malaguzzi (Cap. 3, neste volume), os educadores perceberam que documentar sistematicamente o processo e os resultados de seu trabalho com as crianças serviria sistematicamente a três funções cruciais: oferecer às crianças uma "memória" concreta e visível do que disseram e fizeram, a fim de servir como um ponto de partida para os próximos passos na aprendizagem; oferecer aos educadores uma ferramenta para pesquisas e uma chave para melhoria e renovação contínuas; e oferecer aos pais e ao público informações detalhadas sobre o que ocorre nas escolas, como um meio de obter suas reações e apoio. Esse corajoso *insight* levou o desenvolvimento da documentação a uma forma de arte profissional, envolvendo o uso de *slides*, pôsteres e cada vez mais gravações em vídeo para o registro das experiências das crianças.

Finalmente, a exibição jamais está completa; ela jamais alcança um estado no qual os educadores de Reggio dizem: "agora está perfeita". Em vez disso, ela passa por transformações e emerge na forma de sucessivas versões ou edições. A primeira exibição televisiva feita em 1981, começou a percorrer a Europa com o nome de *L'Occio se Salta il Muro* ("Quando os Olhos Saltam sobre o Muro"). O título tornou-se *I Cento Linguaggi dei Bambini* ("As Cem Linguagens das Crianças") para a terceira e quarta edições. Dessa simples maneira, o trabalho educacional em Reggio Emilia jamais se torna fixo ou se transforma em rotina, mas, ao contrário, está sempre passando por reexame e experimentação. Por esse motivo, os educadores de Reggio recusam o termo "modelo" ao falarem sobre sua abordagem e, em vez disso, falam sobre "nosso projeto" e "nossa experiência".

Ainda assim, a exibição não atinge todos os seus objetivos. Diferentemente de um livro, ela não pode ser levada para casa para estudo e reflexão. Além disso, não responde a todas as nossas dúvidas sobre a história e a filosofia do programa, currículo, o planejamento e o comportamento dos professores, ou sobre a organização e a estrutura administrativa. Daí, portanto, nasceu a necessidade deste livro. Ele permite um tratamento mais extenso e analítico da abordagem de Reggio Emilia em todos os seus aspectos e oferece um fórum para que tanto os italianos quanto os norte-americanos digam o que sabem sobre esta abordagem. Outros livros certamente virão, escritos por nós mesmos e por outros, sobre temas particulares, especialmente envolvendo o currículo. Este livro representa o ponto de partida, o tratamento geral do sistema e da abordagem, como podemos melhor defini-los e compreendê-los agora.

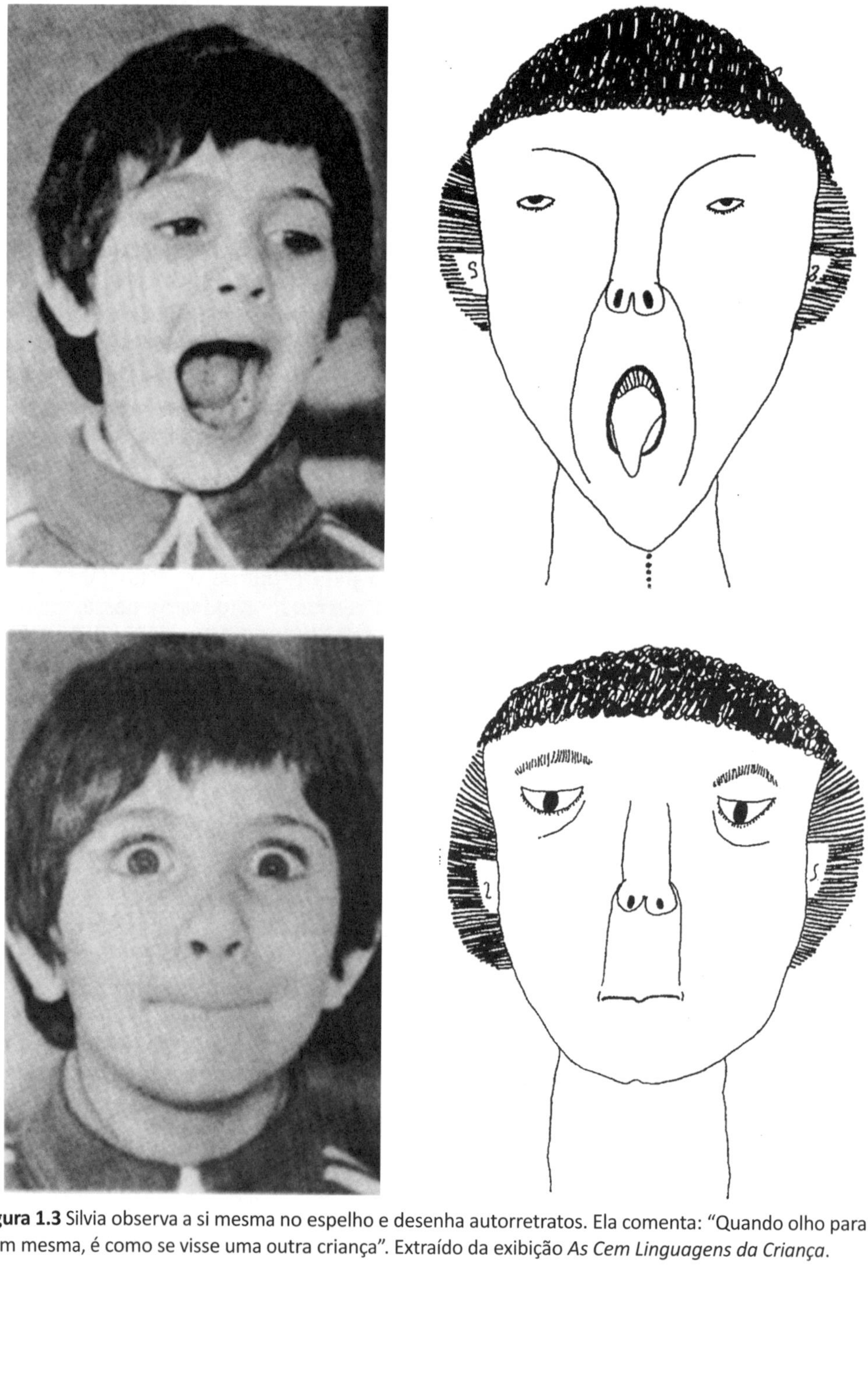

Figura 1.3 Silvia observa a si mesma no espelho e desenha autorretratos. Ela comenta: "Quando olho para mim mesma, é como se visse uma outra criança". Extraído da exibição *As Cem Linguagens da Criança*.

OS AUTORES E SEUS CAPÍTULOS

A rede americana

Este livro representa um esforço combinado de muitos indivíduos e grupos. Primeiro, apresentamos o capítulo de introdução escrito pelos editores, que trabalharam juntos originalmente na exibição e na conferência *The Hundred Languages of Children*, que ocorreu na Universidade de Massachusetts em Amherst, em dezembro de 1988. Enquanto trabalhávamos nessas tarefas em colaboração com nossos amigos italianos, formamos a rede de autores cujo trabalho é apresentado na Parte II. Importantes redes também foram estabelecidas por Baji Rankin, anfitrião da exibição e da conferência de 1989 em Boston e líder das delegações para Reggio Emilia, e por Rebecca New, anfitriã da exibição de 1988 em Syracuse e líder de várias delegações importantes para Reggio. Lilian Katz, Howard Gardner e David Hawkins já foram hóspedes de honra em Reggio Emilia, e todos eles estiveram lá com uma delegação americana ou trabalharam com um dos editores. Lella Gandini foi quem primeiro começou a trazer informações sobre Reggio Emilia para os Estados Unidos, 12 anos atrás; Carolyn Edwards e George Forman observaram e estudaram as pré-escolas em Reggio Emilia intensivamente nos últimos 9 anos.

O fluxo dos tópicos nos capítulos

O Capítulo 2, escrito por Lilian Katz, mantém o humor de reflexão iniciado por Howard Gardner e David Hawkins. Como uma viajante do mundo e atual Presidente da Associação Nacional [norte-americana] para a Educação de Crianças Pequenas, ela, melhor que ninguém, pode dizer-nos o que pode ser aprendido com o trabalho em Reggio Emilia. Ela compara e contrasta essas ideias com metas e princípios que descobriu serem verdadeiros para a educação nos Estados Unidos, onde tem sido uma líder profissional desde os dias da educação compensatória do final dos anos 60.

A partir da Parte II, voltamo-nos rapidamente ao que os italianos dizem sobre si mesmos. É surpreendente e bem-vindo o fato de Loris Malaguzzi (Cap. 3) ter visto este livro como uma oportunidade para assumir, pela primeira vez, um exame abrangente de seu trabalho e da história do sistema municipal de educação para a primeira infância em Reggio Emilia. Sergio Spaggiari, como atual diretor do sistema municipal para a primeira infância, apresenta a estrutura organizacional e seu funcionamento, no Capítulo 4. Carlina Rinaldi (Cap. 5), residente em Reggio Emilia durante a vida toda e primeira parceira de Malaguzzi na teoria do currículo, explicita a base construtivista da prática em sala de aula, particularmente sua fundamentação no diálogo, na comunicação e na solução conjunta de problemas. Tiziana Filippini, que estudou por um ano nos Estados Unidos, explica o papel do *pedagogista* (*coordenador pedagógico*), um nível da equipe incomum nos Estados Unidos, no Capítulo 6. O *pedagogista* liga o sistema de escolas e os pais em um todo coerente em termos de valores, objetivos didáticos e práticas educacionais. Similarmente, Vea Vecchi, a *atelierista* original (*professora de recursos*), explica, no Capítulo 7, como a presença do *atelier* (estúdio/oficina) torna possível um aprofundamento da aprendizagem por meio do uso de muitos meios diferentes.

A Parte III contém capítulos cujos autores analisam os detalhes da prática em sala de aula de Reggio Emilia. Essa análise baseia-se em princípios declarados pelos professores de Reggio ou latentes em sua prática. Lella Gandini (Cap. 8), encarregada da ligação entre Reggio Emilia e os

Estados Unidos e consultora para sistemas de ensino para a infância em toda a Itália, descreve como o ambiente escolar em Reggio foi construído para maximizar a qualidade dos encontros sociais, o uso da luz e o uso de exibições para a documentação do trabalho das crianças. Carolyn Edwards (Cap. 9), por meio de suas pesquisas etnográficas em vídeo sobre o comportamento dos professores e sistema de significados em Reggio Emilia, descreve os múltiplos papéis do professor e apresenta comentários em transcrições de interações reais entre professor-aluno. Ela nos ajuda a compreender a delicadeza do ensino, ouvindo e aprendendo junto com as crianças. George Forman (Cap. 10) apresenta um relato resumido em seu vídeo, produzido com Lella Gandini, sobre um projeto único, "O Salto em Distância", realizado em 1985 na Diana School. Seu comentário salienta o papel da confecção de símbolos e da comunicação com um meio de ajudar crianças pequenas a construir seu próprio conhecimento. Finalmente, Baji Rankin (Cap. 11), que passou a maior parte de um ano acadêmico em Reggio Emilia, acompanha-nos em uma visita ao projeto sobre dinossauros, conduzido na Anna Frank School. Descrevendo como as crianças podem ser desafiadas a construir um dinossauro com nove pés de altura, ela faz com que esqueçamos rapidamente qualquer ceticismo inicial no sentido de que tal tópico pudesse ter um forte conteúdo acadêmico!

Na Parte IV, mudamos para autores americanos que têm aplicado suas respectivas interpretações de Reggio Emilia às salas de aula americanas. Rebecca New introduz esta seção sob uma perspectiva transcultural, no Capítulo 12. Considerando uma questão temporária na educação americana, a da prática apropriada em termos desenvolvimentais, ela toma o que conhecemos de Reggio Emilia como um desafio ao que presumimos ser a melhor prática – a educação de professores, as estratégias de ensino e as relações professores-pais. No Capítulo 13, um grupo de professores de uma escola elementar em Amherst, Massachusetts, transforma um projeto bem conhecido de Reggio Emilia, "A Cidade na Chuva", em uma nova versão inglesa, "A Cidade na Neve". O capítulo é organizado em torno de círculos de simbolização, para salientar como as crianças precisam circular vezes sem conta pelo mesmo objeto de representação. A seguir, Debbie LeeKeenan e John Nimmo (Cap. 14), trabalhando com professores estagiários de nível universitário, apresentam as únicas aplicações da abordagem de Reggio Emilia que funcionam com crianças de apenas dois e três anos. Esse capítulo ajuda-nos a compreender como a abordagem de projeto pode abranger toda a etapa de desenvolvimento. O capítulo seguinte (Cap. 15) assume a forma de uma entrevista circular entre Baji Rankin e colegas na área de Boston. Esses educadores, membros de uma equipe de disseminação, contam como suas atitudes gerais em relação à escolarização, às crianças e aos ambientes foram influenciadas pelas visitas a Reggio Emilia e como usaram essas ideias em seus próprios contextos educacionais. O Capítulo 16, escrito por Meg Barden, uma participante há muito tempo das mudanças na educação e cuidados para a primeira infância nos Estados Unidos, leva-nos a refletir sobre se a mensagem de Reggio Emilia é diferente daquela do movimento de educação progressista inspirado pela filosofia de John Dewey. O capítulo final, na Parte IV (Cap. 17), é um texto lírico escrito por Paul Kaufman sobre o ambiente de Reggio Emilia e sobre a estética de um dia típico na escola. Kaufman, um produtor de vídeos, passou uma semana em Reggio Emilia com sua equipe de filmagens conversando com Malaguzzi, transmitindo seus *insights* sobre o poder das crianças de criar imagens e filmando-as enquanto exploravam os campos de tulipas – todas capturadas para um segmento da série de televisão da PBS*, *The Creative Spirit*.

Agradecimentos

Além de todos os autores listados anteriormente, que contribuíram generosamente com seu tempo e com conselhos que ultrapassam a composição desses capítulos, também gostaríamos de agradecer a diversas pessoas por seu precioso auxílio. Lester Little, Victoria Poletto, Rose Pennington e Alison Rogers leram partes do manuscrito e ofereceram excelentes sugestões. Os reitores Marilyn Haring-Hidore, Murray Schwartz e outros administradores da Universidade de Massachusetts, Amherst, tornaram possível a primeira conferência acadêmica norte-americana sobre a abordagem de Reggio Emilia, incluindo a palestra e a visita memorável de Loris Malaguzzi. A comunidade de Reggio Emilia ofereceu permissão para a reprodução de fotografias de seus arquivos e do catálogo da exibição; Vea Vecchi foi particularmente útil no sentido de encontrar e selecionar materiais maravilhosos. Finalmente, desejamos agradecer às nossas três famílias, por seu apoio e encorajamento.

O CONTEXTO HISTÓRICO DA ABORDAGEM DE REGGIO

Enquanto começamos a examinar a experiência das crianças pequenas em Reggio Emilia, precisamos colocar essa experiência em perspectiva, investigar o contexto que tornou possível a realização desta abordagem educacional. Isso nos ajudará a compreender melhor aqueles fatores comuns a outros programas educacionais na Itália, aqueles que pertencem à região de Emilia Romagna e aqueles que são produtos únicos da dedicação e da visão dos educadores de Reggio Emilia.

Historicamente, a educação precoce na Itália tem sido uma presa da emaranhada teia de relações entre a Igreja e o Estado. Os enormes conflitos de poder entre a Igreja Católica, existente há séculos, e o jovem Estado italiano (formado apenas em 1860) têm afetado muitos resultados modernos, incluindo a educação para a primeira infância.

Por volta de 1820, no nordeste e no centro da Itália, começaram a emergir as instituições de caridade, produto de uma preocupação com os pobres, surgindo em toda a Europa na época, com a intenção de melhorar a vida do povo pobre urbano, reduzir a criminalidade e formar melhores cidadãos (CAMBI; ULIVIERI, 1988). Para crianças pequenas, surgiram instituições que, até certo ponto, foram as precursoras dos dois principais programas de educação pública para a primeira infância oferecidos atualmente na Itália: os centros para a primeira infância (*Asili Nido*), atendendo bebês dos 4 meses aos 3 anos, e as escolas pré-primárias (*Scuole dell'Infanzia)*, atendendo a crianças dos 3 aos 6 anos de idade (ROSS, 1982).

Entre o primeiro tipo, precursor dos centros para a primeira infância, estavam as creches (*presepi*) para bebês em fase de amamentação ou recém-desmamados, de mães trabalhadoras. Os industrialistas estabeleceram as primeiras creches em suas fábricas. Por exemplo, em Pinerolo, Piedmont, foi estabelecida uma creche no moinho de seda, onde os berços eram balançados pelo motor hidráulico do engenho. Outras instituições similares foram promovidas pelas administrações públicas de pequenos estados individuais que dividiam a península italiana antes da unificação. Outras, ainda resultaram de iniciativas de benfeitores particulares (DELLA PERUTA, 1980).

Após a unificação do Estado italiano, essas instituições continuaram desenvolvendo-se, mas com dificuldades. Apenas ao final do século XIX algumas das inicia-

* N. de T. A PBS (*Public Broadcasting System*) é a televisão estatal inglesa.

tivas particulares começaram a ser apoiadas por fundos públicos, em sua maior parte, municipais. A ideia era afastar-se do auxílio da caridade, dispensada apenas por meios particulares, voltando-se para programas que combinassem prevenção e assistência, financiados por setores privados e públicos. Por exemplo, próximo a creches ou abrigos para bebês, haveria um centro para oferecimento de instrução médica e de auxílio às mães, com o objetivo de educá-las sobre cuidados com seus filhos e de diminuir a mortalidade infantil. Todas essas iniciativas culminaram, em 1925, na aprovação da lei nacional para a "Proteção e Assistência à Infância", beneficiando a Organização Nacional para a Maternidade e Infância. Esta organização, ONMI, como foi chamada, expandiu-se e organizou centros infantis sob o Ministério do Interior.

O regime fascista, que assumira o poder na Itália em 1922, tomou para si todos os méritos dessa inovação, enquanto ainda tentava manter viva a conexão com o apoio privado e filantrópico. Os centros da ONMI adotaram um modelo médico-sanitário de cuidados infantis, que prevalecia na época, e assumiram a ideologia fascista da maternidade, que, por sua vez, estava atada à política do regime de crescimento populacional. Rosalyn Saltz (1976, p. 130) visitou os centros da ONMI em Roma em 1975 e observou subsequentemente:

> Os aspectos psicossociais do desenvolvimento de um bebê, supõe-se, são adequadamente atendidos se a atmosfera psicológica do centro não é rígida, se as crianças não estão em óbvio sofrimento e se os responsáveis por seus cuidados parecem ter um razoável afeto por elas (p. 130).

A organização da ONMI permaneceu estabelecida, com algumas mudanças ideológicas, por 50 anos, apesar dos conflitos sociais dos anos 60 e do início dos 70. Em dezembro de 1971, contudo, a importante lei nacional instituindo uma nova espécie de centro para cuidados na primeira infância foi finalmente aprovada com o forte apoio das mulheres trabalhadoras e do movimento feminista. Os novos centros visavam oferecer um serviço social para as famílias e garantir o desenvolvimento harmonioso dos bebês. A região de Emilia Romagna estava à frente do resto da nação; a cidade de Reggio Emilia inaugurou seus primeiros centros municipais para a primeira infância em 1970. Portanto, em dezembro de 1975, os 604 centros da ONMI foram oficialmente transferidos para administrações municipais em toda a Itália (LUCCHINI, 1980).

Entre o segundo tipo, precursor das escolas pré-primárias, destaca-se a instituição, dedicada a crianças dos 2 aos 6 anos, fundada por Abbot Ferrante Aporti em 1831 em Cremona e depois amplamente imitada. Aqui, o ensino e a aprendizagem eram importantes, e as brincadeiras eram frequentemente substituídas por artes manuais para os meninos e atividades domésticas para meninas (DELLA PERUTA, 1980).

Após 1867, a influência do Jardim de Infância de Froebel começou a firmar raízes. No início do século XX, enquanto a Itália tornava-se industrializada e o Partido Socialista com sua agenda progressista emergia e crescia, as necessidades das mulheres trabalhadoras e os cuidados e educação das crianças tornaram-se o foco. Os educadores progressistas envolveram-se. Pistillo (1989) descreve o período entre 1904-1913 como particularmente fértil para a educação na primeira infância. Durante este período, uma lei nacional estabeleceu uma escola de treinamento para professores de crianças pequenas; as irmãs Rosa e Carolina Agazzi desenvolveram uma nova filosofia e método de educação para a primeira infância; e a primeira Casa das Crianças (*Casa dei Bambini*) foi fundada por Maria Montessori.

Entretanto, o Ministério da Educação não assistiu diretamente o crescimento da educação pré-primária e, enquanto a iniciativa permanecia no setor privado, tornou-se mais e mais controlada pela Igreja Católica. Após 1922, o regime fascista depôs o método de Montessori e promoveu apenas aquelas reformas escolares compatíveis com o monopólio da Igreja. O método de Agazzi, favorecido pela Igreja Católica, foi proclamado como o método estatal de educação para a primeira infância. Em 1933, mais de 60% das escolas pré-primárias eram operadas por ordens religiosas (PISTILLO, 1989).

Após tantos anos sob o Fascismo, as pessoas estavam preparadas para a mudança. Em 1945-46, por um curto período após a Segunda Guerra Mundial, as pessoas tomaram muitas iniciativas com suas próprias mãos. O governo estatal estava passando por uma reorganização, e a Igreja Católica não estava em posição para interferir. Foi neste período que, em localidades com uma forte tradição de iniciativa local, surgiram tentativas espontâneas para o estabelecimento de escolas coordenadas pelos pais, tais como as que Loris Malaguzzi (Cap. 3) descreve tão vividamente para Reggio Emilia.

Nos anos 50, muitos educadores e pais se conscientizaram da urgência de uma educação precoce maior e melhor. Eles sabiam que o Partido Democrático Cristão dominante não tinha qualquer intenção de mudar o estado da educação infantil precoce. Novas ideias sobre educação chegavam à Itália: o movimento para a "escola popular" vindo da França e os escritos recém-traduzidos de educadores progressistas como Celestin Freinet e John Dewey. Um debate acalorado alimentava a determinação das pessoas para a mudança da educação em todos os níveis. Em 1951, o Movimento de Educação Cooperativa (MCE) foi formado. Essa organização de professores elementares tinha o objetivo de aplicar as técnicas de Freinet; conquistavam a cooperação através de um estilo italiano de debate crítico. O líder do MCE era um educador carismático, Bruno Ciari, convidado pela administração esquerdista de Bologna para organizar e dirigir o sistema municipal de educação. Na verdade, apenas em cidades com administração de esquerda os sistemas municipais de educação progressista para a primeira infância foram estabelecidos, nos anos 60 e 70. Nas cidades onde dominava o Partido Democrata Cristão, cujas diretrizes eram de centro, o monopólio da Igreja Católica sobre a educação precoce tendia a prevalecer.

Ciari (1961) introduziu muitas inovações didáticas, tanto em seus escritos quanto por meio dos encontros que organizou para professores em Bologna. Como outros no MCE, ele estava convencido de que uma sociedade mais justa poderia ser criada através do tipo certo de educação para a primeira infância. Seus livros transformaram-se em clássicos.

O acúmulo de energia, entusiasmo e sensata preocupação geraram a "decolagem" da educação para a primeira infância na Itália. Os debates iniciados por Ciari ativaram as pessoas, que, por sua vez, ajudaram-no a formular muitas de suas ideias fundamentais. Loris Malaguzzi participou desses intensos debates; por meio deles, veio a conhecer Ciari. Profundamente inspirado por ele, Malaguzzi (Cap. 3) considera-o um amigo fabuloso e "a inteligência mais lúcida, apaixonada e aguçada na área da educação infantil". O grupo formado em torno de Ciari acreditava que a educação deveria liberar a energia e as capacidades infantis e promover o desenvolvimento harmonioso da criança como um todo, em todas as áreas – comunicativa, social, afetiva e também em relação ao pensamento crítico e científico. Ciari incitava os educadores para que desenvolvessem relacionamentos com as famílias e encorajassem comitês participativos de professores, pais e cidadãos. Argumentava que deveria haver dois, ao invés de um professor em cada sala de aula, e que os professores e a equipe deveriam trabalhar em conjunto, sem hierarquia. Ele acreditava que as crianças deveriam ser agrupadas por idade, durante uma parte do dia, mas mesclar-se livremente durante outra parte, e desejava limitar o número de crianças por sala de aula a 20. Finalmente, Ciari deu muita atenção ao contexto físico da educação (CIARI, 1972).

Em 1967, surgiu um panfleto explosivo, *Carta a um Professor*, feito pelos alunos da Escola de Barbiana. Era uma denúncia passional, mas solidamente documentada, da seletividade e discriminação por classe social no sistema nacional de escolas. Amplamente citada, a *Carta* tornou-se um manifesto na luta pela reforma educacional. Em 1968, o movimento estudantil irrompeu; estudantes ocuparam universidades e realizaram demonstrações nas ruas. No ano seguinte, houve mobilizações em massa dos trabalhadores; greves surgiram por toda parte, em prol de negociações de contratos de trabalho. Os grupos feministas fizeram-se ouvir e lideraram os protestos por melhores serviços sociais, escolas e cuidados infantis (NEW, 1993). Com frequência, todos esses grupos marchavam juntos pelas ruas, fazendo pressão conjunta sobre os partidos políticos e o governo (CORSARO; EMILIANI, 1992).

O período de 10 anos, de 1968 a 1977, presenciou a práxis de muitas decisões cruciais da legislação social. Durante este mesmo período, as mulheres foram ingressando na força de trabalho em números crescentes e impondo vigorosamente suas exigências. As mais importantes dessas novas leis foram as seguintes:

1968 Estabelecimento da educação pré-escolar mantida pelo Governo

1971 Estabelecimento de licença-maternidade (12 semanas de licença paga com 70% dos rendimentos e mais 6 meses de licença com 30% dos rendimentos)

1971 Estabelecimento de *Asili Nido* (centros para a primeira infância – creches) mantidos pelo Governo

1975 Instituição de uma nova lei sobre a família

1977 Instituição de paridade no trabalho (pagamento igual pelo trabalho igual) entre homens e mulheres

Nesta paisagem social em transformação, com conquistas legislativas notáveis, os educadores foram recompensados por suas visões sobre educação e cuidados infantis, que respondiam às novas expectativas.

A região de Emilia Romagna continuou sendo uma das mais inovadoras, mas muitas outras regiões também estabeleceram sistemas de educação municipal pré-escolar e de primeira infância de alta qualidade. Entre estas estavam a Toscana, a Lombardia, Trentino, Piedmont, Veneto e Liguria. Em meados da década de 80, contudo, muitas cidades haviam alcançado um platô em seu nível de serviços pré-escolares e estavam gastando uma energia mais inovadora em seus centros para a primeira infância. Uma cidade notada pela excelência de seus centros para a primeira infância é Pistóia, na Toscana; esta cidade também é conhecida por sua *Area Bambini* (Locais para Crianças), que oferece programas pós-escola, educação em turno parcial para bebês e outros programas que respondem às necessidades das famílias contemporâneas (EDWARDS; GANDINI, 1989).

A característica que distinguiu Reggio Emilia ao longo dos anos foi seu contínuo e alto investimento e envolvimento na educação para crianças dos 3 aos 6 anos, mesmo enquanto atendia ao grupo de 0 a 3 anos. Nos capítulos seguintes, os principais aspectos dessa conquista serão apresentados, incluindo o *atelier* e o *atelieris-*

ta, as funções complexas da equipe pedagógica, o diálogo contínuo entre administradores, professores e oficiais eleitos, e a participação de toda a cidade no desenvolvimento do sistema educacional para a primeira infância. Sobretudo, a conquista consiste de uma combinação singular e magnífica de compromisso e determinação, de pesquisas e experimentação, de renovação e receptividade – tudo isso reforçado por anos de trabalho para o refinamento de habilidades de comunicação e documentação. Sigamos para esta história e indaguemos suas implicações e possibilidades para nós mesmos.

NOTA

1. A exibição e o catálogo que a acompanha (*The Hundred Languages of Children: Narrative of the Possible,* 1987) são propriedade e publicação da Região de Emilia Romagna e Cidade de Reggio Emilia, Departamento de Educação.

REFERÊNCIAS

AN HISTORICAL outline, data, and information. Municipalidade de Reggio Emilia: Departamento de Educação, 1990.

CAMBI, F.; ULIVIERI, S. *Storia dell'infanzia nell'italia liberale:* childhood history in liberal Italy. Florence: La Nuova Italia, 1988.

CIARI, B. *Le nuove tecniche didattiche:* the new teaching techniques. Rome: Riuniti, 1961.

CIARI, B. *La grande disadattata:* the great maladjusted. Rome: Riuniti, 1972.

CORSARO, W. A.; EMILIANI, F. Child care, early education, and children's peer culture in Italy. In: LAMB, M. E. et al. (Ed.). *Child care in context*. Hillsdale: Erlbaum, 1992.

DELLA PERUTA, F. Alle origini dell'assistenza alla prima infanzia in Italia: at the origins of early childhood assistance in Italy. In: SALA LA GUARDIA, L.; LUCCHINI, E. (Ed.). *Asili nido in Italia:* infant-toddler centers in Italy. Milan: Marzorati, 1980.

EDWARDS, C. P.; GANDINI, L. Teachers' expectations about the timing of developmental skills: a cross-cultural story. *Young Children,* v. 44, n. 4, p. 15-19, 1989.

LUCCHINI, E. Nasce l'asilo nido di tipo nuovo: the birth of the new type of infant-toddler centers. In: SALA LA GUARDIA, L.; LUCCHINI, E. (Ed.). *Asili nido in Italia*. Milan: Marzorati, 1980.

MALAGUZZI, L. *L'occhio se salta il muro*. Catalog of the Exhibit, "L'occhio se salta il muro". Regione di Emilia Romagna: Comune di Reggio Emilia, Assesserato Istruzione, 1984.

NEW, R. Italian child care and early education: *amour maternus* and other cultural contributions. In: COCHRAN, M. (Ed.). *International handbook of child care policies and programs.* Westport: Greenwood Press, 1993.

NEWSWEEK. *The 10 best schools in the world, and what we can learn from them*. 1991.

PISTILLO, F. Preprimary education and care in Italy. In: OLMSTEAD, P.; WEIKART, D. (Ed.). *How nations serve young children:* profiles of child care and education in 14 countries.Ypsilanti: High/Scope Press, 1989.

RIZZINI, M. Asilo nido e sviluppo sociale dal primo presepe all'ONMI: infant-toddler centers and social development from the first shelter to OMNI. In: SALA LA GUARDIA, L.; LUCCHINI, E. (Ed.). *Asili nido in Italia*. Milan: Marzorati, 1980.

SALTZ, R. Infant day care Italian style. In: HANES, M. L.; GORDON, I. J.; BREIVOGEL, W. F. (Ed.). *Update:* the first ten years of life. Gainesville: University of Florida, 1976.

ROSS, H. Infants in Italy: an evaluation of other then mother care. *Early Child Development and Care,* v. 9, p. 121-154, 1982.

SCUOLA DI BARBIANA. *Lettera a una professorassa:* letter to a teacher. Florence: Libreria Editrice Fiorentina, 1967.

"Consumidora". Desenho realizado por criança da Ada Gobetti School.

2

O que podemos aprender com Reggio Emilia?

Lilian Katz

As ideias exploradas neste capítulo estão baseadas em três breves visitas a seis pré-escolas municipais de Reggio Emilia, discussões com educadores de lá e com colegas americanos que as conhecem, mais um exame dos materiais impressos e gravados em vídeo descrevendo seu trabalho. Embora esta breve exposição a essas práticas pedagógicas ricas e complexas possa apenas ceder um entendimento limitado, ainda assim ela aumentou meus conhecimentos sobre diversos aspectos da educação para a primeira infância nos Estados Unidos, apresentados em seis lições a seguir.

TRABALHO COM PROJETOS E ARTES VISUAIS PARA CRIANÇAS PRÉ-ESCOLARES

Como pode ser visto em outros capítulos deste volume, existem muitas peculiaridades da abordagem de Reggio Emilia que apresentam grande interesse para educadores da primeira infância. Meu interesse particular, contudo, está na inclusão de projetos no currículo para crianças dos 3 aos 6 anos.

No livro *Engaging Children's Minds: The Project Approach* (1989), escrito antes da abordagem de Reggio Emilia chegar à nossa atenção, Sylvia Chard e eu apresentamos nossa visão sobre a inclusão de projetos de trabalho nos programas para a primeira infância, bem como diretrizes para sua implementação. Utilizamos o termo "trabalho em projetos" para referir a estudos em profundidade sobre determinados tópicos, assumidos por pequenos grupos de crianças pequenas (KATZ; CHARD, 1989). Sob nosso ponto de vista, o trabalho em projetos visa a ajudar crianças pequenas a extrair um sentido mais profundo e completo de eventos e fenômenos de seu próprio ambiente e de experiências que mereçam sua atenção. Os projetos oferecem a parte do currículo na qual as crianças são encorajadas a tomarem suas próprias decisões e a fazerem suas próprias escolhas, geralmente em cooperação com seus colegas, sobre o trabalho a ser realizado. Presumimos que este tipo de trabalho aumenta a confiança das crianças em seus próprios poderes intelectuais e reforça sua disposição de continuar aprendendo (KATZ; CHARD, 1989, especialmente Cap. 2).

No curso de um projeto, por exemplo, sobre um tópico como "O que Acontece no Supermercado" ou "Como as Casas são Construídas", as crianças exploram fenômenos em primeira mão e em detalhes por um extenso período de tempo. As atividades incluem observação direta, perguntas a pessoas e a especialistas relevantes, coleta de artefatos pertinentes, representação de observações, de ideias, de memórias, de emoções, de imagens e de novos conhecimentos em várias maneiras, incluindo encenação dramática.

A maioria dos pré-escolares – pelo menos aos 3 ou 4 anos – ainda não é capaz de representar muito bem suas observações e pensamentos por escrito. Eles podem, é claro, ditar seus pensamentos e observações a outros para que os escrevam. Entretanto, uma das grandes lições de Reggio Emilia é a forma como as crianças pré-escolares podem usar o que chamam de *linguagens gráficas* (RINALDI, 1991) para registrarem suas ideias, observações, recordações, sentimentos e assim por diante. Suas observações revelam como as linguagens gráficas são usadas para explorar os conhecimentos, reconstruir algo que já conheciam e construir em conjunto conhecimentos revisitados dos tópicos investigados.

Certamente, a maior parte dos educadores para a primeira infância nos Estados Unidos há muito reconhece que as crianças pequenas podem explorar e expressar seus sentimentos e entendimentos verbalmente, visualmente e pela encenação dramática, e encorajam-lhes a fazer isto. A experiência de Reggio Emilia demonstra que as crianças pré-escolares podem usar muitos meios gráficos para comunicar as informações adquiridas e as ideias exploradas no trabalho em projetos e que podem fazer isto de uma forma muito mais fácil e competente do que se presume tipicamente nos Estados Unidos e, provavelmente, também em muitos outros países. O trabalho das crianças de Reggio Emilia sugeriu, para mim, que muitos de nós, nos Estados Unidos, subestimamos seriamente as capacidades de representação gráfica dos pré-escolares e a qualidade do esforço e do crescimento intelectual que estas capacidades podem estimular.

Como exemplo, um grupo de crianças de 4 e 5 anos em uma das pré-escolas assumiu um extenso estudo sobre um supermercado cooperativo excepcionalmente grande em sua comunidade. Um estudo de um mercadinho ou quitanda é um tópico razoavelmente popular em muitas pré-escolas e jardins de infância também nos Estados Unidos. Contudo, diversas das características do projeto, como o conduzido pelas crianças da escola "Ada Gobetti" em Reggio Emilia, são especialmente dignas de menção. Em primeiro lugar, as crianças fizeram várias visitas ao mercado, incluindo uma ocasião em que este estava fechado (ver Figura 2.2). Desta forma, elas foram capazes de observar atentamente suas várias características, desenhar muitos dos objetos e elementos que as impressionaram e correr pelos vários setores sem serem perturbadas pelos consumidores, observando qualquer coisa interessante no ambiente, incluindo o modo como suas vozes soavam em um espaço tão amplo. Desenhos detalhados do supermercado (ver Figura 2.1), as fileiras de cestos, as caixas registradoras, consumidores com ou sem cestos, com ou sem crianças ao lado, balcões, e assim por diante, são capturados em detalhes impressionantes no desenho da cena no supermercado.

Figura 2.1 Parte do desenho coletivo das crianças sobre sua experiência no supermercado. (Extraída do livreto *Noi Bimbi* e *Lui Gulliver*, Ada Gobetti School, 1984, Departamento de Educação, Reggio Emilia. Reimpressa com permissão).

Ele é tão grande quanto uma floresta.

A gente pode se perder dentro dele, como na Via Emilia.

É grande como a baleia de Pinocchio.

Parece uma piscina.

O homem no supermercado divide as coisas pela metade, metade em uma prateleira e metade na outra.

Figura 2.2 Comentários das crianças após uma visita ao supermercado fechado.

Entretanto, os desenhos significam relativamente pouco sem a documentação feita pelos professores daquilo que as crianças disseram sobre o que observaram e viveram. Gravados, os comentários e discussões das crianças ofereceram aos professores um conhecimento sobre seus níveis de entendimento e seus enganos de percepção sobre fenômenos cotidianos (ver Figuras 2.3 e 2.4).

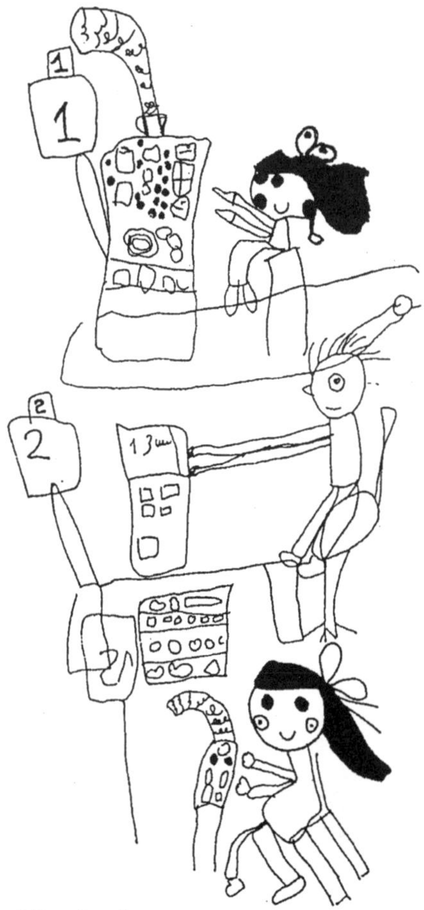

Figura 2.3 "O Mistério do Caixa". Detalhe da Figura 2.1.

O que você gosta de fazer no supermercado?

Empurrar o carrinho.

Tocar nas mercadorias.

Subir nas prateleiras.

Correr para lá e para cá.

Fazer perguntas a todo mundo.

Comer pedaços de queijo.

Saber o que está atrás das portas fechadas.

Comprar de tudo.

Olhar-me no espelho.

Figura 2.4 Comentários e desenho do supermercado feitos pelas crianças.

As crianças também compraram no supermercado, prestando a devida atenção à preparação da lista de compras, pagando suas compras, recebendo o troco e, então, usando os itens para a preparação da comida, ao retornarem à escola. Algumas crianças entrevistaram o gerente e o afogaram com uma torrente de perguntas sobre o que significa ser o "chefe" (ver Figuras 2.5 e 2.6).

Questões sobre o Gerente

Quem é o gerente?

Ele é aquele que dá o dinheiro para alguém.

Ele é um presidente.

Ele é aquele que fica vigiando para ver se alguém rouba o dinheiro.

Ele se levanta cedo de manhã, abre as portas e organiza tudo.

Questões ao Gerente

Você é um chefe?

Quantas pessoas você dirige?

Como você se tornou um gerente?

Você ganha mais dinheiro que os outros?

Figura 2.5 Comentários das crianças relacionados ao gerente e ao desenho.

Figura 2.6 "Entrevista com o chefe". (Extraída do livreto *Noi Bimbi e Lui Gulliver.*)

As crianças também entregaram ao gerente sua "lista de solicitações", refletindo suas opiniões sobre o que deveria ser acrescentado ao supermercado: uma sala para assistir televisão, sanitários confortáveis, um *playground*, um local para brincar com bonecas, etc. Muitos dos acréscimos desejados são lindamente ilustrados por uma combinação de desenhos sobrepostos a fotografias de móveis aparentemente recortados de jornais ou revistas. Além disso, muitas crianças desenvolveram suas próprias criações de pacotes de cereais, biscoitos, caixas de detergentes e similares. As crianças também construíram um mercado na sala de aula e encenaram com prazer várias situações, enriquecidas imensamente por sua atenta observação sobre os objetos, as pessoas e os eventos no supermercado real.

Naturalmente, poderíamos perguntar por que os professores se dariam ao trabalho de assumir um projeto sobre um tópico tão mundano quanto o supermercado local – algo que as crianças experienciam frequente e diretamente. Afinal, em um ano ou dois, todas as crianças saberão que os caixas não levam o dinheiro para casa, e que não decidem o preço de qualquer mercadoria com base em suas preferências pessoais! Assim, por que não estudar algo fora das experiências diárias das crianças? Muitos professores norte-americanos preferem introduzir tópicos exóticos com os quais esperam "capturar" ou excitar o interesse das crianças, presumivelmente sob a suposição de que os objetos e eventos do cotidiano não são interessantes. Entretanto, o trabalho dos pré-escolares de Reggio Emilia indica que os processos de "desempacotar" ou tirar a familiaridade de objetos e de eventos do cotidiano pode ser profundamente significativo e interessante para elas.

Além disso, quando o tópico de um projeto é muito familiar às crianças, elas podem contribuir para o projeto com seus próprios conhecimentos e sugerir questões a ser indagadas e linhas de investigação a seguir; as próprias crianças podem assumir a liderança no planejamento, assumir responsabilidades por observações específicas e por informações e pelos artefatos coletados. Projetos que investigam fenômenos reais oferecem às crianças a oportunidade de serem "antropólogos naturais", que parece terem nascido para ser! Por outro lado, se o tópico de um projeto é exótico e está fora de sua experiência direta, elas acabam por depender do professor para a maioria das questões, ideias, informações, reflexões e planejamentos. As crianças pequenas dependem dos adultos em muitos aspectos de suas vidas e de suas experiências de aprendizagem; entretanto, o trabalho em projetos é a parte do currículo na qual seus próprios interesses, ideias, preferências e escolhas podem ter rédeas relativamente soltas.

Um outro valor desse tipo de trabalho é que os estudos prolongados sobre determinados fenômenos dão às crianças uma experiência precoce, no sentido de conhecerem e entenderem um tópico em profundidade. Como Inagaki (1992) aponta, ter a experiência de conhecer um tópico em profundidade pode ser altamente gratificante para as crianças pequenas. As experiências precoces de domínio de conhecimentos podem formar a base de uma disposição permanente para buscar a compreensão em profundidade sobre tópicos que mereçam atenção.

Deve ser notado que, ocasionalmente, os professores em Reggio Emilia assumem um projeto sobre um tópico de valor imprevisível ou incerto. A disposição para explorar um tópico que pode não funcionar muito bem é parte de seu compromisso de experimentar e de explorar junto com as crianças que tipos de vivências e ideias podem emergir de uma situação. Em uma das pré-escolas de Reggio Emilia as crianças engajaram-se em um extenso projeto sobre o sistema solar e viagens espaciais – fenômenos que dificilmente estão na experiência direta ou imediata das crianças. O tópico surgiu da resposta animada das crianças a um grande pôster do sistema solar trazido à escola por uma delas. Seu grande interesse por várias personagens de "Guerra nas Estrelas" vistos em filmes, na televisão e em seus brinquedos era evidentemente responsável, em parte, por suas reações positivas ao pôster. As pinturas, os desenhos, os trabalhos com argila e a imensa e complexa estação espacial feita pelas crianças sugerem que seu entendimento sobre o sistema solar permanecia substancialmente pré-galileico! Contudo, sua imaginação sobre a vida em uma estação espacial, viagens no espaço, lançamento de foguetes, veículos espaciais, criaturas alienígenas etc., era rica e habilidosamente exibida nos desenhos, nas pinturas, na argila e em papel machê, incluindo a grande estação espacial construída com uma ampla variedade de materiais.

Parece-me, então, que uma primeira lição da prática de Reggio Emilia é que as crianças escolares pré-primárias podem comunicar suas ideias, seus sentimentos, seu entendimento, sua imaginação e suas observações por meio da representação visual muito antes do que os educadores norte-americanos para a primeira infância presumem. As representações impressionantes que as crianças criam podem servir como base para hipóteses, discussões e argumentos, levando a observações adicionais e a representações novas. Usando esta abordagem, podemos ver como a mente das crianças pode ser engajada de maneiras variadas na busca de um entendimento mais profundo do mundo familiar à sua volta.

TRATANDO COM SERIEDADE O TRABALHO DAS CRIANÇAS

Observando-se a atenção a qual que as crianças tratam seus desenhos, aprende-se sobre os possíveis efeitos do tratamento do trabalho das crianças sobre sua qualidade. Parece-me que as crianças de Reggio Emilia abordam a tarefa de desejar o que quer que estejam estudando com disposição e assiduidade, pois estão acostumadas a *usar* seus próprios desenhos de campo para trabalhos adicionais, tais como a confecção de murais em grupo, esculturas, pinturas e assim por diante. Diferentemente do costume nos Estados Unidos, as representações visuais não são apenas produtos decorativos para serem levados para casa no final do dia, os quais provavelmente jamais serão olhados ou discutidos novamente; em Reggio Emilia, elas são como recursos para uma exploração adicional e para um maior aprofundamento do conhecimento sobre o tópico. Educadores de Reggio Emilia referindo-se a essas representações visuais como linguagens gráficas, falam sobre crianças que "leem" os seus próprios desenhos e os de outras crianças. As crianças transcrevem os comentários gravados e as discussões entre elas próprias no trabalho; com esta documentação, os desenhos são "lidos" e "relidos" pela equipe de professores como uma base para o planejamento das próximas etapas na exploração do tópico.

REPRESENTAÇÃO REALÍSTICA E IMAGINATIVA

Uma terceira lição da experiência das pré-escolas de Reggio Emilia é que a extensa experiência das crianças de desenhar a partir de suas próprias observações não parece inibir o desejo ou a capacidade de desenhar, pintar, e assim por diante, a partir de sua imaginação. Contrariamente aos temores de muitos educadores norte-americanos, o trabalho das crianças de Reggio Emilia sugere que uma escolha "ou/ou" é desnecessária. As crianças parecem ser competentes na expressão visual representativa, não representativa, realística e abstrata. Em outras palavras, experiências representativas não danificam, necessariamente, a competência ou o desejo de engajar-se em atividades que envolvam maior abstração. Em vista do alto nível de competência evidente nas pré-escolas de Reggio Emilia, é compreensível que muitos educadores norte-americanos a rotulem como educação artística, ou instrução artística; alguns chegam mesmo a presumir que as pré-escolas são escolas de artes! Contudo, essas caracterizações parecem ignorar o mais importante: as linguagens visual e gráfica oferecem um modo para explorar e expressar entendimentos do mundo facilmente disponíveis à maioria dos pré-escolares. As artes visuais são integradas no trabalho simplesmente como "linguagens" adicionais disponíveis às crianças pequenas não ainda muito competentes na escrita e na leitura convencionais; as artes não são ensinadas como uma matéria, como uma disciplina, como um conjunto distinto de habilidades ou como um foco de instrução por seus próprios méritos.

Isso não pretende sugerir que as crianças não recebem orientações e direcionamento no uso de ferramentas, de materiais e de técnicas de representação gráfica e visual. Este ensino (*versus* instrução) dá à criança – de uma forma simples – o princípio subjacente a uma técnica ou abordagem sugerida aos materiais. A inclusão do princípio dentro de uma sugestão aumenta as chances de a criança solucionar o problema quando o adulto não está próximo – certamente um importante objetivo de ensino em todos os níveis.

Não se pode esquecer que as crianças de Reggio Emilia – especialmente as mais jovens – engajam-se em muitas outras atividades, além do trabalho em projetos. A oportunidade para uma ampla gama de jogos espontâneos com blocos, dramatização, brincadeiras ao ar livre, audição de histórias, encenação de papéis, culinária, tarefas domésticas e atividades ligadas à arrumação pessoal, bem como atividades como pintura, colagem e trabalhos com argila, estão disponíveis a todas as crianças diariamente. São feitas provisões para que todas se envolvam em um projeto de duração prolongada durante todo o seu tempo na escola. Naturalmente, algumas crianças desenham, pintam, e assim por diante, com maior habilidade do que outras. Contudo, a extensão da experiência precoce de expressar e comunicar suas ideias e observações visualmente durante os anos pré-escolares ajuda a explicar o nível inesperadamente alto de competência.

Em resumo, uma lição útil da abordagem de Reggio Emilia é que não existem razões para se acreditar que os professores devem optar entre encorajar a expressão visual realística ou imaginativa como duas alternativas mutuamente exclusivas.

O CONTEÚDO DO RELACIONAMENTO ENTRE PROFESSOR-CRIANÇA

A quarta lição a ser extraída das observações nas escolas de Reggio Emilia envolve o conteúdo do relacionamento entre os adultos e as crianças. Minha suposição subjacente é de que os indivíduos não podem apenas se relacionar uns com os outros: eles precisam relacionar-se uns com os outros acerca de algo. Em outras palavras, os relacionamentos precisam conter interesse ou envolvimento mútuo, cujos pretextos e textos proporcionem a interação adulto/criança.

Em seus estudos sobre as pré-escolas de Oxford, na Inglaterra, Bruner (1980) mostrou que o conteúdo das interações entre professor-aluno era predominantemente sobre questões gerenciais. Ele lamenta, por exemplo, que dos quase 10.000 períodos observados, apenas 20% continham conversas genuínas, e aponta que as classes de maternal observadas eram organizadas de modo a tornar difícil a ocorrência de conversas com verdadeiras conexões (BRUNER, 1980). Ele também aponta que

> uma alta proporção da interação iniciada por adultos com as crianças era dada acerca do tema entediante de tarefas domésticas triviais – conversas sobre a hora de tomar o leite, instruções acerca de recolher coisas, lavar-se e similares. (BRUNER, 1980, p. 61).

Em meu entendimento, não existem dados comparáveis em grande escala sobre o conteúdo das interações entre professores e crianças pré-escolares nos Estados Unidos. Entretanto, minha impressão geral, a partir das observações dos contextos iniciais para a primeira infância em todos os Estados Unidos, é de que o conteúdo do relacionamento entre professor-aluno parece igualmente focalizado sobre as rotinas e as regras da vida na sala de aula, especialmente durante períodos de atividade informal; quando as crianças estão pintando ou desenhando, os professores parecem muito relutantes em engajá-las em absolutamente qualquer espécie de conversa. Quando as crianças preenchem folhas e livros de exercícios, os professores sentem-se compreensivelmente ansiosos por oferecer comentários positivos e, portanto, frequentemente dizem coisas como "Você se saiu muito bem!", "Essa é a ideia!", "Muito bom!" e outros comentários similarmente positivos. Em outras palavras, o conteúdo do relacionamento entre estes professores e seus alunos tende a ser dominado por informações sobre a conduta e o nível de desempenho das crianças. Portanto, parece que o conteúdo do relacionamento entre eles está focalizado sobre as próprias crianças, quando não focalizado sobre rotinas mundanas.

Minha impressão sobre as práticas de Reggio Emilia, em comparação, é que, em grande parte, a extensão do conteúdo do relacionamento entre professor-aluno é focalizado sobre o próprio trabalho, e não sobre rotinas ou sobre o desempenho das crianças em tarefas acadêmicas. A mente dos adultos e das crianças está direcionada a questões de interesse de ambos. Tanto as crianças quanto os professores parecem estar igualmente envolvidos com o progresso do trabalho, com as ideias a serem exploradas, com as técnicas e materiais a serem usados e com o progresso dos próprios projetos. O papel das crianças no relacionamento era mais o de aprendiz do que o de alvo da instrução ou o de objeto de elogios.

Esses relacionamentos apresentam vários benefícios. O primeiro é que as crianças são engajadas em um trabalho excitante, que inclui tomar decisões sobre o que representar, como representar, como coordenar esforços e resolver visões conflitantes dos vários colaboradores de um projeto, etc. Em segundo lugar, uma vez que a mente tanto dos professores quanto das crianças encontra-se em questões de real interesse para ambos, a mente dos professores também é engajada. Eles parecem mais interessados em fazer sugestões, em ouvir atentamente ideias e perguntas das crianças, em encorajá-las para que respondam às ideias umas das outras e estão especialmente mais atentos ao risco de auxiliá-las exageradamente (RABITTI, 1992).

Uma vez que não existem lições pré-especificadas formais que todas as crianças devem aprender, os professores podem criar atividades que contribuam para o desenvolvimento de entendimentos mais apropriados sobre o tópico. Portanto, o conteúdo do relacionamento entre o professor e a criança é rico com a formulação e solução de problemas. O trabalho com projetos oferece amplos textos, pretextos e contextos para conversas genuínas e extensas entre adultos e crianças. Frances Hawkins (1986) aponta que a criança e seu comportamento é algo apropriado como o conteúdo central de um relacionamento entre um adulto e uma criança apenas se o adulto é um terapeuta e a criança é o paciente! Nas palavras de Hawkins (1986, p. 35):

> Um professor tem um papel único... Este não é o papel de uma mãe ou de um terapeuta ou de um colega, mas de alguém que valoriza os aprendizes e a aprendizagem profissionalmente.

A comparação entre as pré-escolas de Reggio Emilia e aquelas que vejo tipicamente na América do Norte sugeriu-me que um dos modos pelo qual podemos avaliar a qualidade de um programa pré-escolar é examinar o conteúdo dos relacionamentos entre adultos e crianças. Um programa tem vitalidade intelectual se as interações individuais e grupais do professor evocam principalmente o que as crianças estão aprendendo, planejando e pensando sobre seu trabalho e brincadeiras e umas sobre as outras, evocando apenas minimamente regras e rotinas.

IMPRESSÃO DAS CRIANÇAS SOBRE O QUE OS ADULTOS CONSIDERAM IMPORTANTE

Como a maior parte dos que visitaram as pré-escolas municipais de Reggio Emilia e a exibição de seu trabalho, entitulada *The Hundred Languages of Children*, eu frequentemente imaginava como este excepcional nível de competência nas representações gráficas fora atingido. Uma hipótese é que elas trabalham com tamanha seriedade porque, como todas as outras crianças pequenas, as das pré-escolas de Reggio Emilia sentem o que é importante para os adultos à sua volta. Elas têm algum nível de consciência sobre o que importa aos adultos, sobre o que eles consideram interessante, válido ou digno provar, dispender tempo e focalizar a atenção. As crianças sabem que os adultos se empenham em explicar, fotografar, anotar, transcrever fitas, exibir muito cuidadosamente, e assim por diante. As crianças sentem o que os adultos falam uns com os outros, trazem à atenção de seus pais e os apresentam para um fluxo constante de visitantes interessados. Portanto, elas sabem – talvez em um nível pré-consciente – que os adultos consideram seu trabalho e suas ideias muito seriamente.

Se é verdade que as crianças nas pré-escolas de Reggio Emilia sabem o que interessa aos adultos, então certamente as crianças de todos os outros lugares estão similarmente conscientes do que realmente interessa aos adultos que lhes são importantes. Portanto, todos os professores poderiam indagar: O que a maioria de meus alunos realmente pensa acerca do que levo a sério e com o que me preocupo profundamente? Em teoria, é claro, é possível que em alguns casos a resposta a essa questão possa ser "nada". Entretanto, na ausência de qualquer informação confiável relevante a essa pergunta, vamos presumir que todos os professores transmitem algumas mensagens a seus alunos sobre os aspectos do esforço e comportamento das crianças que realmente chamam atenção, interesse, apreciação e, ocasionalmente, verdadeiro prazer.

Em comparação, minha impressão é que, nos Estados Unidos, não estamos tão propensos quanto poderíamos a ajudar as crianças a sentir que seus esforços intelectuais nos interessam e nos importam imensamente. Em muitos dos programas de pré-escola que vejo, a atenção dos adultos tende a ser incitada quando algo entre as crianças vai mal ou perturba as atividades de rotina, em vez de o ser quando a construção do conhecimento é o foco principal da atividade. Suspeito que, devido ao fato de em geral superestimarmos as crianças academicamente e as subestimarmos intelectualmente, perdemos momentos em que nossa atenção poderia transmitir às crianças que suas ideias são importantes. Essas colocações não pretendem sugerir que um senso de o que os professores consideram importante po-de ser transmitido explicitamente dando-se "palestras" ou "sermões" às crianças sobre isto. Ao contrário, até mesmo crianças muito pequenas estão mais propensas a fazer inferências sobre o que importa aos adultos com base em suas múltiplas observações do comportamento real destes em diferentes contextos.

Uma importante lição de nossos colegas nas pré-escolas de Reggio Emilia, portanto, é que, quando os adultos comunicam um sincero e sério interesse pelas ideias das crianças em suas tentativas de se expressarem, um trabalho rico e complexo pode ocorrer, mesmo entre crianças muito pequenas.

MODELOS E METÁFORAS PARA OS PROGRAMAS PARA A PRIMEIRA INFÂNCIA

No processo de organizar e operar programas nas pré-escolas e escolas primárias, é natural usar-se uma moldura, modelo ou metáfora subjacente tomados de outros fenômenos com parâmetros similares. Igualmente, em nossas deliberações sobre a educação e sobre os relacionamentos dentro dos contextos educacionais, usamos metáforas que traem os modelos subjacentes de nossas molduras interpretativas (NUTHALL; SNOOK, 1973). Com base nas observações das pré-escolas de Reggio Emilia, nas discussões com professores e com outros envolvidos, pareceu-me que o modelo e as metáforas subjacentes que guiam nossas decisões e escolhas são diferentes daqueles que usamos costumeiramente nos Estados Unidos.

O modelo da grande família*

Uma de minhas mais fortes impressões sobre as pré-escolas municipais de Reggio Emilia é que, de diversas maneiras, elas são modeladas de acordo com as grandes famílias e comunidades, mais do que a maioria dos programas de horário integral para a primeira infância existentes nos Estados Unidos. Em primeiro lugar, os prédios nos quais as pré-escolas funcionam parecem grandes casas, o que não ocorre com a maioria de nossas pré-escolas, e certamente com a maioria de nossos jardins de infância típicos que também oferecem ensino de primeiro grau. Cada uma das seis pré-escolas que visitei é excepcionalmente atraente na qualidade de mobiliário, na organização do espaço e na exibição dos trabalhos das crianças; tudo isso cria um clima confortável, caloroso e alegre e um ambiente agradável.

Embora existam aproximadamente 75 crianças de 3 a 6 anos em cada escola e cerca de 25 em cada classe, a qualidade de vida dentro delas parece atingir uma proximidade quase doméstica e uma intimidade associada à vida familiar, o que é especialmente apropriado para crianças pequenas. O fato de as crianças permanecerem com o mesmo professor durante os três anos de sua participação no programa permite que elas, seus pais e seus professores formem relacionamentos fortes e estáveis uns com os outros, como ocorreria se fossem membros de grandes famílias e de pequenas comunidades, onde todos se conhecem. Em contrapartida, quando a maioria dos professores nos Estados Unidos tem a chance de desenvolver uma relação real com os pais e de conhecê-los suficientemente bem para responder de forma significativa e franca às suas preocupações, é necessário seguir em frente e conhecer o próximo grupo de pais! Em algumas das pré-escolas de Reggio Emilia, as classes são organizadas em grupos de idades mistas que oferecem ambientes mais similares aos da família do que seria possível com grupos homogêneos (ver KATZ; EVANGELOU; HARTMANN, 1990).

Como indicado anteriormente, e em outro ponto mais adiante neste volume, a maior parte do trabalho das crianças em

* N. de T. Neste caso, a grande família é aquela composta pelos membros da família nuclear e demais parentes, como avós, tios, etc., morando sob o mesmo teto, como é comum na Itália.

Reggio Emilia é realizada em pequenos grupos. Não foi observada qualquer evidência de que todas as crianças em uma classe estivessem sujeitas à instrução ao mesmo tempo, de terem de criar os mesmos desenhos ou outros produtos artísticos – uma visão comum em nossas escolas, especialmente em relação a feriados como Dia das Bruxas, Dia das Mães, Páscoa, e assim por diante.

A natureza informal do currículo presta-se particularmente bem ao trabalho cooperativo entre pequenos grupos de crianças com idades mistas. Esta atmosfera informal, semelhante a de uma comunidade, também parece ser melhorada pela flexibilidade de tempo. As crianças são livres para trabalhar e brincar sem interrupções frequentes e transições tão comuns na maioria de nossos programas para a primeira infância. Parece-me que a maioria de nossos programas são organizados em um quadro rígido de horários; com frequência ocorrem atividades isoladas que são iniciadas, "empacotadas" e colocadas de lado dentro de períodos pré-especificados de tempo, geralmente contados em minutos.

O fato de as crianças de Reggio Emilia assumirem responsabilidade por algumas das tarefas reais envolvidas na vida em grupo durante o dia inteiro – como, por exemplo, arrumar a mesa antes e após as refeições, trabalhar com a equipe da cozinha, dividir a responsabilidade de manter os materiais de arte em ordem, etc. – reforça uma atmosfera de vida em comum. A sensação de comunidade é também aumentada pela participação de toda a equipe das pré-escolas em todos os aspectos do programa e pelos encontros longos e frequentes de todos os envolvidos, incluindo os pais.

As grandes famílias caracterizam-se pela responsabilidade dividida, pela intimidade, pela informalidade e pela participação. A grande família parece oferecer um modelo muito apropriado sobre o qual desenhar os programas para a educação na primeira infância. Embora este modelo também tenha, provavelmente, seus próprios problemas, sua adequação pode ser entendida quando comparada com o modelo corporativado-industrial que serve como ba-se para a educação nos Estados Unidos.

Empresas e indústrias como modelos

As observações feitas em Reggio Emilia lembraram-me de que, nos Estados Unidos, os principais modelos e metáforas usados – especialmente no nível de escolarização primária e secundária – vêm do mundo empresarial e industrial e de suas fábricas, ao invés da grande família ou da vida na comunidade. As escolinhas maternais foram desenvolvidas a partir de berçários, que eram locais da casa dedicados aos cuidados e ao envolvimento com os muito jovens. Entretanto, nos últimos 20 anos, ou algo em torno disso, o termo "maternal", na literatura norte-americana, relacionado a programas para crianças de 3 a 5 anos, foi completamente substituído pelo termo "pré-escola" – como em pré-cozido e pré-escolhido!

As creches, por outro lado, têm sido frequentemente comparadas com grandes depósitos, onde as crianças são mantidas sob custódia até que seus pais possam reassumir sua responsabilidade de cuidarem dos filhos. São chamadas, atualmente, de programas de cuidados infantis, ou mesmo de pré-escolas de dois turnos, como um modo de se descartar a metáfora de depósito ou de custódia. Parece-me, contudo, que os programas para a primeira infância incorrem em um perigo cada vez maior de serem modelados de acordo com o modelo empresarial/industrial, tão saliente nos níveis elementar e secundário de educação.

Schlechty (1990) aponta que as fábricas são desenhadas para transformarem material bruto em produtos pré-especificados, tratando-o em uma sequência de processos padronizados também pré-especificados.

> Nesta visão, os estudantes são vistos como matéria-prima a ser submetida a processos e procedimentos padronizados que visam a moldá-los, a ser testada contra parâmetros rígidos e inspecionada cuidadosamente antes de ser passada para a próxima bancada, para um processamento adicional. (SCHLECHTY, 1990, p. 22).

O modelo industrial atribui aos professores o papel de tecnocratas responsáveis pela operação do maquinário da fábrica, de acordo com um desenho pré-definido que lhes foi entregue, e para os quais

> [...] o currículo deve ser articulado com os testes que serão usados para a inspeção dos estudantes, que são o produto deste processo controlado e racional. (SCHLECHTY, 1990, p. 3).

Conceitos frequentemente usados na discussão sobre a educação, tais como os sistemas de oferta, as razões custo-benefício, os resultados comportamentais e de aprendizagem específicos e preestabelecidos, o currículo baseado no resultado, os pacotes curriculares, os pacote de inovações, os materiais à prova do professor, a indústria de cuidados infantil e assim por diante, traem a aplicação do modelo industrial ao esboço, operação e avaliação da escolarização.

De um modo similar, a maior parte de nossos currículos oficiais, que nos chegam da secretaria de educação e do município, reflete uma suposição de que virtualmente todas as crianças devem ser sujeitas à mesma sequência de tratamentos de instrução de um modo rígido, no interesse de se criar um produto *standard*. Schlechty resume as implicações desta tendência para o modelo de indústria, na medida em que a escola torna-se como:

> Uma linha de montagem ao longo da qual as crianças seguem, diferenciadas com base na qualidade do material bruto a ser processado. A qualidade deste material é determinada primariamente em termos de bagagem familiar do estudante e medida em termos de "aptidão acadêmica" ou capacidade para a realização do trabalho escolar. (SCHLECHTY, n.d.).

O modelo industrial, tido como uma moldura para o desenho e a interpretação da educação, é inapropriado de vários modos em cada nível da educação, sobretudo para crianças pequenas. Durante os primeiros anos da vida das crianças, a estabilidade dos relacionamentos e a formação de vínculos entre elas e aqueles que as cuidam é altamente desejável e, talvez, essencial. Em instituições concebidas conforme o modelo de uma fábrica, os indivíduos são intercambiáveis; a única exigência é a de que o indivíduo realize as mesmas funções e papéis previamente estabelecidos de forma padronizada. Um modelo industrial também implica que a educação é um processo unidirecional: o adultos impõem procedimentos de instrução sobre o material bruto – as crianças – a fim de o transformar, de modos previsíveis.

A proliferação de numerosas categorias especiais de crianças e programas de educação especial (p. ex., classes de transição, ensino para crianças com deficiências de aprendizagem e atrasos desenvolvimentais, etc.) e as altas taxas de retenção nas séries iniciais são análogas à devolução de produtos com defeitos comuns na indústria norte-americana (ver também SKRTIC, 1991).

OTIMIZAÇÃO DOS RECURSOS DE FAMÍLIAS E INSTITUIÇÕES

Um programa e uma abordagem pedagógica de pré-escola baseados em um modelo de grande família tende a ter seus próprios problemas. Embora as pré-escolas não sejam fábricas, tampouco são famílias. Elas são instituições, equipadas com profissionais empregados para aplicar conhecimentos e habilidades especializados em seu trabalho, no melhor interesse de cada cliente.

As instituições diferem das fábricas no sentido de serem desenhadas para servir às pessoas e às suas necessidades, e não apenas produzir bens padronizados. Por definição, as instituições públicas são operadas de acordo com regras e regulamentos a serem aplicados uniformemente a todos os clientes, independente dos indivíduos particulares que estão sendo servidos ou do profissional em particular que oferece o serviço.

As famílias diferem das fábricas e das instituições no sentido de serem voltadas ao particular, respondendo às características, necessidades, desejos e valores únicos de seus membros de forma marcada por uma intensidade relativamente alta de emoção, envolvimento e vinculação não possível ou desejável em contextos institucionais. Similarmente, os papéis de pais e professores são distintos um do outro e, idealmente, permitem que cada um preste contribuições complementares, mas diferentes, para o crescimento, aprendizagem e desenvolvimento da criança (KATZ, 1984). Os profissionais estão comprometidos com uma ética universalista, que os leva a aplicar todo o seu conhecimento especializado e habilidades imparcial e igualmente a cada criança, quer gostem ou se sintam próximos ou não desta. Todas essas considerações sugerem que uma pré-escola deve otimizar os benefícios especiais e essenciais da vida familiar para as crianças, e deve fazê-lo dentro das restrições e parâmetros essenciais à prática profissional e regulamentos institucionais.

As pré-escolas municipais de Reggio Emilia nos mostram uma combinação ótima das qualidades dos relacionamentos em família e integridade das práticas profissionais *par excellence* de diversas maneiras. Em primeiro lugar, a inclusão e envolvimento dos pais em virtualmente cada aspecto do funcionamento da escola é deliberado e fundamental ao planejamento e operação das escolas pré-primárias. A quantidade de idealização e energia dados ao estabelecimento e manutenção dos fortes relacionamentos entre escola e pais é impressionante e assustadora, e é consistente com o importante papel dos pais na fundação dessas escolas.

O envolvimento parental também é abordado no modo como o trabalho das crianças é exibido. Invariavelmente, juntamente com seu trabalho estão fotografias das crianças em plena atividade, transcrições de suas indagações e de seus comentários feitos no curso das atividades. Deste modo, podem facilmente compartilhar suas experiências escolares reais (e não apenas seus produtos) com os pais. O entusiasmo delas e o interesse da família por seu trabalho ajuda a reforçar o envolvimento dos pais na aprendizagem dos filhos, oferece uma rica base para a discussão entre eles e aprofunda o entendimento que os adultos têm sobre a natureza da aprendizagem nos primeiros anos. O nível de envolvimento familiar nas escolas lembra as escolas maternais onde os pais trabalhavam cooperativamente nos Estados Unidos e as brincadeiras de gru-po pré-escolares da Nova Zelândia e Grã-Bretanha. Talvez um novo modelo da escola maternal onde os pais exercem um trabalho cooperativo como um meio de otimizar as necessidades das crianças, pais e professores deva ser desenvolvido nos Estados Unidos, abordando as necessidades dos pais que trabalham e a importância de sua participação nas experiências escolares de seus filhos.

Em segundo lugar, a abordagem do currículo parece ser a de que as características, aptidões, necessidades e interesses de cada criança individual são examinadas e monitoradas por extensos registros e documentação. Toda a equipe, incluindo os membros que não ensinam, encontra-se semanalmente para discutir e planejar, garantindo que o conhecimento detalhado de cada criança seja observado e compartilhado. Finalmente, a qualidade de vida e as dimensões afetiva e estética das pré-escolas vistas em Reggio Emilia sugerem que é possível otimizar-se as vantagens dos relacionamentos familiares e das exigências institucionais se uma comunidade está disposta e é capaz de apoiá-las financeiramente.

RESUMO

Sugeri seis lições que devem ser aprendidas dos colegas das pré-escolas municipais de Reggio Emilia. Em primeiro lugar, as crianças e os professores, juntos, examinam tópicos de interesse para as crianças pequenas em detalhes e em profundidade no trabalho com projetos, e fazem um uso excelente de uma variedade de formas visuais e gráficas enquanto realizam isto. Os professores parecem ter expectativas mais grandiosas do que a maioria de nós nos Estados Unidos temos sobre as capacidades das crianças de representarem seus pensamentos, sentimentos e observações por meio das habilidades gráficas que já possuem, tais como desenhar, pintar e manusear outras artes gráficas. A equipe de professores age a partir de uma suposição que frequentemente ignoramos: a de que as crianças possuem um desejo inerente de crescer, de saber e de compreender as coisas à sua volta.

Em segundo lugar, quando as crianças têm experiência no uso de seus desenhos, pinturas, etc., como uma base para uma discussão e trabalho adicionais, elas dão grande atenção a isso. As crianças pequenas não precisam levar trabalho para casa todos os dias; quando levam, o trabalho não está sendo usado para sua aprendizagem. Em terceiro lugar, a introdução precoce à representação observacional e realística não inibe necessariamente as capacidades ou desejos das crianças de usar meios para a expressão abstrata, criativa e também imaginativa.

Em quarto lugar, a espécie de trabalho realizado pelas crianças nesses projetos oferece um rico conteúdo para o relacionamento entre professores e alunos. O quinto ponto a salientar é que muitas características do comportamento dos adultos transmitem às crianças a ideia de que todos os aspectos de seu trabalho são considerados com seriedade. Esta mensagem não é comunicada diretamente por pronunciamentos ou anúncios: ela permeia o ambiente indiretamente, através de uma variedade de ações, provisões e estratégias. Finalmente, o modelo subjacente sobre o qual a vida escolar está baseada é mais próximo aos relacionamentos familiares e comunitários do que aquele dos Estados Unidos, cujos programas para a primeira infância, acredito, são mal servidos pelo uso arraigado de um modelo corporativista/industrial.

Muito já foi conquistado pelos educadores para a primeira infância em Reggio Emilia durante o período de uma geração. Deve ser mantido em mente, enquanto tentamos aprender com eles e aplicar parte desta aprendizagem em casa, que as escolas recebem uma verba relativamente boa e são apoiadas por sua comunidade. Elas mostram o que pode ser conseguido quando uma comunidade forma um compromisso real com suas crianças pequenas.

REFERÊNCIAS

BRUNER, J. *Under five in Britan*:Oxford Preschool Research Project. Ypsilanti: High/Scope Press, 1980. v. 1.

HAWKINS, F.P. *The logic of action:* young children at work. Boulder: Associated University Press, 1986.

INAGAKI, K. Piagetian and post-Piagetian conceptions of development and their implications for science education in early childhood. *Early Childhood Research Quarterly*, v. 7, n. 1, 1992.

KATZ, L.G. Contemporary perspectives on the roles of mothers and teachers. In: KATZ, L.G. (Ed.).*More talks with teachers*. Urbana: ERIC Clearinghouse on Elementary and Early Childhood Education, 1984.

KATZ, L.G.; CHARD, S.C. *Engaging children's minds:* the project approach.Norwood: Ablex Publishing Corp, 1989.

KATZ, L.G.; EVANGELOU, D.; HARTMANN, J.A. *Tha case for mixed-age grouping in early childhood.* Washington: National Association for the Education of Young Children, 1990.

NUTHALL, G.; SNOOK, I. Comtemporary models of teaching. In: TRAVERS, R.M.W. (Ed.). *Second handbook of research on teaching*. Chicago: Rand McNally & Co, 1973.

RABITTI, G. *Preschool at "la villetta"*. Unpublished Master of Arts thesis, University of Illinois, Urbana, IL, 1992.

RINALDI, C. *The Reggio Emilia approach.*Detroit: [s.n.], 1991.

SCHLECHTY, P. *Schools for the 21st century*. San Francisco: Jossey-Bass, 1990.

SCHLECHTY, P. *Four model paradigms for schooling*. Louisville: Center of Leadership in School Reform, N.d.

SKRTIC, T.M. The special education paradox. *Harvard Education Review,* v. 61, n. 2, p. 148-206, 1991.

Parte II

Os educadores de Reggio Emilia descrevem seu programa – Entrevistas a Lella Gandini

3

História, ideias e filosofia básica

Loris Malaguzzi

PARTE I: HISTÓRIA

Ano de 1946: O inacreditável começo de uma escola dirigida por pais

Gandini: *Eu gostaria de saber a respeito das raízes distantes de sua experiência de grupo, bem como sobre sua própria experiência pessoal.*

Malaguzzi: A história de nossa abordagem, e de meu papel nela, começa seis dias após o término da Segunda Guerra Mundial. Era primavera de 1945. O destino deve ter desejado que eu fosse parte de um evento extraordinário. Ouvi que em um pequeno vilarejo chamado Villa Cella, umas poucas milhas da cidade de Reggio Emilia, as pessoas haviam decidido construir e operar uma escola para crianças pequenas. Esta ideia pareceu-me incrível! Corri até lá em minha bicicleta e descobri que tudo aquilo era verdade. Encontrei mulheres empenhadas em recolher e lavar pedaços de tijolos. As pessoas haviam-se reunido e decidido que o dinheiro para começar a construção viria da venda de um tanque abandonado de guerra, uns poucos caminhões e alguns cavalos deixados para trás pelos alemães em retirada.

– O resto virá – disseram-me.

– Sou um professor – disse eu.

– Bom – eles disseram – Se isto é verdade, venha trabalhar conosco.

Tudo me parecia inacreditável: a ideia, a escola, o inventário consistindo de um tanque, alguns caminhões e cavalos. Eles me explicaram tudo: "Construiremos a escola por nossa conta, trabalhando à noite e aos domingos. A terra foi doada por um fazendeiro; os tijolos e as vigas serão retiradas das casas bombardeadas; a areia virá do rio; o trabalho será realizado por todos nós, como voluntários".

– E o dinheiro para operar a escola?

Após um momento de embaraço, disseram-me: "Encontraremos um modo". Mulheres, homens, jovens – todos fazendeiros e trabalhadores, todos pessoas especiais que haviam sobrevivido aos horrores da guerra – falavam muito seriamente.

Em oito meses, a escola e nossa amizade havia lançado raízes. O que ocorreu em Villa Cella foi apenas a primeira fagulha. Outras escolas foram abertas na periferia e nos bairros mais pobres da cidade, todas criadas e operadas por pais. Encontrar apoio para a escola, em uma cidade devastada, rica apenas no luto e na pobreza, seria um processo longo e difícil, e exigiria sacrifício e solidariedade impensáveis à época. Quando sete outras escolas foram acrescentadas nas áreas pobres nos arredores da cidade à "escola do tanque" em Villa Cella, iniciada por mulheres com o auxílio do Comitê Nacional para a Libertação (CLN), nós compreendemos que o fenômeno era irreversível. Algumas das escolas não sobreviveriam. A maior parte delas, entretanto, exibiria suficiente garra e força para sobreviver por quase 20 anos.

Finalmente, após 7 anos ensinando em uma escola, decidi sair de meu emprego. O trabalho com as crianças fora gratificante, mas a escola, operada pelo estado, continuava seguindo seu próprio curso, aderindo à sua estúpida e intolerável indiferença para com as crianças, à sua atenção oportunista e obsequiosa para com a autoridade e à sua esperteza auto aproveitadora, empurrando um conhecimento pré-embalado. Fui para Roma estudar Psicologia no Centro Nacional de Pesquisa (CNR). Ao retornar a Reggio Emilia, comecei, para a municipalidade, um centro de saúde mental para crianças com dificuldades na escola, com fundos oferecidos pela cidade. Nessa época, comecei a viver duas vidas paralelas, uma pela manhã no centro, e outra à tarde e à noite, nas pequenas escolas operadas pelos pais.

Os professores nessas pequenas escolas possuíam uma motivação excepcionalmente alta. Eles eram muito diferentes uns dos outros, já que haviam sido treinados em várias escolas católicas e em outras escolas particulares, mas seus pensamentos eram amplos e receptivos e sua energia era inesgotável. Juntei-me a esses professores e comecei a trabalhar com as crianças, ensinando-lhes enquanto nós mesmos aprendíamos. Logo percebemos como a língua italiana oficial era estranha para essas crianças, já que suas famílias haviam falado no dialeto local por várias gerações. Pe-

Figura 3.1 Um grupo de crianças e sua professora na Escola da Villa Cella, em 1950.

dimos ajuda aos pais, mas descobrir um modo como todos pudéssemos cooperar efetivamente revelou ser a tarefa mais difícil – não pela falta de determinação, mas pela falta de experiência. Estávamos rompendo com os padrões tradicionais.

Quando começamos a trabalhar com esses pais corajosos, sentimos tanto entusiasmo quanto medo. Sabíamos perfeitamente quão fracos e despreparados estávamos. Utilizamos todos os nossos recursos – o que não foi difícil. Mais difícil foi a tarefa de aumentar esses recursos. E ainda mais difícil foi predizer como iríamos usá-los com as crianças. Informamos às mães que nós, exatamente como as crianças, tínhamos muito o que aprender. Um pensamento simples e confortador veio em meu auxílio: que as coisas relativas às crianças e para as crianças somente são aprendidas através das próprias crianças. Sabíamos o quanto isto era verdade e, ao mesmo tempo, o quanto tinha de enganoso. Contudo, precisávamos desta asserção e deste princípio orientador; ele nos deu força e veio a ser uma parte essencial de nosso bom senso coletivo. Ele foi uma preparação para 1963, o ano em que as primeiras escolas municipais foram criadas.

O ano de 1963: A primeira escola municipal dirigida para crianças pequenas

Gandini: *Você pode falar sobre esse evento?*

Malaguzzi: Esta era uma escola com duas salas de aula, ampla o suficiente para 60 crianças, e a chamamos de Robinson, para recordar as aventuras do herói de Defoe. Você já deve ter ouvido falar de como a primeira escola, em 1963, estabeleceu um importante marco. Pela primeira vez na Itália, as pessoas afirmavam o direito de estabelecer uma escola secular para crianças pequenas: uma ruptura correta e necessária com o monopólio que a Igreja Católica havia, até então, exercido sobre a educação nos primeiros anos de vida das crianças. Esta foi uma mudança necessária em uma sociedade que se renovava, mudava profundamente e na qual os cidadãos e as famílias pediam cada vez mais por serviços sociais e escolas para suas crianças. Eles desejavam escolas de uma nova espécie: de melhor qualidade, livre das tendências à caridade, não meramente custodiais e de modo algum discriminadoras.

Esta foi uma conquista decisiva, embora a escola estivesse funcionando em um pequeno prédio de madeira entregue a nós pelas autoridades. Na verdade, já foi suficientemente difícil encontrar crianças para a colocação nesta escola, devido à novidade de uma escola administrada pela municipalidade. Em uma noite, três anos depois, ela se incendiou. Todos corremos para lá, até mesmo o prefeito, e ficamos olhando até restarem apenas cinzas. Contudo, um ano depois, a escola foi reconstruída com tijolos e concreto. Agora estávamos envolvidos em um empreendimento sério. Das raízes iniciais de determinação e paixão cívica, ampliando-se para tornar-se parte da consciência pública, vêm os acontecimentos e histórias que agora narro a você.

Recebemos os primeiros grupos de professores especializados das escolas administradas pelos pais. As responsabilidades estavam claras em nossas mentes; muitos olhos, nem todos amistosos, observavam-nos. Tínhamos que cometer o mínimo possível de erros. Precisávamos descobrir nossa própria identidade cultural rapidamente, tornarmo-nos conhecidos e conquistar confiança e respeito. Lembro-me de que, após alguns meses, a necessidade para nos tornarmos conhecidos tornou-se tão poderosa que planejamos uma atividade, que foi muito bem-sucedida. Uma vez por semana, levávamos a escola para a cidade. Literalmente, fazíamos nossas malas, preparávamos as crianças, levávamos nossas ferramentas em um caminhão e ensinávamos e mostrávamos materiais a céu aberto, na praça, parques públicos ou sob a colunata do teatro municipal. As crianças estavam felizes. As pessoas viam; elas se sentiam surpresas e faziam perguntas.

Sabíamos que a nova situação exigia continuidade, mas também muitas rupturas com o passado. As experiências passadas que tentávamos preservar eram o calor humano e o auxílio recíproco, o senso de realizar um trabalho que revelava – através das crianças e suas famílias – motivação e recursos desconhecidos e uma consciência quanto aos valores de cada projeto e cada escolha para uso no planejamento de atividades completamente diferentes. Desejávamos reconhecer o direito de cada criança de ser um protagonista e a necessidade de manter a curiosidade espontânea de cada uma delas em um nível máximo. Tínhamos de preservar nossa decisão de aprender com as crianças, com os eventos e com as famílias, até o máximo de nossos limites profissionais, e manter uma prontidão para mudar pontos de vista, de modo a jamais termos certezas demasiadas.

Esse foi um tempo de paixões, de adaptação, de ajuste contínuo de ideias, de seleção de projetos e de tentativas. Esses projetos e tentativas deveriam produzir muito e sair-se bem; eles supostamente deveriam responder às expectativas combinadas de crianças e famílias e refletir nossa competência, que ainda estava sendo formada. Lembro-me de que nos envolvemos em um projeto baseado em Robinson Crusoe. O plano era que todos nós, incluindo as crianças, reconstruiríamos a história, o personagem e as aventuras de nosso herói. Trabalhamos contando e recontando a história; usamos nossa recordação, bem como nossas habilidades de desenho, pintura, argila e trabalhos em madeira. Reconstruímos o navio, o mar, a ilha, a caverna e as ferramentas. Esta foi uma reconstrução longa e espetacular.

No ano seguinte, já especialistas, avançamos para uma reconstrução similar da história de Pinóquio. Depois de alguns anos, mudamos de rumo. Eu estivera no Rousseau Institute e na Ecole des Petits (Escola para Crianças Pequenas) de Piaget em Genebra. Por estarmos inspirados por Piaget, optamos por trabalhar com números, matemática e percepção. Estávamos convencidos, e ainda estamos, de que não é uma imposição sobre as crianças ou um exercício artificial trabalhar com números, quantidades, classificação, dimensões, formas, medições, transformação, orientação, conservação e mudança, ou velocidade e espaço, porque essas explorações pertencem espontaneamente às experiências cotidianas da vida, às brincadeiras, às negociações, ao pensamento e à fala das crianças. Este foi um desafio absolutamente novo na Itália, e nossa iniciativa gerou recompensas. Marcou o início de uma fase experimental, que ganhou amplitude pelo exame de diferentes teorias psicológicas e observação de diferentes fontes teóricas e de pesquisas vindas de fora de nosso país.

Contudo, ao refletir sobre essa experiência, período em que estávamos progredindo sem claros pontos de referência, deveríamos também recordar nossos excessos, a incongruidade de nossas expectativas e as deficiências de nossos processos críticos e autocríticos. Estávamos, então, conscientes de que muitas coisas na cidade, no país, na política, nos costumes e em termos de necessidades e expectativas estavam mudando. Em 1954, o público italiano começou a assistir televisão. Migrações do Sul para o Norte começaram, com o consequente abandono das áreas rurais. Com novas possibilidades de trabalho, as mulheres estavam desenvolvendo aspirações e exigências que rompiam com as tradições. A explosão de nascimentos após a Segunda Guerra Mundial modificou tudo, particularmente o papel e os objetivos das escolas para crianças pequenas, e levou a uma poderosa e crescente exigência por serviços sociais. Além disso, a solicitação para a colocação de filhas e filhos pequenos em creches e pré-escolas desenvolvia-se e se transformava em um fenômeno de massa.

De tudo isso, emergiu a necessidade de produzir novas ideias e experimentos com novas estratégias educacionais, em parte porque o governo municipal se tornava cada vez mais determinado a instituir mais escolas para satisfazer as necessidades emergentes de crianças e famílias. Grupos de mulheres, professores, pais, conselhos de cidadãos e comitês escolares eram formados para o trabalho com a municipalidade, com o objetivo de apoiar e contribuir para este avanço.

Após muita pressão e batalhas, em 1967 todas as escolas administradas por pais ficaram sob a administração da municipalidade de Reggio Emilia. Havíamos lutado por oito anos, de 1960 a 1968. Como parte da principal luta política em toda a Itália por escolas com fundos públicos para crianças pequenas, como o direito de cada criança dos 3 aos 6 anos, debatemos o direito do estado e da municipalidade para o estabelecimento dessas escolas. Na confrontação no parlamento nacional, as forças seculares foram vitoriosas sobre o lado que defendia a educação católica. Nossa cidade estava na linha de frente: em 1968 haviam 12 classes para crianças pequenas operadas pela municipalidade. Em 1970 haveriam 24; 34 em 1972; 43 em 1973; 54 em 1974, e 58 em 1980, localizadas em 22 escolas diferentes.

Hoje, quando na Itália 88% das crianças entre os três e os seis anos adquiriram o direito de ir à escola, e os pais optam entre três tipos de instituições – federais, municipais e privadas – parece apropriado recordar esses eventos remotos, humildes mas poderosos, que ocorreram na área rural e na periferia urbana; eventos nos quais aquelas na cidade buscaram inspiração a fim de desenvolverem uma política exemplar em favor da criança e da família.

O ano de 1976: um ano difícil – um bom ano

Gandini: *Você disse que a educação de crianças pequenas era um monopólio virtual da igreja católica; como os católicos reagiram a uma escola de leigos?*

Malaguzzi: Desde 1970 o cenário já havia mudado. As escolas e os serviços sociais haviam se tornado questões nacionais imprescindíveis, e o debate cultural acerca delas havia se tornado mais intenso e, ao mesmo tempo, mais civil. Lembro que não fora assim, quando em 1963 eu organizara um seminário ítalo-tcheco sobre o tema de brincadeiras infantis. Não fora assim quando em 1968 patrocinamos um simpósio sobre a relação entre psiquiatria, psicologia e educação – uma combinação considerada perigosa, ou desconhecida, na época – nem, por falar nisso, quando organizamos um encontro entre biólogos, neurologistas, psicólogos e especialistas em educação para discutirmos a expressão gráfica das crianças. Este último encontro, em virtude de sua atenção à biologia e à neurologia, trouxe-nos a acusação de ter colocado demasiada ênfase sobre o materialismo.

Nossa experiência levara-nos a percorrer um longo caminho e se tornara um ponto de referência para educadores em muitas áreas do país. Isto era especialmente verdade para jovens educadores que estavam descobrindo uma profissão que, até então, fora monopolizada por freiras. Por volta de 1965, nossas escolas haviam conquistado amigos fabulosos. O primeiro foi Gianni Rodari, um poeta, escritor de histórias infantis traduzidas para muitas línguas, que dedicou seu livro mais famoso, *Grammatica della Fantastica (A Gramática da Fantasia,* 1973) à nossa cidade e suas crianças. O segundo foi Bruno Ciari, o mais lúcido, apaixonado e inteligente na área da educação infantil. Essas foram amizades realmente estupendas. Em 1971, com uma ousadia notável, organizamos um encontro nacional apenas para professores. Esperávamos 200 participantes, mas compareceram 900. Isso foi dramático e exaltador, mas, ao mesmo tempo, foi um evento que nos permitiu publicar o primeiro trabalho sobre o tema da educação precoce, *Esperienza per una Nuova Scuola dell'Infanzia (Experiência para uma Nova Escola da Infância,* MALAGUZZI, 1971). Após alguns meses, publicamos um outro trabalho, *La Gestione Sociale nella Scuola dell'Infanzia (A gestão social na Escola da Infância,* MALAGUZZI, 1971). Esses dois trabalhos continham tudo o que havíamos coletado com os professores de Reggio Emilia e Modena (onde eu também fui um consultor) com relação às nossas ideias e experiências.

Em 1972, o Conselho Municipal inteiro, incluindo a minoria católica, votou em favor das regras e regulamentos que esboçáramos para governar as pré-escolas. Após anos de polêmica, ou de simples falta de reconhecimento, o evento marcou a legitimização de 10 anos de esforços intensos. Celebramos isto em cada uma das escolas.

Em 1975, fui convidado para ser o palestrante principal em um outro encontro, organizado desta vez pelo governo regional de Emilia Romagna, sobre os direitos das crianças. Isso não poderia ter ocorrido em um melhor momento. Eu recém havia retornado de uma visita ao Institut Rousseau e à "Ecole des Petits" em Genebra, e estava inspirado, com admiração pelas opiniões de Piaget e com os planos, mencionados anteriormente, que logo começaríamos a implementar.

O ano de 1976 foi difícil e inesperado. No mês de novembro, o porta-voz do Governo Católico, através da rede de rádio estatal, iniciou uma campanha difamatória contra as escolas administradas pelos municípios e, especialmente, contra nossas escolas. Elas foram atacadas como um modelo de educação que corrompia as crianças e como um modelo de política abusivo sobre as escolas religiosas e particulares. Após sete dias desta campanha, sentimos que precisávamos reagir. Minha decisão foi a de suspender o planejamento regular de atividades de professores e convidar o clérigo local para o comparecimento a um debate aberto dentro de nossas escolas. Esta discussão pública durou praticamente cinco meses. À medida que o tempo passava, opiniões rígidas tornaram-se mais civis, temperadas e honestas; enquanto as ideias começavam a emergir, um entendimento recíproco começou a tomar forma. Ao final desta aventura, estávamos exaustos, com a sensação de que a angústia dissipara-se, e acredito que esta sensação de alívio foi compartilhada por todos, em ambos os lados. O que permaneceu foi um sentimento de enriquecimento e de humanidade.

Refletindo sobre esse evento sob uma perspectiva histórica, podemos ver que este horrível caso surgiu do profundo incômodo sentido por alguns membros da Igreja pela perda de seu monopólio sobre a educação. Eles estavam sendo simultaneamente confrontados com uma diminuição do número de homens e mulheres que escolhem as vocações religiosas, resultando na necessidade aumentada por professores seculares e um custo consequentemente aumentado da administração de suas escolas. Além disso, a Constituição Italiana proibiu o uso de fundos federais para o patrocínio de escolas religiosas; portanto, a Igreja estava tentando obter apoio financeiro do governo local (mais tarde, este seria concedido).

Outro fato, ainda, que em minha opinião explica o ataque sobre nossas escolas, foi o rápido crescimento da influência cultural de nossa experiência. Nosso trabalho, os seminários, os encontros e as publicações haviam contribuído para um reconhecimento nacional de nossas escolas operadas pela municipalidade. As escolas do Estado para pré-escolares também existiam, juntamente com as municipais, mas seu crescimento era lento e demasiadamente controlado pelo governo central. Portanto, nosso programa lançava uma luz focalizada sobre as limitações das escolas religiosas que, com algumas exceções, eram incapazes de ir além de uma abordagem antiga e ultrapassada à educação.

Uma das consequências foi que a agência governamental chamada de "Centro de Ensino Nacional" estabeleceu vínculos com nosso grupo e me convidou a participar de suas reuniões. Esses vínculos ainda perduram. Um outro resultado foi que uma importante editora confiou-me a direção de um novo periódico, *Zerosei (De Zero a Seis,* 1976-1984), e, posteriormente, de *Bambini (Crianças,* 1985-até os dias de hoje), voltados aos educadores de crianças pequenas. Ainda estou envolvido com este empreendimento.

Ao final, esta confrontação dolorosa de 1976 e sua conclusão favorável tornou-nos mais fortes e mais conscientes do que havíamos construído, bem como mais dispostos a seguir em frente. Nos anos 80, avançamos e realizamos nosso primeiro voo ao exterior, até a Suécia, com a primeira edição de nossa exposição "Quando o Olho Salta Sobre o Muro"; este foi o início de outros voos que nos levariam a percorrer o mundo.

Uma escolha profissional e de vida

Gandini: *Parece que você optou por dedicar sua vida à educação e aos cuidados de crianças pequenas. Quando você fez essa opção de vida?*

Malaguzzi: Eu poderia evitar a resposta, como outros já fizeram antes, dizendo que quando você não me pergunta eu sei, mas quando você pergunta, eu não sei mais a resposta. Existem algumas escolhas que você sabe que ocorrerão apenas quando elas já estão por explodir. Mas existem outras opções que se insinuam em você e se tornam aparentes com uma espécie de leveza obstinada, que parecem ter crescido lentamente durante os acontecimentos de sua vida em virtude de um misto de moléculas e pensamentos. Deve ter sido assim. Contudo, também, a Segunda Guerra Mundial, ou qualquer guerra, em seu trágico absurdo, pode ter sido a espécie de experiência que empurra uma pessoa para a tarefa de educar, como uma forma de recomeçar do zero, viver e trabalhar para o futuro. Este desejo atinge uma pessoa, quando a guerra finalmente termina e os símbolos da vida reaparecem com uma violência igual àquela do tempo de destruição.

Não sei ao certo. Acho, porém, que é aí que se busca um início. Logo depois da guerra senti um pacto, uma aliança com as crianças, com os adultos, com os veteranos de campos de prisioneiros, com os partidários da Resistência e com os sofredores de um mundo devastado. Contudo, todo esse sofrimento foi afastado por um dia na primavera, quando ideias e sentimentos se voltaram para o futuro, pareceram tão mais fortes do que aquele que nos exigia que parássemos e nos focalizássemos no presente. Parecia que as dificuldades não existiam, e que os obstáculos não eram mais insuperáveis.

Foi uma experiência poderosa, emergindo de uma teia espessa de emoções e de uma matriz complexa de conhecimentos e valores prometendo uma nova criatividade da qual eu recém tornava-me consciente. Desde aquela época, tenho reavaliado frequentemente minha posição e, ainda assim, sempre permaneci na mesma posição. Jamais me arrependi de minhas escolhas ou do que abandonei em favor delas.

Gandini: *Quais são seus sentimentos, e como você vê suas experiências, quando recorda a história de seu programa?*

Malaguzzi: Lella, querida, você deve concordar que ver um tanque de guerra, seis cavalos e três caminhões gerando uma escola para crianças pequenas é algo extraordinário. O fato de a escola ainda existir e continuar funcionando bem é o mínimo que se poderia esperar desse início. Além disso, sua preciosa história confirma que uma nova experiência educacional pode emergir das circunstâncias mais inesperadas.

Se continuarmos revisando essas origens extraordinárias, isto ocorre porque ainda estamos tentando compreender as instituições, as ideias e os sentimentos que estavam presentes no começo e que nos acompanharam desde então. Correspondem ao que John Dewey chamou de "a fundação da mente" ou que Lev Vygotsky (1978) considerou como "a carga da consciência". Esses conceitos foram sempre mantidos em mente por nós, especialmente nos momentos em que precisávamos tomar decisões difíceis ou superar obstáculos. Na verdade, a primeira filosofia aprendida a partir desses eventos extraordinários, no rastro da guerra, foi dar um significado humano, digno e *civil* à existência, ser capaz de fazer escolhas com ideias e finalidade claras, e ansiar pelo futuro da humanidade.

Contudo, os mesmos eventos nos deram algo mais imediato, ao qual nós sempre tentamos permanecer fiéis. Este algo surgiu de solicitações feitas por mães e pais cujas vidas e preocupações focalizavam-se sobre seus filhos. Eles pediam nada menos que esta escola, que haviam construído com suas próprias mãos, fosse uma espécie diferente de escola, uma que pudesse educar suas crianças de um outro modo. Especialmente as mulheres expressavam este desejo. A equação era simples: se as crianças possuíam direitos legítimos, então elas também deveriam ter oportunidades de desenvolver sua inteligência e de serem preparadas para o sucesso que não deveria e não lhes poderia escapar. Esses eram os pensamentos dos pais, expressando uma aspiração universal, uma declaração contra a traição do potencial das crianças, e um alerta de que elas, antes de tudo, precisavam ser levadas a sério e merecer nosso crédito. Estes três conceitos poderiam ter-se encaixado perfeitamente em qualquer bom livro sobre educação. E eles nos serviram muito bem. As ideias dos pais foram compartilhadas por outros que compreenderam suas profundas implicações. Se nosso esforço perdurou por muitos anos, isso ocorreu em virtude do bom senso coletivo.

Figura 3.2 Loris Malaguzzi falando a um grupo de educadores.

PARTE II: FILOSOFIA

As fontes de nossa inspiração

Gandini: *Que teorias e escolas de pensamento você acha que influenciaram a formulação de sua abordagem?*

Malaguzzi: Quando alguém pergunta de que maneira iniciamos, de onde viemos, quais são as fontes de nossa inspiração, e assim por diante, não podemos evitar a citação de uma longa lista de nomes. E quando contamos sobre nossas origens humildes e ao mesmo tempo extraordinárias, e tentamos explicar que a partir dessas origens extraímos princípios teóricos que ainda apoiam nosso trabalho, percebemos muito interesse e não pouca incredulidade. É curioso (mas não injustificável) quão rígida é a crença de que as ideias e as práticas educacionais podem derivar-se apenas de modelos oficiais ou de teorias estabelecidas.

Devemos, contudo, afirmar imediatamente que nós também emergimos de uma bagagem cultural complexa. Estamos imersos em história, cercados por doutrinas, por política, por forças econômicas, por mudanças científicas e por dramas humanos; existe sempre em progresso uma difícil negociação pela sobrevivência. Por este motivo, tivemos de lutar e ocasionalmente corrigir e modificar nossos rumos, mas, até o momento, o destino poupou-nos de compromissos vergonhosos ou traições. É importante, para a pedagogia, não ser prisioneira de demasiada certeza, mas em vez disso, estar consciente tanto da relatividade de seus poderes quanto das dificuldades de se traduzir seus ideais em prática. Piaget já nos alertou que os erros e males da pedagogia vêm de uma falta de equilíbrio entre os dados científicos e sua aplicação social.

Nossa preparação foi difícil. Buscamos leituras; viajamos para capturar ideias e sugestões das poucas mas preciosas experiências inovadoras de outras cidades; organizamos seminários com amigos e com figuras vigorosas e inovadoras do cenário educacional nacional; tentamos experimentos; iniciamos intercâmbios com colegas suíços e franceses. O primeiro desses grupos (suíço) gravitava em torno da ideia de educação ativa e de tendências piagetianas, enquanto o segundo (francês) inventou uma escola muito estranha: a cada três anos esta escola se mudava para um novo local, onde a reconstrução de antigas casas de fazenda abandonadas seria a base do trabalho educacional com as crianças. Assim foi que avançamos, e gradualmente as coisas começaram a formar um padrão coerente.

A educação das crianças nos anos 60

Gandini: *Nós sabemos que nos anos 60 emergiu na Itália uma nova consciência envolvendo a educação de crianças pequenas. Qual foi o cenário cultural que acompanhou essa consciência?*

Malaguzzi: Nos anos 60, as questões envolvendo escolas para crianças pequenas estavam no centro de debates políticos ardorosos. A necessidade para esses debates era inegável, mas o debate principal dizia respeito a se as escolas deveriam existir como um serviço social. Considerações pedagógicas mais substanciais permaneciam em segundo plano. Na realidade, em termos do tema da educação como um todo, a Itália estava bem na retaguarda. Por 20 anos sob o Fascismo, o estudo das ciências sociais fora suprimido e teorias e experiências europeias e americanas excluídas. Essa espécie de isolamento estava desaparecendo nos anos 60. Os trabalhos de John Dewey, Henri Wallon, Edward Chaparède, Ovide Decroly, Anton Makarenko, Lev Vygotsky e, posteriormente, também de Erik Erikson e Urie Bronfenbrenner tornavam-se conhecidos. Além disso, estávamos lendo *The New Education*, por Pierre Bovet e Adolfe Ferrière, e aprendendo sobre as técnicas de ensino de Celestine Freinet na França, sobre o experimento educacional progressista da Dalton School de Nova Iorque, e sobre as pesquisas de Piaget e colegas em Genebra.

Esta literatura, com suas fortes mensagens, guiou nossas escolhas; e nossa determinação para continuar deu ímpeto ao fluxo de nossas experiências. Evitamos a paralisia que havia contaminado os teóricos políticos da esquerda que, por mais de uma década, estavam debatendo sobre o relacionamento entre o conteúdo e método na educação. Para nós, esse debate não tinha significado, pois não levava em consideração diferenças que eram parte de nossa sociedade e ignoravam o fato de que a educação ativa envolve uma aliança inerente entre conteúdo e método. Também reforçando nossa crença na educação ativa estava nossa consciência sobre o pluralismo das famílias, crianças e professores, tornando-se cada vez mais envolvidos em nosso projeto conjunto. Esta consciência nos tornava mais respeitosos quanto a diferentes posições políticas. Estávamos nos tornando mais livres da intolerância e de preconceitos.

Em retrospectiva, parece-me que esta escolha pelo respeito deu vigor à nossa autonomia, enquanto elaborávamos nosso projeto educacional, e nos ajudou a resistir a muitas pressões opostas.

A tradição italiana baseava-se em Rosa Agazzi e Maria Montessori, duas figuras importantes no início do século. Montessori foi primeiro elogiada, e depois chutada para escanteio pelo regime fascista em razão de sua abordagem científica à pedagogia. Agazzi foi adotada como um modelo porque sua pedagogia estava mais próxima à visão da criança no catolicismo. Ainda creio que os escritos de Montessori e Agazzi devem receber nossa reflexão para que possamos seguir além deles.

Enquanto isso, na prática, a Igreja Católica Romana possuía quase um monopólio sobre a educação pré-escolar, concentrando seus esforços em ajudar crianças carentes e oferecer serviços de custódia, em vez de responder às mudanças sociais e culturais. A sala de aula típica continha de 40 a 50 crianças, confiadas a uma freira sem grau em ensino e sem salário. A situação fala por si mesma, através dos números: em 1960, apenas cerca de um terço das crianças pequenas estavam na pré-escola, onde eram instruídas por 22.917 professores, dos quais 20.330 eram religiosos.

Mais sobre as fontes de inspiração

Gandini: *Você mencionou uma primeira onda de fontes que o influenciaram. Você pode nos contar mais sobre as ideias que considera importantes?*

Malaguzzi: Nos anos 70, atentávamos a uma segunda onda de eruditos, incluindo psicólogos como Wilfred Carr, David Shaffer, Kenneth Kaye, Jerome Kagan, Howard Gardner, o filósofo David Hawkins e teóricos como Serge Moscovici, Charles Morris, Gregory Bateson, Heinz Von Foerster e Francisco Varela, mais aqueles que trabalham na área da neurociência dinâmica. A rede de fontes de nossa inspiração abrange várias gerações e reflete escolhas e seleções que fizemos ao longo do tempo. A partir dessas fontes, recebemos ideias que persistiram e outras que não duraram muito – tópicos para discussão, razões para descobrirmos conexões, discordância com as mudanças culturais, ocasiões para debates e estímulos para conformarmos e expandirmos as práticas e valores. No geral, obtivemos um senso de versatilidade da teoria e das pesquisas.

Entretanto, a conversa sobre a educação (incluindo a educação de crianças pequenas) não pode estar confinada à sua literatura. Essa conversa, que também é política, deve abordar continuamente grandes mudanças sociais e transformações na economia, na ciência, na arte e nos relacionamentos e costumes humanos. Todas essas forças mais amplas influenciam o modo como os seres humanos – até mesmo crianças pequenas – "leem" e lidam com as realidades da vida. Elas determinam a emergência, nos níveis tanto geral quanto local, de novos métodos de conteúdo e prática educacional, bem como de novos problemas e questões existenciais.

Em busca de uma abordagem educacional para as crianças mais jovens

Gandini: *Na Itália, os cuidados em grupo de crianças muito jovens (de 4 meses a 3 anos de idade) em um ambiente coletivo foram desenvolvidos de uma forma muito bem-sucedida. Como isso começou em Reggio Emilia?*

Malaguzzi: Em Reggio Emilia, o primeiro centro (*Asilo nido*) para crianças com menos de 3 anos de idade surgiu um ano antes da promulgação da lei nacional de 1971 instituindo esta espécie de serviço. Esta lei foi uma vitória para as mulheres italianas, após 10 anos de luta. A nova instituição foi uma tentativa de satisfazer as necessidades conjuntas das mulheres, que optavam tanto pela maternidade quanto pelo trabalho, e das crianças, que cresciam na família nuclear.

Os proponentes dos centros para cuidados infantis precisavam lidar com a polêmica criada pelos estudos redescobertos de John Bowlby e Rene Spitz, que logo depois da Segunda Guerra Mundial estudaram os danos resultantes da separação entre mãe-filho. Além disso, eles precisavam abordar a resistência do mundo católico, que temia riscos e patologias em uma ruptura da família. Esta era uma questão muito delicada. Nossa experiência com crianças de 3 a 6 anos de idade era um ponto útil de referência, mas, ao mesmo tempo, não era uma resposta completa. Em vez de pensarmos em termos de cuidados de custódia, argumentávamos que sua educação demandava conhecimentos profissionais, estratégias de cuidados e ambientes únicos e apropriados a seu nível desenvolvimental.

Tínhamos muitos temores, e estes eram razoáveis. Entretanto, nossos medos nos ajudaram; trabalhamos cautelosamente com os professores muito jovens e com os próprios pais. Aprenderam a manejar com grande cautela a transição das crianças de um vínculo focalizado sobre os pais e o lar para um vínculo compartilhado, que incluía os adultos e o ambiente do centro.

Tudo transcorreu muito melhor do que esperávamos. Tivemos a sorte de sermos capazes de planejar o ambiente do primeiro centro com um excelente arquiteto. As crianças compreenderam, antes do que esperávamos, que sua trajetória na vida poderia fluir em dois locais agradáveis e confortáveis – a casa e o centro. Em ambos, elas podiam expressar seu desejo anteriormente ignorado de amadurecer e estar com companheiros e encontrar neles pontos de referência, entendimento, surpresas, laços afetivos e alegria, que podiam afastar as sombras e o desconforto.

Para nós, para as crianças e para suas famílias, abria-se a possibilidade de um período longo e contínuo de vida em comum, desde o centro para cuidados na primeira infância até a pré-escola, ou seja, cinco ou seis anos de confiança e trabalho recíprocos. Este período, como descobrimos, era um recurso precioso, capaz de fazer com que potenciais sinérgicos fluíssem entre os educadores, as crianças e as famílias.

Atualmente, em minha cidade, cerca de 40% das crianças habilitadas estão em nossos centros municipais para cuidados na primeira infância, e cerca de 10 a 20% mais estariam, se houvesse espaço. O que aprendemos dessa experiência? Vinte anos de trabalho convenceram-nos de que mesmo as crianças mais jovens são seres sociais. Elas são predispostas; elas possuem desde o nascimento a propensão para formar vínculos significativos com outros responsáveis por seus cuidados, além de seus pais (que não perdem, portanto, suas responsabilidades e prerrogativas especiais).

O benefício óbvio que as crianças obtêm do jogo interativo com os companheiros é o aspecto reconfortante da experiência de grupo, cujo potencial tem amplas implicações ainda não apreciadas. Em consequência, concordamos com os psicólogos norte-americanos (p. ex., Ellen Hock, Urie Bronfenbrenner) que não é tão importante a opção da mãe pelo papel de dona de casa ou de trabalhadora, mas sim que ela sinta satisfação e realização com sua escolha e receba apoio de sua família, da creche ou centro e, pelo menos de uma forma mínima, da cultura na qual está imersa. A qualidade do relacionamento entre pais e filhos torna-se mais importante que a quantidade bruta de tempo que passam juntos.

PARTE III: PRINCÍPIOS BÁSICOS

A combinação estrutural de opções educacionais e organização

Gandini: *Que espécie de organização o ajudou a reconhecer as ideias inovadoras em suas escolas para crianças pequenas?*

Malaguzzi: Pensamos em uma escola para crianças pequenas como um organismo vivo integral, como um local de vidas e relacionamentos compartilhados entre muitos adultos e muitas crianças. Pensamos na escola como uma espécie de construção em contínuo ajuste. Certamente precisamos ajustar nosso sistema de tempos em tempos, enquanto o organismo percorre seu curso de vida, exatamente como aqueles navios-pirata eram obrigados a consertar suas velas e, ao mesmo tempo, manter seu curso no mar.

Também tem sido sempre importante, para nós, o fato de nosso sistema de escolarização expandir-se para o mundo das famílias, com seu direito a conhecer e a participar. E, então, expande-se para a cidade, com sua própria vida, seus próprios padrões de desenvolvimento, suas próprias instituições, já que pedimos que a cidade adotasse as crianças como portadoras e beneficiárias de seus próprios direitos específicos.

A criação de uma escola agradável é possível?

Gandini: *Uma visita às suas escolas transmite sempre um senso de descoberta e de serenidade. Quais são os ingredientes que criam essa atmosfera e um nível de tensão positivo?*

Malaguzzi: Acredito que nossas escolas mostram a tentativa que tem sido feita de se integrar o programa educacional com a organização do trabalho e com o ambiente, para que possa haver movimento, interdependência e interação máximos. A escola é um organismo dinâmico e inexaurível e possui suas dificuldades e controvérsias, mas, sobretudo, alegria e capacidade para lidar com as perturbações externas. O que conta é a existência de um acordo acerca da direção a ser tomada, e que todas as formas de artifício e de hipocrisia sejam repudiadas. Nosso objetivo, o qual sempre buscamos, é criar um ambiente amistoso, onde crianças, famílias e professores sintam-se confortáveis.

Em primeiro lugar, portanto, há o ambiente. Existe o *hall* de entrada, que informa, documenta e antecipa a forma e a organização da escola. Este leva à sala de refeições, com a cozinha bem à vista. O *hall* de entrada leva ao espaço central, ou *piazza*, o local dos encontros, jogos e outras atividades que complementam aquelas da sala de aula. As salas de aulas e as diversas outras salas estão localizadas a certa distância, mas conectadas à área central. Cada uma é dividida em duas salas contíguas, utilizando uma das poucas ideias práticas de Piaget. Sua ideia era a de permitir que as crianças estivessem com os professores ou ficassem sozinhas; mas nós usamos os dois espaços de muitas formas. Além das salas de aula, estabelecemos o *atelier*, o estúdio e o laboratório da escola como locais para manipulação ou experimentação com linguagens visuais separadas ou combinadas, isoladamente ou juntamente às linguagens verbais. Temos também os miniateliers, próximos a cada sala de aula, que permitem o trabalho em projetos extensos. Temos uma sala para música e também um arquivo, onde colocamos muitos objetos úteis, tanto grandes quanto pequenos, e objetos não comerciais, feitos pelos professores e pelos pais. Em toda a escola, as paredes são usadas como espaços para exibições temporárias e permanentes do que as crianças e os professores criaram: nossas paredes falam e documentam.

Os professores trabalham em pares, coensinando em cada sala de aula, e planejam com outros colegas e com as famílias. Todos os membros da equipe da

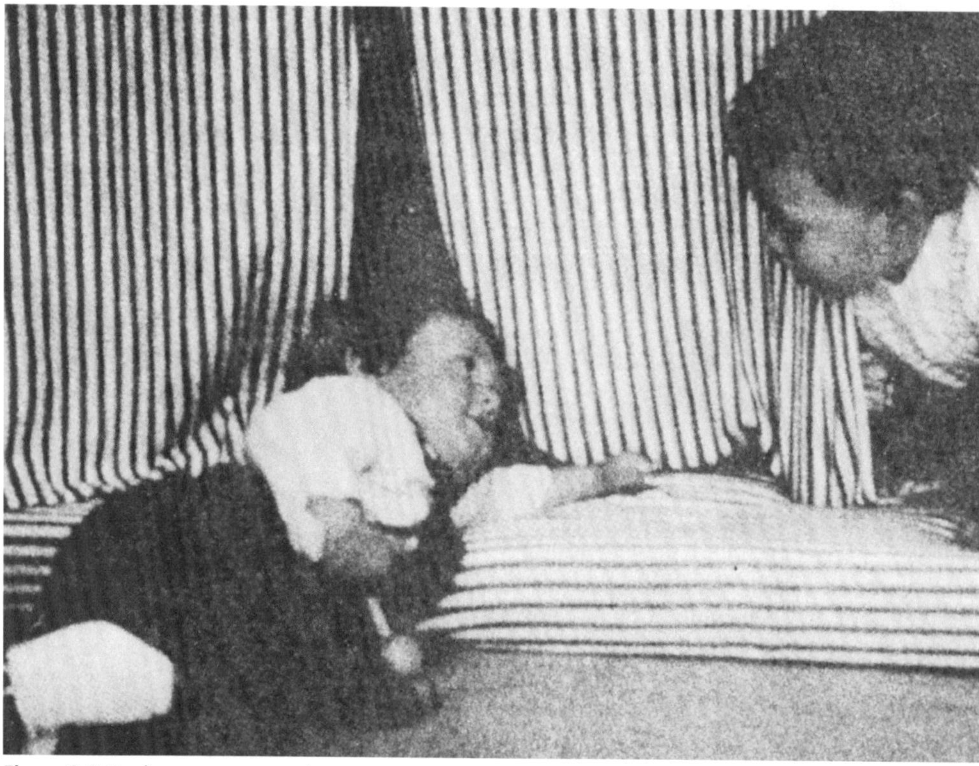

Figura 3.3 Um lugar para esconder-se ou para estar com um amigo. Centro Arcobaleno para a Primeira Infância.

escola reúnem-se uma vez por semana para a discussão e ampliação de suas ideias, e participam juntos do treinamento em serviço. Temos uma equipe de *pedagogistas* para facilitarmos a conexão interpessoal e para considerarmos as ideias gerais e os detalhes. As famílias encontram-se sozinhas ou com os professores, em encontros individuais, encontros de grupos ou em reuniões de toda a escola. As famílias formaram uma Junta de Conselheiros, que se reúne duas ou três vezes por mês. A cidade, a área rural e as montanhas próximas servem como locais adicionais de ensino.

Portanto, nós formamos um mecanismo que combina locais, papéis e funções que têm seu próprio momento de ocorrência, mas que podem ser intercambiados uns com os outros, a fim de gerarem ideias e ações. Tudo isso funciona dentro de uma rede de cooperação e interação que produz para os adultos, e sobretudo para as crianças, uma sensação de pertencerem a um mundo vivo, receptivo e autêntico.

Por uma pedagogia da relação

Gandini: *Como você cria e mantém a interação, o relacionamento e a cooperação entre todos os envolvidos com as escolas?*

Malaguzzi: Em nosso sistema, sabemos que é essencial estarmos focalizados sobre as crianças e estarmos centrados nelas, mas não achamos que isso seja suficiente. Também consideramos que os professores e as famílias são centrais para a educação das crianças. Portanto, preferimos colocar todos os três componentes no centro de nosso interesse.

Nosso objetivo é construir uma escola confortável, onde crianças, professores e famílias sintam-se em casa. Essa escola exige o pensamento e o planejamento cuidadosos com relação aos procedimentos, às motivações e aos interesses. Ela deve incorporar meios de intensificar os relacionamentos entre os três protagonistas centrais, de garantir completa atenção aos problemas da educação e de ativar a participação e pesquisas. Estas são as ferramentas mais efetivas para que todos os envolvidos – crianças, professores e pais – tornem-se mais unidos e conscientes das contribuições uns dos outros. Estas são as ferramentas mais efetivas para que nos sintamos bem cooperando e produzindo, em harmonia, um nível superior de resultados.

Qualquer um que inicie um programa pensa sobre atos que transformarão situações existentes em situações novas e desejadas. Em nossa abordagem, portanto, a fim de progredirmos, fazemos planos e reflexões ligadas aos campos cognitivo, afetivo e simbólico; refinamos as habilidades de comunicação; somos muito ativos na exploração e na criação em grupo, permanecendo abertos a mudanças. Desta forma, enquanto todos os objetivos são compartilhados, o aspecto mais precioso ainda é a satisfação interpessoal.

Mesmo quando a estrutura que temos em mente (o papel central das crianças, dos educadores e das famílias) revela dificuldades e lacunas, e a participação dos adultos mostra níveis de qualidade e intensidade muito diversos, a atmosfera estimulante da escola propicia um bom grau de acolhimento essencial. Isso acontece porque ela convida à troca de ideias, possui um estilo aberto e democrático e, deste modo, tende a ampliar horizontes.

Os aspectos de isolamento, indiferença e violência que são, cada vez mais, uma parte da vida social contemporânea, são tão contrários à nossa abordagem que nos tornam ainda mais determinados a prosseguir. As famílias sentem-se do mesmo modo; os aspectos alienadores da vida moderna tornam-se uma razão para sermos ainda mais impacientes e abertos em nossas ofertas.

Tudo isso contribui para estruturar-se uma educação baseada no relacionamento e na participação. No nível prático, devemos manter e reinventar continuamente nossa rede de comunicação e encontros. Temos reuniões com as famílias para a discussão do currículo. Pedimos sua cooperação na organização das atividades, no estabelecimento do espaço e na preparação das boas-vindas às novas crianças. Distribuímos a cada criança os números telefônicos e os endereços de todas as outras crianças e de seus professores. Encorajamos visitas, incluindo lanches entre as crianças em suas casas e visitas aos locais de trabalho dos pais. Organizamos com os pais excursões, por exemplo, a piscinas e ginásios. Trabalhamos com os pais na construção de móveis e brinquedos. Encontramo-nos com eles para discutir nossos projetos e pesquisas e para organizar jantares e celebrações na escola.

Essa espécie de abordagem revela muito sobre nossa filosofia e nossos valores básicos, que incluem os aspectos interativos e construtivistas, a intensidade dos relacionamentos, o espírito de cooperação e o esforço individual e coletivo na realização de pesquisas. Apreciamos diferentes contextos, damos uma grande atenção à atividade cognitiva individual dentro das interações sociais e estabelecemos vínculos afetivos. À medida que aprendemos processos de duas vias para a comunicação, adquirimos uma consciência mais ampla sobre as escolhas políticas envolvendo a infância, encorajamos a adaptação mútua entre crianças e adultos e promovemos o crescimento da competência educacional dos adultos. Deixamos verdadeiramente para trás uma visão da criança como egocêntrica, focalizada apenas na cognição e nos objetos físicos, cujos sentimentos e afetividade são subestimados e menosprezados.

Relacionamento e aprendizagem

Gandini: *De que forma você vê a aprendizagem das crianças ocorrendo dentro do contexto dos relacionamentos ricos que descreve?*

Malaguzzi: Em minha opinião, os relacionamentos e a aprendizagem coincidem dentro de um processo ativo de educação. Ocorrem juntos por meio das expectativas e habilidades das crianças, da competência profissional dos adultos e, em termos mais gerais, do processo educacional.

Devemos incorporar em nossa prática, portanto, reflexões sobre um ponto decisivo e delicado: *O que as crianças aprendem não ocorre como um resultado automático do que lhes é ensinado. Ao contrário, isso se deve em grande parte à própria realização das crianças como uma consequência de suas atividades e de nossos recursos.*

É necessário pensarmos sobre o conhecimento e habilidades que as crianças constroem independentemente e antes da escolarização. Essa base de conhecimentos não pertence à "pré-história" mencionada por Vygotsky (1978) (como se fosse uma experiência separada), mas ao processo de desenvolvimento social das crianças. Em qualquer contexto, elas não esperam para apresentar questões a si mesmas e para formar estratégias de pensamento, ou princípios, ou sentimentos. Sempre, e em todo lugar, as crianças assumem um papel ativo na construção e aquisição da aprendizagem e da compreensão. Aprender é uma experiência satisfatória, mas também, como o psicólogo Nelson Goodman nos diz, compreender é sentir desejo, drama e conquista.

Assim é que em muitas situações, especialmente quando se estabelece desafios, as crianças mostram-nos que sabem como caminhar rumo ao entendimento. Uma vez que as crianças sejam auxiliadas a perceber a si mesmas como autoras ou inventoras, uma vez que sejam ajudadas a descobrir o prazer da investigação, sua motivação e interesse explodem. Elas começam a esperar discrepâncias e surpresas. Como educadores, precisamos reconhecer sua tensão, em parte porque, com um mínimo de introspeção, descobrimos o mesmo dentro de nós mesmos (a menos que o apelo vital da novidade e da curiosidade tenha diminuído ou morrido). A idade da infância, mais do que as idades seguintes, caracteriza-se por essas expectativas. Desapontar as crianças priva-as das possibilidades que nenhuma exortação pode fazer surgir, nos anos posteriores.

Contudo, ao elogiarmos desta forma a criança, não pretendemos retornar à ingenuidade dos anos 70, quando a descoberta de seu papel ativo na estruturação dos eventos e da causalidade de duas vias na interatividade entre criança-adulto resultou em uma estranha desvalorização do papel do adulto. Nem desejamos supervalorizar o controle que ela exerce sobre essa interação. Na realidade, imagine a interação como um jogo de pingue-pongue – você recorda os jogos de Badminton entre dois meninos, esplendidamente recontados pelo grande psicólogo da Gestalt, Max Wertheimer (1945), em *Productive*

Figura 3.4 Paredes de vidro separam o *atelier* e a *piazza* na Escola Diana.

Thinking. Para que o jogo continue, as habilidades do adulto e da criança exigem ajustes apropriados, que permitam o crescimento por meio do aprendizado das habilidades da criança.

Todas essas considerações nos lembram que o modo como nos relacionamos com as crianças influencia o que as motiva e o que aprendem. Seu ambiente deve ser preparado de modo a interligar o campo cognitivo com os campos do relacionamento e da afetividade. Portanto, deve haver também conexão entre o desenvolvimento e a aprendizagem, entre as diferentes linguagens simbólicas, entre o pensamento e a ação e entre autonomia individual e interpessoal. Os valores devem ser colocados em contextos, em processos comunicativos e na construção de uma ampla rede de intercâmbios recíprocos entre as crianças e entre elas e os adultos.

Contudo, o mais central para o sucesso é aderir a uma concepção teórica clara e aberta, que garanta a coerência em nossas escolhas, aplicações práticas e crescimento profissional contínuo.

A ampliação das redes de comunicação

Gandini: *Você descreveu em detalhes a importância dos relacionamentos em sua*

Figura 3.5 Uma estrutura, revestida com espelhos e construída por pais e professores, convida as crianças a interagir e a brincar com suas imagens.

abordagem. Contudo, sua abordagem está baseada apenas no relacionamento?

Malaguzzi: Não, é claro que não. O relacionamento é a dimensão fundamental de conexão de nosso sistema. Entretanto, não é compreendido meramente como um envoltório quente e protetor, mas como uma conjunção dinâmica de forças e elementos interagindo para uma finalidade comum. A força de nosso sistema está nos modos como tornamos explícitas as condições necessárias para as relações e à interação, intensificando-as. Buscamos apoiar os intercâmbios sociais que melhor assegurem o fluxo de expectativas, conflitos, cooperação, escolhas, bem como o desdobramento explícito de problemas vinculados aos campos cognitivo, afetivo e expressivo.

Entre os objetivos de nosso enfoque está o de reforçar o senso de identidade de cada criança, através de um reconhecimento que vem de companheiros e adultos, a tal ponto que cada uma sentirá um senso suficiente de conforto e autoconfiança que lhe permita participar das atividades da escola. Deste modo, promovemos nas crianças a ampliação das redes de comunicação e de domínio e a apreciação da linguagem em todos os níveis e usos contextuais. Como resultado, as crianças descobrem como a comunicação melhora a autonomia do indivíduo e do grupo. O grupo forma uma entidade especial, ligada por debate e diálogo, que se baseia em seus próprios modos de pensar, de se comunicar e de agir.

A abordagem baseada no relacionamento revela melhor como uma sala de aula é composta por indivíduos independentes, bem como por subgrupos e por alianças com diferentes afinidades e habilidades. O marco comunicativo torna-se matizado: percebemos crianças que se comunicam menos do que outras. Os professores, observadores participantes, respondem ao que veem levantando questões, iniciando intercâmbios face a face, redirecionando atividades e modificando o modo ou a intensidade de sua interação com determinadas crianças. Atividades em pequenos grupos, envolvendo duas a quatro crianças, são módulos de máxima eficácia comunicativa, são o tipo de organização de sala de aula mais favorável à educação baseada no relacionamento, facilitando conflitos produtivos, investigações e atividades conectadas àquilo que cada criança já disse anteriormente e com acomodações autorreguladoras.

Poderia ser útil observar isso sistematicamente. O sistema de relacionamento em nossas escolas é real e simbólico simultaneamente. Nesse sistema, cada pessoa tem um relacionamento formal – em seu papel – com as outras. Os papéis de adultos e crianças são complementares: fazem perguntas uns aos outros, ouvem e respondem.

Como resultado desses relacionamentos, as crianças em nossas escolas têm o privilégio incomum de aprender através de suas comunicações e experiências concretas. Estou dizendo que o sistema de relacionamentos tem em si mesmo uma capacidade virtualmente autônoma de educar. Não é apenas uma espécie de capa gigante de segurança (o "objeto transicional" de D. W. Winnicott). Nem é alguma espécie de tapete voador que leva as crianças a lugares mágicos. Em vez disso, é uma presença viva permanentemente em cena, necessária, sobretudo, quando o progresso se torna difícil.

O que é necessário para que a aliança tenha sucesso

Gandini: *Uma das muitas questões que surgem quando falamos sobre seu programa diz respeito a como você consegue recrutar e manter em um nível tão alto a participação das famílias.*

Malaguzzi: Esta é geralmente uma das primeiras dúvidas que surgem. Deixe-me responder sem referências à filosofia, à sociologia e à ética. A participação das famílias exige muitas coisas, mas, principalmente, exige dos professores múltiplos ajustes. Os professores devem ter o hábito de questionar suas certezas, devem possuir uma sensibilidade imensa, devem ser conscientes e estar disponíveis; devem assumir um estilo crítico em relação às pesquisas e um conhecimento continuamente atualizado sobre as crianças, devem manter uma avaliação enriquecida do papel dos pais, e devem possuir habilidades para falar, ouvir e aprender com estes.

Responder a todas essas demandas exige dos educadores um questionamento constante sobre seu ensino, devendo deixar para trás o modo isolado e silencioso de trabalhar que não deixa traços. Ao contrário, devem descobrir modos de comunicar e documentar as experiências crescentes das crianças na escola, devendo preparar um fluxo constante de informações de qualidade, voltado aos pais, mas também apreciado pelas crianças e pelos professores. Este fluxo de documentação, acreditamos, apresenta aos pais uma qualidade de conhecimento que muda tangivelmente suas expectativas. Eles reexaminam suas suposições sobre seus papéis como pais e suas visões sobre a experiência vivida por seus filhos e assumem uma abordagem nova e mais crítica com toda a experiência escolar.

Com relação às crianças, o fluxo de documentação cria um segundo cenário, igualmente agradável, tornando-as ainda mais curiosas, interessadas e confiantes, enquanto contemplam o significado daquilo que conquistaram. Aprendem que seus pais sentem-se à vontade na escola, com os professores e que estão informados sobre o que aconteceu e irá acontecer. Sabemos que construímos uma amizade sólida quando as crianças aceitam que um dos pais diga: "Esta noite vou à escola falar com os professores" ou "Vou a uma reunião com a Junta de Conselheiros", ou quando os pais ajudam a preparar excursões ou celebrações da escola.

Finalmente, é importante que os pais e as crianças percebam quanto trabalho os professores realizam juntos. Devem ver a frequência com que os professores reúnem-se para discutir, às vezes tranquilamente, em outros momentos em um tom mais elevado de voz. Devem ver como os professores cooperam com projetos de pesquisas e com outras iniciativas, como documentam seu trabalho com paciência e cuidado, como manejam habilidosamente suas câmeras de filmagem e de vídeo, com que gentileza eles escondem suas preocupações, juntam-se às brincadeiras das crianças e assumem responsabilidades. Tudo isso representa para as crianças exemplos de conduta que causa uma profunda impressão. Eles veem um mundo onde as pessoas realmente ajudam umas às outras.

PARTE IV: OS PROFESSORES

O trabalho de colegiado dos professores

Gandini: *Em suas escolas parece não haver hierarquia entre os professores. Isso é realmente verdade?*

Malaguzzi: O co-ensino é, em um sentido mais geral, o trabalho em forma de colegiado, representando para nós um rompimento deliberado com a solidão e com o isolamento profissional e cultural dos professores. Esse isolamento foi racionalizado em nome do desenvolvimento da liberdade acadêmica, mas, ainda assim, erroneamente entendido. Seus resultados certamente têm sido os de empobrecer e dissecar o potencial e os recursos dos professores e de tornar difícil ou impossível a conquista da qualidade por eles.

Recordo, entretanto, que o arquétipo de um professor em cada classe estava tão vigorosamente enraizado, quando iniciamos o trabalho, que nossa proposta de pares de educadores na sala de aula, o que deveria ter vindo como uma diminuição bem-vinda do estresse excessivo, não encontrou inicialmente uma fácil aceitação entre os professores. Aqueles que aceitaram a ideia, contudo, logo descobriram as vantagens evidentes, e isso eliminou a incerteza. O trabalho em pares, e então *entre* os pares, produziu tremendas vantagens, tanto em termos educacionais quanto psicológicos, tanto para os adultos quanto para as crianças. Além disso, os pares de co-ensino constituíram o primeiro bloco de fundação da ponte que nos levava para a administração baseada na comunidade e na parceria com os pais.

A administração baseada na comunidade sempre foi uma parte importante de nossa história e uma viga de apoio do nosso trabalho. Ocasionalmente, esta tem sido uma força decisiva para a revitalização, unificação ou educação cultural. Em outros momentos, ela exerceu um papel mediador fundamental com a administração municipal e com instituições políticas, e sempre foi essencial no reforço de nossa posição.

Algo que lamentamos constantemente ao longo dos anos – também as crianças lamentam – tem sido nossa incapacidade de oferecer um número significativo de professores homens. Até há poucos anos, a lei italiana proibia homens de ensinar crianças pré-escolares – uma lei estúpida, a qual transgredimos abertamente, ignorando os avisos e as reprimendas do Ministério da Educação. Atualmente, tal proibição não existe mais, mas outras razões ainda tornam difícil contratar professores homens nas escolas para crianças pequenas. Piorando ainda mais as coisas, na Itália e em vários outros paí-ses europeus, atualmente menos homens optam por tornarem-se professores de crianças pequenas. Aqueles que o fazem, tendem a deixar esse tipo de emprego mais facilmente, em favor de outra ocupação. As razões para esse fenômeno são muitas e devem ser estudadas com cuidado. Contudo, os resultados são claros, em termos dos custos, pagos pelas crianças, e a perda de dignidade para as escolas, para os professores e para toda a cultura.

O treinamento questionável dos professores

Gandini: *Conte-me sobre o treinamento dos professores.*

Malaguzzi: A preparação de professores para o trabalho com crianças pequenas é, acredito, uma espécie de farsa legalmente sancionada, realmente abominável. Foi, e ainda é, dominada pela Igreja Católica Romana. Desde 1923, o governo italiano tem administrado apenas seis escolas preparatórias para professores de pré-escolas – todas localizadas em pequenas cidades rurais com a crença ingênua e idealista de que a fonte mais pura de professores de crianças pequenas seriam adolescentes intocadas pelos transtornos morais da cidade.

Em 1960, existiam 129 escolas preparatórias para professores de pré-escola sob auspícios católicos privados com 21.621 estudantes, *versus* as seis escolas estaduais com apenas 2.531 estudantes. Hoje, as mesmas proporções ainda existem. Todas essas escolas estão em nível de escola secundária, mas são menos rigorosas do que as escolas secundárias regulares que treinam professores para o nível elementar. Não têm, e nem nunca tiveram, um programa comum de estudos. A única coisa que elas têm em comum, de fato, é o exame final. O treinamento dura apenas três anos. Um estudante pode matricular-se após terminar a escola secundária e, portanto, obter um diploma aos 17 anos. A preparação é fundamentada sobre nada, nem em termos de uma fundação nas artes liberais ou em estudos profissionais apropriados. Existem planos para uma grande reforma, a qual incluiria a preparação universitária para professores de crianças pequenas, mas a concretização dessa reforma será difícil.

Mesmo em Reggio Emilia, os professores vêm dessas escolas secundárias preparatórias. Portanto, pode-se perceber por que sua formação profissional e seu desenvolvimento devem ocorrer enquanto trabalham com as crianças.

Formação e reformação de professores

Gandini: *Como você apoia, atualmente, o desenvolvimento dos professores em suas escolas?*

Malaguzzi: Não temos alternativa, exceto treinar em serviço. Assim como a inteligência torna-se mais vigorosa por meio de seu uso constante, também o papel do professor, o conhecimento, a profissão e a competência tornam-se mais fortes pela aplicação direta. Os professores – como as crianças e todas as outras pessoas – sentem a necessidade de crescer em suas competências; desejam transformar experiências em pensamentos, os pensamentos em reflexões, e estas em novos pensamentos e novas ações. Sentem também uma necessidade de fazer previsões, tentar coisas e então interpretá-las. O ato de interpretação é o mais importante. Os professores devem aprender a interpretar processos contínuos, em vez de esperar para avaliar resultados. Do mesmo modo, seu papel como educadores deve incluir o entendimento das crianças como produtoras, e não como consumidoras. Devem aprender a nada ensinar às crianças, exceto o que podem aprender por si mesmas. E, além disso, devem estar conscientes das percepções que elas formam sobre os adultos e suas ações. A fim de ingressar em relacionamentos com as crianças que sejam ao mesmo tempo produtivos, amistosos e excitantes, os professores devem estar conscientes do risco de expressar julgamentos muito rapidamente. Devem ingressar na estrutura de tempo das crianças, cujos interesses emergem apenas no curso da atividade ou das negociações que surgem dessa atividade. Devem perceber que escutar as crianças é tanto necessário quanto prático. Devem saber que as atividades devem ser tão numerosas quanto as teclas de um piano, e que todas envolvem atos infinitos de inteligência quando as crianças recebem uma ampla variedade de opções a partir das quais escolher. Além disso, os professores devem estar conscientes de que a prática não pode ser separada dos objetivos ou dos valores e que o crescimento profissional vem parcialmente pelo esforço individual, mas, de uma forma muito mais rica, da discussão com colegas, pais e especialistas. Finalmente, eles precisam saber que é possível engajar-se no desafio das observações longitudinais e em pequenos projetos de pesquisa envolvendo o desenvolvimento ou as experiências das crianças. Na verdade, educação sem pesquisa ou inovação é educação sem interesse.

Essa tarefa não é pequena! Entretanto, não é possível sequer começar se os professores não possuem um conhecimento básico acerca das diferentes áreas de conteúdo do ensino, a fim de transformar esse conhecimento em 100 linguagens e 100 diálogos com as crianças. Atualmente, possuímos meios limitados para prepararmos os professores como gostaríamos, mas tentamos observar dentro de nós mesmos e encontrar inspiração a partir das coisas que fazemos.

O atelier como um local de provocação

Gandini: *Como a ideia e o estabelecimento do atelier funciona em seu projeto educacional?*

Malaguzzi: Não escondo a imensa esperança que investimos na criação do *atelier*. Sabíamos que seria impossível pedir algo mais do que conseguimos. Ainda assim, se pudéssemos, teríamos ido ainda mais longe, criando um novo tipo de escola, composta inteiramente por laboratórios similares a *ateliers*. Teríamos construído uma escola feita de espaços onde as mãos das crianças pudessem estar ativas para "criar o caos" (no sentido que David Hawkins nos explicaria melhor, depois). Sem possibilidade para o tédio, as mãos e as mentes se engajariam com uma alegria intensa e liberadora, como ordenada pela biologia e pela evolução.

Embora não tenhamos chegado perto de atingir esses ideais impossíveis, o *atelier* nos trouxe recompensas. Provou ser subversivo, como desejávamos gerando complexidade e novas ferramentas para o pensamento. Permitiu novas combinações e possibilidades criativas entre as diferentes linguagens (simbólicas) das crianças. O *atelier* protegeu-nos não apenas de longas palestras e teorias didáticas de nosso tempo (quase que a única preparação recebida por jovens professores), mas também das crenças comportamentalistas (*behavioristas*) da cultura que nos cerca, reduzindo a mente humana a uma espécie de "recipiente" a ser enchido.

O *atelier* também satisfez outras necessidades. Um dos problemas mais urgentes era como adquirir uma comunicação efetiva com os pais. Desejávamos mantê-los sempre informados sobre o que ocorria nas escolas, e ao mesmo tempo estabelecer um sistema de informação que documentasse o trabalho que estava sendo realizado com as crianças. Queríamos mostrar-lhes como as crianças pensavam e se expressavam, o que produziam e inventavam por meio de suas mãos e de sua inteligência, como brincavam e jogavam umas com as outras, como discutiam hipóteses, como sua lógica funcionava. Queríamos que os pais vissem que seus filhos possuíam recursos mais ricos e mais habilidades do que geralmente percebiam. Desejávamos que compreendessem quanto valor colocamos em seus filhos. Em troca, portanto, sentimos que seria justo pedir que os pais nos ajudassem e estivessem ao nosso lado.

Figura 3.6 Uma discussão sobre o peso de diferentes objetos.

O *atelier*, um espaço rico em materiais, ferramentas e pessoas com competência profissional, contribuiu muito para nosso trabalho sobre a documentação. Esse trabalho informou bastante – mas pouco a pouco – nosso modo de estar com as crianças. Ele também, de uma forma bastante bela, obrigou-nos a refinar nossos métodos de observação e registro, de modo que o processo de aprendizagem se tornasse a base de nosso diálogo com os pais. Finalmente, nosso trabalho no *atelier* ofereceu-nos arquivos que atualmente são uma arca do tesouro do trabalho das crianças e do conhecimento e das pesquisas dos professores. Deixe-me salientar, contudo, que o *atelier* jamais pretendeu ser um espaço separado e privilegiado, como se apenas ali as linguagens da arte expressiva pudessem ser produzidas.

Na verdade, era um local onde as diferentes linguagens das crianças podiam ser exploradas por elas e estudadas por nós em uma atmosfera favorável e tranquila. Nós e as crianças podíamos experimentar modalidades, técnicas, instrumentos e materiais alternativos; explorar temas escolhidos por elas ou sugeridos por nós; talvez trabalhar em um grande mural em grupo; talvez preparar um pôster onde é feita uma declaração concisa através de palavras e ilustrações; talvez até mesmo dominar pequenos projetos em uma escala reduzida, furtando suas habilidades como arquitetos. O importante era ajudálas a encontrar seus próprios estilos de trocar com os colegas tanto seus talentos quanto suas descobertas.

O *atelier*, contudo, foi principalmente um local para pesquisas, e esperamos que continue e cresça. Estudamos tudo, desde as afinidades e oposições de diferentes formas e cores aos objetivos complexos da narrativa e da argumentação, da transição da expressão de imagens em símbolos até sua decodificação, do modo como as crianças foram contaminadas pela exposição aos meios de comunicação, a diferenças entre os sexos em termos de preferências simbólicas e expressivas. Sempre acha-

Figura 3.7 Ao término do ano escolar, pais, crianças e professores celebram com jogos ao ar livre.

mos que é um privilégio descobrir jogos fascinantes e múltiplos, que podem ser jogados com as imagens; transformar uma tulipa em um *spot*, em uma lâmpada, um pássaro em pleno voo, um fantasma iluminado, em um punhado de pétalas vermelhas dentro de um trigal verde e amarelo. Tão positivas e confirmadoras foram nossas experiências, que eventualmente nos levaram a expandir o uso do *atelier* para as crianças mais jovens das creches ou dos centros para bebês.

Gênese e significados da criatividade

Gandini: *O comportamento criativo e a produção criativa das crianças tem sido um tema fugidio, sobre o qual páginas e páginas têm sido escritas. Qual é a sua visão sobre o tema?*

Malaguzzi: Estávamos todos muito fracos e despreparados nos anos 50, quando o tema da criatividade, recém-chegado dos Estados Unidos, cruzou nosso caminho. Lembro-me da disposição com a qual lemos as teorias de J. P. Guilford e Paul Torrance. Também recordo como, depois, essas teorias podiam ser relidas e reinterpretadas através das perspectivas de Bruner, Piaget e os "Cognitivistas", os neo-freudianos, Kurt Lewin, o último dos psicólogos da Gestalt, e os psicólogos humanistas Carl Rogers e Abraham Maslow.

Este foi um período difícil, mas excitante; sentíamos que essas propostas tinham grande vigor e potencial. O trabalho sobre a criatividade parecia perturbar muitas (quase demasiadas) coisas, como, por exemplo, a dimensão filosófica do homem e da vida e a produtividade do pensamento. Essas propostas chegaram ao ponto de sugerir cumplicidade com o inconsciente, acaso e emoções com sentimentos, e assim por diante. Contudo, apesar de sua atração brilhante, nós precisamos dizer francamente que após muitos anos de trabalho, o progresso de nossa própria experiência, mais nossa observação e estudo de crianças e adultos, sugeriram-nos muita cautela e reflexão.

À medida que optamos por trabalhar com crianças, podemos dizer que elas são os melhores avaliadores e os juízes mais sensíveis dos valores e da utilidade da criatividade. Isso ocorre porque elas possuem o privilégio de não estarem excessivamente vinculadas às suas próprias ideias, que constroem e reinventam continuamente. Elas estão aptas a explorar, fazer descobertas, mudar seus pontos de vista e apaixonar-se por formas e significados que se transformam.

Portanto, uma vez que não consideramos a criatividade sagrada, não a consideramos extraordinária, mas, em vez disso, propensa a emergir a partir da experiência diária. Atualmente essa visão é compartilhada por muitos. Podemos resumir nossas crenças da seguinte maneira:

1. A criatividade não deveria ser considerada uma faculdade mental separada, mas uma característica de nosso modo de pensar, conhecer e fazer escolhas;
2. A criatividade parece emergir de múltiplas experiências, juntamente com um desenvolvimento estimulado de recursos pessoais, incluindo um senso de liberdade para aventurar-se além do conhecido;
3. A criatividade parece expressar-se por meio de processos cognitivos, afetivos e imaginativos, que se unem e que apoiam as habilidades para prever e chegar a soluções inesperadas;
4. A situação mais favorável para a criatividade parece ser o intercâmbio interpessoal, com nego-

ciação de conflitos e comparação de ideias e ações sendo os elementos decisivos;
5. A criatividade parece encontrar seu poder quando os adultos estão menos vinculados a métodos prescritivos de ensino e se tornam, em vez disso, observadores e intérpretes de situações problemáticas;
6. A criatividade parece ser favorecida ou desfavorecida de acordo com as expectativas dos professores, das escolas, das famílias e das comunidades, bem como da sociedade em geral, conforme o modo como as crianças percebem essas expectativas;
7. A criatividade torna-se mais visível quando os adultos tentam ser mais atentos aos processos cognitivos das crianças do que aos resultados que elas conquistam nos vários níveis do fazer e do entender.
8. Quanto mais os professores se convencem de que as atividades intelectuais e expressivas têm possibilidades tanto multiplicadoras como unificadoras, mais a criatividade favorece intercâmbios amigáveis com a imaginação e com a fantasia;
9. A criatividade exige que a *escola do saber* encontre conexões com a *escola da expressão*, abrindo as portas (este é nosso *slogan*) para as cem linguagens das crianças.

Iniciando com essas ideias, temos tentado compreender como elas devem ser revisadas sem deixar que os mitos da espontaneidade, que frequentemente acompanham os mitos da criatividade, enganem-nos. Estamos convencidos de que entre as capacidades intelectuais básicas e a criatividade, tema preferido pelas pesquisas americanas, não existe oposição, mas, em vez disso, complementaridade. O espírito lúdico pode invadir também a formação e a construção do pensamento.

Com frequência, quando as pessoas vêm a nós e observam nossas crianças, perguntam-nos que encantamento usamos. Respondemos que sua surpresa se iguala à nossa surpresa. Criatividade? É sempre difícil de ser percebida quando está usando as mesmas roupas de sempre e tem a capacidade de aparecer e desaparecer subitamente. Nossa tarefa, no que se refere à criatividade, é ajudar para que as crianças escalem suas próprias montanhas, tão alto quanto possível. Ninguém pode fazer mais do que isso. Somos lembrados por nossa consciência de que as expectativas das pessoas sobre a criatividade não devem pesar sobre nossa escola. Uma ampliação excessiva de suas funções e poderes daria à escola um papel exclusivo que esta não pode ter.

PARTE V: IMAGENS DA INFÂNCIA

Varrendo a infância para baixo do tapete

Gandini: *A infância é, atualmente, o tema de muitas publicações. Qual é sua opinião sobre isto?*

Malaguzzi: As contradições dramáticas que caracterizam a educação de crianças estão constantemente em minha mente. Estou falando sobre o que sabemos sobre as crianças *versus* o que não sabemos, bem como sobre o que sabemos, mas deixamos de fazer com elas e por elas. Contudo, o problema é ainda mais amplo, já que envolve a raça humana e o desperdício de sua inteligência e humanidade. Acho que David Hawkins disse melhor:

> Em sua organização, em suas escolhas, em seus modos de se relacionar com a aprendizagem e com o conhecimento, o

sistema educacional representa mal a natureza e o potencial da capacidade humana (HAWKINS, 1966).

Todas as pessoas – e quero dizer estudiosos, pesquisadores e professores, que em qualquer lugar se propuseram a estudar as crianças seriamente – terminaram por descobrir não tanto os limites e a deficiência das crianças, mas, em vez disso, suas qualidades e capacidades surpreendentes e extraordinárias aliadas a uma necessidade inexaurível por expressão e realização.

Entretanto, os resultados dessas investigações aprendidas, descrevendo novos aspectos do desenvolvimento e abrindo incontáveis possibilidades para a aplicação prática e consideração ética e filosófica, não foram suficientemente apreendidos pelos educadores. Em vez disso, durante esse intervalo, metáforas e imagens reemergiram, retratando a infância em um de dois modos extremos: como vazia, impotente e completamente moldada por adultos ou, por outro lado, como autônoma e capaz de obter o controle do mundo adulto. Não legitimamos corretamente uma cultura da infância, e as consequências são vistas em nossas escolhas sociais, econômicas e políticas e em nossos investimentos. Este é um exemplo típico e assustador de ofensa e traição dos recursos humanos.

Casos específicos são vistos claramente na Europa e no resto no mundo ocidental. Vemos cortes orçamentários, falta de política e planejamento, um rebaixamento geral de prestígio para aqueles que ensinam ou estudam sobre crianças, com a perda consequente de pessoas jovens na profissão e o crescimento do abuso da infância. Podemos falar sobre todas essas más notícias para as crianças sem sequer mencionarmos os desastres da guerra e as epidemias que ainda grassam por nosso planeta e por nossa consciência.

É uma história dolorosa. John Dewey confrontou esta mesma situação, anteriormente neste século, e foi inspirado a incentivar um método de educação que combinasse filosofia pragmática, novos conhecimentos psicológicos e – pelo lado do ensino – domínio do conteúdo com experiências investigativas e criativas para as crianças. Ele vislumbrou tudo isso, também buscando um novo relacionamento entre as pesquisas educacionais e sócioculturais. Este último aspecto, creio, é parte da tarefa não-concluída do processo democrático e representa a conquista cultural genuína que a infância e as gerações futuras têm o direito de esperar. Como Dewey disse: "As instituições humanas devem ser julgadas por sua influência educacional e pela medida de sua capacidade de estender o conhecimento e a competência do homem".

Sei que tudo isto poderia ocorrer em um momento como o presente, quando a ciência, a história e a consciência pública parecem unânimes em reconhecer que a criança é dotada de virtudes, recursos e direitos intrínsecos. Uma criança tão dotada, porém, explode nas mãos de seus criadores; torna-se demasiadamente intrigante para a filosofia, a ciência, a educação e a economia política. A incapacidade das sociedades de responder a esta espécie de criança parece ter lançado dúvidas sobre a nobreza de nossa intenção em relação a elas.

Também outros ocasionalmente disfarçam seus verdadeiros interesses, talvez até para si mesmos. A Rainha Elizabeth (Horace Walpole conta-nos em seus *Anedoctes of Painting,* 1762-1771) era uma grande colecionadora, mas ainda assim não existe qualquer prova de que ela admirava ou amava a arte da pintura. O que é absolutamente certo é que ela amava, com paixão, as pinturas que a retratavam!

As diferenças entre as crianças

Gandini: *Um aspecto que os visitantes de suas escolas consideram intrigante é como você consegue responder às diferentes capacidades e necessidades das crianças quando dá tanta importância ao relacionamento social e ao trabalho em grupo.*

Malaguzzi: Certamente reconhecemos diferenças na formação das crianças, juntamente com diferenças que podem ser reduzidas ou ampliadas pelas influências favoráveis ou desfavoráveis do ambiente. Contudo, elas têm – esta é minha convicção – um dom comum, ou seja, o potencial e a competência que descrevi. Achamos que isso é verdade para crianças nascidas em qualquer cultura, em qualquer local de nosso planeta. Ainda assim, reconhecer a universalidade de seu potencial abre novas questões com as quais até agora nós, em Reggio Emilia, temos pouca familiaridade, mas que os eventos multiculturais de nosso tempo pressionam sobre nós com urgência.

Eu seria muito cauteloso no que se refere a diferenças de estilo e estratégias cognitivas. As pessoas atribuem-nas rapidamente a uma época da vida, especialmente quando observam bebês, cujas mentes sofrem muitas reorganizações rápidas e mudanças no desenvolvimento. Os estilos que observamos são um fato objetivo sobre os indivíduos. Além disto, entretanto, eles também refletem o contexto histórico e cultural.

Quanto mais ampla for a gama de possibilidades que oferecemos às crianças, mais intensas serão suas motivações e mais ricas suas experiências. Devemos ampliar a variedade de tópicos e objetivos, os tipos de situações que oferecemos e seu nível de estrutura, os tipos e as combinações de recursos e materiais e as possíveis interações com objetos, companheiros e adultos. Além disso, a ampliação da faixa de possibilidades para as crianças também tem consequências para outros. Faz com que os professores sejam mais atentos e conscientes, e torna-os mais capazes de observar e de interpretar os gestos e a fala das crianças, portanto, mais sensíveis ao *feedback* oferecido pelas crianças, assumindo maior controle sobre seu próprio *feedback* expressivo para seus alunos (corrigindo a monotonia ou a excitação excessivas) e tornando suas intervenções mais pessoais. Tudo isso faz com que seja mais fácil para os professores fazerem pausas e autoavaliações.

Quanto mais nos distanciamos de soluções rápidas e temporárias, de respostas apressadas a diferenças individuais, mais ampla será a variedade de hipóteses aberta a nós. Quanto mais resistimos à tentação de classificar as crianças, mais capazes nos tornamos de mudar nossos planos e de tornar disponíveis diferentes atividades. Isso não elimina a responsabilidade ou a utilidade de notar as diferenças entre as crianças. Vamos levá-las em consideração, vamos prestar atenção nelas. Mas vamos também exercer sempre a cautela e aprender a observar e avaliar melhor, sem atribuir níveis ou notas. Deixe-me acrescentar que ao ler a literatura especializada sobre avaliação, achei que o fato do tempo não é tratado corretamente. Fernando Pessoa (1986) diz que a medição de tempo do relógio é falsa. Ela é certamente falsa no que se refere ao tempo das crianças – para situações nas quais o verdadeiro ensino e aprendizagem ocorrem, para a experiência subjetiva da infância. É necessário respeitar o tempo de maturação, de desenvolvimento das ferramentas do fazer e do entender, da emergência plena, lenta, extravagante, lúcida e em constante mudança das capacidades das crianças; essa é uma medição do bom senso cultural e biológico.

Se a natureza que comanda todos os animais afirma que a infância deve durar mais nos seres humanos – infinitamente mais, diz Tolstoy – isso ocorre porque a natureza sabe quantos rios existem para serem cruzados e quantas trilhas precisamos repisar. A natureza dá tempo para a correção de erros (tanto pelas crianças quanto pelos adultos), para a superação de preconceitos, e para que as crianças tomem fôlego e restaurem sua autoimagem, a de seus companheiros, de seus pais, dos professores e do mundo. Se hoje nos achamos em uma era na qual o tempo e o ritmo das máquinas e do lucro domina o dos seres humanos, então desejamos saber qual é a posição da psicologia, da educação e da cultura.

Figura 3.8 Uma das reuniões regulares dos professores para planejar e discutir seu trabalho.

PARTE VI: TEORIAS DA APRENDIZAGEM

A construção dos significados

Gandini: *Um debate na educação que parece jamais terminar envolve o papel do adulto na aprendizagem das crianças. O que você pensa sobre isto?*

Malaguzzi: Não desejaria minimizar o papel determinante dos adultos no oferecimento de estruturas semânticas e sistemas de significado que permitem que a mente infantil se comunique. Ao mesmo tempo, porém, gostaria de salientar a participação das próprias crianças: elas são capazes, de um modo autônomo, de extrair significado de suas experiências cotidianas através de atos mentais envolvendo planejamento, coordenação de ideias e abstrações. Lembre-se, os significados jamais são estáticos, inequívocos ou finais; estão sempre gerando novos significados. O ato central dos adultos, portanto, é ativar, especialmente de um modo indireto, a competência de extrair significado, das crianças, como uma base para toda a aprendizagem. Devem tentar capturar os momentos certos e então descobrir as abordagens corretas para unir em um diálogo produtivo, seus significados e interpretações com os das crianças.

Nosso Piaget

Gandini: *Você mencionou a influência de Piaget sobre seu trabalho e, ao mesmo tempo, mencionou que suas opiniões diferem das dele em vários pontos. Você pode falar mais sobre esta influência e sobre as diferenças?*

Malaguzzi: Nosso senso de gratidão a Piaget permanece intacto. Se Jean Jacques

Rousseau inventou um conceito revolucionário de infância sem jamais ter lidado com crianças, Piaget foi o primeiro a dar a elas uma identidade baseada em uma análise atenta de seu desenvolvimento, observando e falando com crianças por um longo período de tempo.

Howard Gardner (1989) descreve Piaget como o primeiro a levar as crianças a sério; David Hawkins (1966) descreve-o como aquele que as dramatizou esplendidamente, enquanto Jerome Bruner (1986) atribui a Piaget a demonstração de que os princípios internos da lógica que orientam as crianças são os mesmos que guiam os cientistas em suas investigações. Na verdade, em Reggio sabemos que elas podem usar a criatividade como uma ferramenta para inquirir, ordenar e até mesmo transgredir os esquemas de significado fornecidos (que Piaget atribuiu também às crianças muito pequenas nos últimos anos de sua vida). Podem também usar a criatividade como uma ferramenta para seu próprio progresso nos mundos da necessidade e da possibilidade.

Com uma ânsia simplista, nós, educadores, temos tentado com demasiada frequência extrair da psicologia de Piaget coisas que ele não considerou absolutamente utilizáveis na educação. Perguntava-se que uso os professores poderiam possivelmente fazer de suas teorias sobre estágios, conservação da matéria e assim por diante. Na verdade, a potencialidade mais rica do pensamento de Piaget (1971) está no domínio da epistemologia, como visto em sua importante obra *Biology of Knowledge*. Contudo, muitas sugestões podem ser extraídas direta ou indiretamente de seus trabalhos para refletir e elaborar o significado da educação.

Barbel Inhelder a mais dedicada discípula de Piaget, disse a amigos, após a morte de seu mestre: "Escreva livremente sobre seu trabalho, faça correções, tente tornar seu pensamento mais específico; ainda assim, não será fácil para você revirar a estrutura subjacente às teorias geniais". Nós, em Reggio, seguimos seus conselhos. Nosso interesse por Piaget aumentou ao entendermos que sua preocupação era com a epistemologia, e que seu objetivo principal era localizar a gênese das estruturas universais invariáveis. Piaget sacrificou muitas coisas para realizar sua audaciosa pesquisa; contudo, ele também conseguiu abrir outros caminhos para as pesquisas, tal como o estudo do julgamento moral, que ele não pôde explorar mais profundamente, como se uma febre o queimasse no sentido de explorar muitas direções simultaneamente. Alguns desses caminhos ele posteriormente redescobriu, após terem sido casualmente abandonados.

Agora podemos ver claramente como o construtivismo de Piaget isola a criança. Como resultado, olhamos criticamente esses aspectos: a subvalorização do papel do adulto na promoção do desenvolvimento cognitivo; a atenção marginal à interação social e à memória (opostamente à inferência); a distância interposta entre o pensamento e a linguagem (VYGOTSKY, 1978 criticou isto, e PIAGET,1962 respondeu); a linearidade fixa do desenvolvimento no construtivismo; o modo como o desenvolvimento cognitivo, afetivo e moral é tratado em trilhas separadas e paralelas; a ênfase exagerada em estágios estruturados, no egocentrismo e nas habilidades de classificação; a falta de reconhecimento para competências parciais; a importância imensa dada ao pensamento lógico-matemático e o uso excessivo de paradigmas das ciências biológicas e físicas. Após todas essas críticas, contudo, devemos prosseguir notando que muitos construtivistas atualmente voltaram sua atenção ao papel da interação social no desenvolvimento cognitivo.

O dilema de aprender e ensinar

Gandini: *Aprender e ensinar nem sempre andam juntos, mas em seu programa você encontrou modos de ajudar as crianças a construir sua aprendizagem. Como você consegue equilibrar essa equação?*

Malaguzzi: Depois de tudo que dissemos sobre as crianças, temos de discutir mais plenamente o papel que assumem na construção do *self* e do conhecimento, e ajudá-las a assimilar esses temas dos adultos. É óbvio que, entre a aprendizagem e o ensino, honramos a primeira. Não é o caso de desprezarmos o ensino, mas declaramos: "Coloque-se de lado por um momento e deixe espaço para aprender, observe cuidadosamente o que as crianças fazem e então, se você entendeu bem, talvez ensine de um modo diferente de antes".

Piaget (1974) alertou-nos de que deve ser tomada uma decisão sobre ensinar esquemas e estruturas diretamente ou apresentar à criança situações ricas de solução de problemas, nas quais a criança aprende ativamente a partir delas, no curso da exploração. O objetivo da educação é aumentar as possibilidades para que a criança invente e descubra. As palavras não devem ser usadas como um atalho para o conhecimento. Como Piaget, concordamos que o objetivo do ensino é oferecer condições para a aprendizagem.

Ocasionalmente, discussões sobre a educação tratam o ensino e a aprendizagem quase como sinônimos. Na realidade, as condições e os objetivos de alguém que ensina não são idênticos às condições e aos objetivos daquele que aprende. Se o ensino é monodirecional e rigidamente estruturado de acordo com alguma "ciência", ele se torna intolerável, prejudicial e danoso à dignidade tanto do professor quanto do aprendiz.

Mesmo quando os professores presumem ser democráticos, seu comportamento ainda é, com demasiada frequência, dominado por estratégias de ensino não democráticas, incluindo diretivas, procedimentos ritualizados, sistemas de avaliação (que Benjamin Bloom acreditava serem os guias apropriados à orientação da educação) e pacotes de currículo rigidamente cognitivistas, completos, com *scripts* prontos e contingências de reforço. Todas essas estratégias fornecem uma justificativa profissional para o desperdício e sofrimento, e ao mesmo tempo criam a ilusão de um sistema impressionante que conforta adultos em um nível que ultrapassa o pensamento. A adoção oficial é fácil. Quando as deficiências desta espécie de pacote ou sistema chegam a emergir, já é muito tarde e o dano está feito.

Para concluirmos, a aprendizagem é o fator fundamental sobre o qual um novo modo de ensino deve ser baseado, tornando-se um recurso complementar para a criança e oferecendo múltiplas opções, ideias, sugestões e fontes de apoio. A aprendizagem e o ensino não devem permanecer em bancos opostos e apenas observar enquanto o rio corre; em vez disso, devem embarcar juntos em uma jornada rio abaixo. Através de um intercâmbio ativo e recíproco, o ensinar pode ser a força para aprender a aprender.

Nosso Vygotsky

Gandini: *Você mencionou a importância de o professor ser capaz de capturar o delicado momento em que a criança está apta a dar um passo na direção da aprendizagem. Você poderia elaborar este ponto?*

Malaguzzi: Nesse ponto a intervenção de Vygotsky, nosso próprio Vygotsky, torna-se indispensável para o esclarecimento deste e de outros pontos levanta-

Figura 3.9 "Uma folha pode tornar-se..." Desenhos realizados por crianças da Escola Diana.

Figura 3.10 Um pequeno grupo de crianças compartilha ideias e descobertas no computador.

dos anteriormente. Vygotsky lembra-nos de como o pensamento e a linguagem operam juntos para a formação de ideias e para o planejamento da ação e, depois, para a execução, controle, descrição e discussão desta ação. Este é um *insight* precioso para a educação.

Contudo, ao penetrar o relacionamento entre adulto e criança, e desse modo retornar ao tema do ensino e aprendizagem, o psicólogo russo fala-nos sobre as vantagens da *zona de desenvolvimento proximal,* ou seja, a distância entre os níveis de capacidades expressados pelas crianças e seus níveis de desenvolvimento potenciais, alcançáveis com o auxílio de adultos ou contemporâneos mais avançados (VYGOTSKY, 1978).

A questão é um tanto ambígua. Será que se pode oferecer competência a alguém que não a tem? A própria sugestão parece readmitir os antigos fantasmas do ensino que tentamos afastar. Mas podemos expulsar qualquer risco de retornar ao ensino tradicional aderindo ao nosso princípio de “circularidade” (um termo não-visto nos escritos de Vygotsky). Colocado de forma mais simples, buscamos uma situação na qual a criança está prestes a ver o que o adulto já vê. A lacuna é pequena entre o que cada um vê, a tarefa de fechar a lacuna parece possível, e as habilidades e disposição da criança criam uma expectativa e prontidão para este salto. Nessa situação, o adulto pode e deve emprestar às crianças seu julgamento e conhecimento. Contudo, é um empréstimo com uma condição, especificamente, de que a criança preste a devolução.

É inútil afirmar que é muito difícil observar a prontidão das crianças. Na verdade, ela pode ser vista! Precisamos estar preparados para ver, já que tendemos a perceber apenas o que esperamos ver. Entretanto, não devemos nos apressar. Estamos propensos, com demasiada frequência atualmente, a nos tornarmos escravos do relógio, um instrumento que falsifica o tempo natural e subjetivo das crianças e dos adultos.

A sugestão de Vygotsky(1978) mantém seu valor e legitimiza amplas intervenções por professores. A abordagem de Vygotsky está de acordo com o modo como vemos em Reggio o dilema do ensino e da aprendizagem e da forma ecológica como podemos alcançar o conhecimento.

PARTE VII: DA TEORIA À PRÁTICA

Uma profissão que não pensa pequeno

Gandini: *Como você tem feito para colocar em prática as muitas ideias e inspirações que você gerou ou encontrou?*

Malaguzzi: O efeito das teorias pode ser inspirador e oneroso ao mesmo tempo. Isso é especialmente verdade quando é o momento de arregaçar nossas mangas e avançar com a prática educacional. O primeiro medo é o de perder a capacidade ou a habilidade de conectar as teorias aos problemas objetivos do trabalho diário que, por sua vez, são geralmente complicados pelas realidades administrativas, legais ou culturais.

Entretanto, existem medos adicionais, tal como o de se perder em um empirismo cego que pode levar a uma ruptura das conexões com os princípios teóricos, ideais e éticos necessários; ser perturbado pelo desafio de novas teorias e abordagens que podem trazer à baila nosso próprio treinamento e escolhas e, por último, mas não de menor importância, ignorar a promessa de que as escolas oferecem o melhor possível para todas as crianças e atendem às expectativas e necessidades de suas famílias. Esses temores são inevitáveis, porque em nossa tarefa não podemos estar satisfeitos com resultados aproximados e porque nossa opção foi a de estabelecer uma escola com uma função crítica e reformadora. Não queríamos ser apenas pessoas que oferecem cuidados perfunctórios.

Nossas teorias vêm de diferentes áreas e meditamos sobre elas bem como sobre os eventos que ocorrem em nossas próprias mãos. Contudo, uma teoria unificadora da educação que resume todos os fenômenos do ato de educar não existe (e jamais existirá). Entretanto, realmente temos um núcleo sólido em nossa abordagem em Reggio Emilia que vem diretamente das teorias e experiências da educação ativa e encontra realização em imagens particulares da criança, do professor, da família e da comunidade. Juntas, produzem uma cultura e uma sociedade que conectam, ativa e criativamente, o crescimento tanto individual quanto social.

Ferrière, Dewey, Vygotsky, Bruner, Piaget, Bronfenbrenner e Hawkins ainda estão muito presentes para nós, juntamente com as últimas sugestões de Kaye sobre o papel tutorial do adulto, Shaffer sobre o relacionamento entre a linguagem e a interação social, Serge Moscovici e Gabriel Mugny sobre a gênese da representação e a importância da inteligência e mentes abertas. Do mesmo modo, observamos o trabalho sociolinguístico sobre como adultos e crianças constroem em conjunto contextos de significado, bem como pesquisas cognitivas fundamentadas sobre perspectivas construtivistas, interacionistas simbólicas e construtivistas sociais. Considerada em seu conjunto, esta literatura contra-ataca as teorias behavioristas que reduzem a força criativa e protagonística da ação humana a um comportamento simples e incapaz de ser lido.

O sucesso de uma teoria vem na prática

Gandini: *Como, concretamente, todas essas teorias se conectam com o que ocorre nas escolas?*

Malaguzzi: Sabemos muito bem como todos nós agimos, como se tivéssemos uma ou mais teorias. O mesmo ocorre para os professores: quer as conheçam ou não, eles pensam e agem de acordo com teorias pessoais. O ponto é como essas teorias pessoais estão conectadas com a educação de crianças, com relacionamentos dentro da escola e com a organização do trabalho. Em geral, quando os colegas trabalham juntos e compartilham problemas comuns, isto facilita o alinhamento de comportamentos e uma modificação das teorias pessoais. Sempre tentamos encorajar isto.

Quando começamos a falar sobre a teoria e prática da educação, podemos falar indefinidamente, Concordo com Wilfred Carr (1986) quando ele diz que é bom evitar a discussão demasiada de teorias, porque existe risco de privá-las de seu aspecto prático. Na verdade, uma teoria é legítima se lida com problemas que emergem da prática da educação e que podem ser solucionados pelos educadores. A tarefa da teoria é ajudar para que os professores entendam melhor a natureza de seus problemas. Desta forma, a prática torna-se um meio necessário para o sucesso da teoria. Nesta linha de pensamento, levando a ideia ainda mais longe, David Hawkins (1966) observou:

> O conhecimento dos profissionais é significativamente mais profundo que qualquer [conhecimento] encontrado no pensamento de muitos pesquisadores acadêmicos; portanto, o professor deve ser tratado não como um objeto de estudo, mas como um intérprete de fenômenos educacionais.

Essa validação do trabalho prático do professor é o único “livro-texto” rico com o qual podemos contar no desenvolvimento de nossas reflexões sobre a educação. Além disso, o trabalho de professores, quando não abandonado a si mesmo, quando não deixado sem o apoio de instituições e das alianças com colegas e famílias, é capaz não apenas de produzir experiências educacionais diárias, mas também é capaz de se transformar no sujeito e objeto de reflexão crítica.

Da pesquisa à ação

Gandini: *Você disse que os professores devem ser também pesquisadores. Como você promove isto?*

Malaguzzi: Aprender e reaprender com as crianças é a nossa linha de trabalho. Avançamos de tal modo que as crianças não são moldadas pela experiência, mas dão forma à experiência. Existem duas formas pelas quais podemos olhar os processos de aprendizagem das crianças e descobrir indícios para seu apoio: uma é como as crianças ingressam em uma atividade e desenvolvem suas estratégias de pensamento e ação; a outra é o modo como os objetos envolvidos são transformados. Adultos e crianças realizam sua aprendizagem muito diferentemente: usam diferentes procedimentos, honram diferentes princípios, fazem diferentes conjeturas e seguem diferentes pistas.

Nossos professores realmente pesquisam, tanto por conta própria quanto com seus colegas, para a produção de estratégias que favoreçam o trabalho das crianças ou possam ser utilizadas por elas. Vão da pesquisa para a ação (e vice-versa). Quando todos os professores na escola estão de acordo, os projetos, estratégias e estilos de trabalho interligam-se e a escola torna-se, realmente, uma escola diferente. Alguns de nossos professores avançam nesta pesquisa com maior intenção e melhores métodos que outros; os registros e documentários que resultam de seus esforços estão significativamente além das necessidades imediatas para a ação e se tornam objetos comuns de estudo, e ocasionalmente aprendem com tanta substância ao ponto de serem do interesse de uma audiência mais ampla. Como resultado, eles sentem, e outros os ajudam a sentir, mais motivação para o crescimento e a conquista de um nível muito superior de profissionalismo. No processo, percebem que devem evitar a tentação de esperar que as crianças lhes deem de volta o que já sabem, mas que, em vez disso, devem reter o mesmo senso de maravilha vivido pelas crianças em suas descobertas.

Toda essa abordagem faz com que as crianças tornem-se mais conhecidas a seus professores. Portanto, elas sentem-se mais receptivas aos desafios, mais capazes de trabalhar com seus colegas em situações incomuns e mais persistentes, pois percebem que o que têm em mente pode ser tentado. As crianças sabem que quando vão em busca de suas metas podem fazer suas próprias escolhas, e que isso é tão libertador quanto revitalizante. Isso é o que, na verdade, prometemos às crianças, às suas famílias e a nós mesmos.

Nosso modo de trabalhar torna possível a escolha entre diferentes modos de interação. Pequenos grupos de crianças trabalham simultaneamente e podem ser encontrados por toda a escola, organizadas de modo a facilitar as construções sociais, cognitivas, verbais e simbólicas. Nossas crianças têm muitas escolhas: possuem locais onde podem estar a sós, em um pequeno grupo, em um grupo grande, com os professores ou sem eles, no *atelier*, no miniatelier, na grande *piazza* ou, se o tempo está bom, no jardim fora da escola, que possui muitas estruturas, pequenas e grandes, para brincadeiras. Contudo, a opção por trabalhar em pequenos grupos, nos quais exploram juntos, agrada tanto às crianças quanto a nós. Em vista disso, a sala de aula é transformada em um grande espaço com pequenos agrupamentos, cada um com suas próprias crianças e seus próprios projetos e atividades. Esse arranjo permite boas observações e o desenvolvimento orgânico de pesquisas sobre a aprendizagem cooperativa, bem como sobre a permuta e divulgação de ideias.

Gostamos desse arranjo em nossa escola. Vivemos na tradição de uma cidade, com suas praças e seus pórticos, que oferecem um modelo insubstituível para reuniões, negociações e diálogos de vários encontros humanos; além disso, a praça central de nossa cidade transforma-se duas vezes por semana em centenas de barracas de um mercado. Este mercado apresenta a mesma função que o *fórum,* sobre o qual Bruner (1986) escreveu, e cujo eco ressoa em nossas escolas.

Figura 3.11 Crianças de cinco anos usam seu tempo jogando damas.

Figura 3.12 As atividades das crianças são apoiadas pelos professores.

Nenhum planejamento, muito reconhecimento

Gandini: *As pessoas frequentemente indagam sobre a espécie de planejamento curricular, se há algum, que vocês têm em Reggio Emilia.*

Malaguzzi: Não, nossas escolas não tiveram, nem têm, um currículo planejado com unidades e subunidades (planos de lições), como os behavioristas gostariam. Isso levaria nossas escolas para o ensino sem aprendizagem; nós humilharíamos as escolas e as crianças, confiando-as a formas, a bordões e a manuais dos quais os editores são distribuidores generosos.

Em vez disso, a cada ano cada escola delineia uma série de projetos relacionados, alguns de curto, outros de longo prazo. Esses temas servem como apoios estruturais principais, mas depois fica a cargo das crianças, do curso dos eventos e dos professores, determinar se a construção virá a ser uma cabana ou um prédio de apartamento ou qualquer outra coisa.

Contudo, naturalmente, os professores de bebês e de crianças pré-escolares não começam cada ano escolar do zero. Eles têm em sua retaguarda um patrimônio de talento, de conhecimentos, de experimentos, de pesquisas, de documentação e de exemplos mostrando sucessos e fracassos. Os professores seguem as crianças, não seguem planos. Os objetivos são importantes e não serão perdidos de vista, mas o porquê e como se chegar até eles são mais importantes.

"Reconhecimento" é uma forte palavra em nosso vocabulário. Nossas escolas começam com um voo de reconhecimento sobre todos os recursos humanos, ambientais, técnicos e culturais. Depois, mais missões de reconhecimento serão feitas para obter-se um panorama completo da situação: dentro e entre as escolas, com famílias e Juntas de Conselheiros, com a equipe pedagógica e com a administração municipal e oficiais eleitos. Além disso, os professores realizam viagens de reconhecimento pelas oficinas, seminários e reuniões com especialistas em várias áreas.

O que os educadores adquirem discutindo, propondo e lançando novas ideias é não apenas um conjunto de ferramentas profissionais, mas também um trabalho ético que dá mais valor a ser parte de um grupo e a ter solidariedade interpessoal, enquanto reforça a autonomia intelectual. O apoio resultante de uma *educação itinerante de reconhecimento* dá-nos grande força e auxílio. Sua tarefa é colocar-nos e empurrar-nos na direção de novos caminhos. Não existe melhor avaliação de nosso trabalho que essa.

Se os currículos são encontrados nas crianças

Gandini: *São as que moldam suas experiências escolares, ao invés de serem moldadas por elas. Como esse princípio influencia suas escolhas sobre as experiências que oferece às crianças?*

Malaguzzi: Se a escola para crianças pequenas precisa ser preparatória e oferecer continuidade com a escola elementar, então nós, como educadores, já somos prisioneiros de um modelo que termina como um funil. Eu acho, além disso, que o funil é um objeto detestável, e também não é muito apreciado pelas crianças. Sua finalidade é estreitar o que é grande e torná-lo pequeno. Esse mecanismo de estrangulamento é contra a natureza. Se você o colocar de cabeça para baixo, ele não tem qualquer finalidade.

Basta dizer que a escola para crianças pequenas precisa responder a elas, deve ser um rodeio gigantesco, onde aprendem

Figura 3.13 Explorando as medidas no jardim da escola.

como cavalgar 100 cavalos, reais ou imaginários. Como se aproximar de um cavalo, como o acariciar e como permanecer próximo a ele são todos aspectos de uma arte que pode ser aprendida. Se existem regras, as crianças podem aprendê-las. Se elas caírem, poderão montar novamente. Se habilidades especiais são necessárias, elas observarão seus contemporâneos mais habilitados com atenção e chegarão até mesmo a discutir o problema ou pedir emprestada a experiência dos adultos.

É verdade que não temos planejamento ou currículo. Não é verdade que nos baseamos na improvisação, que é uma habilidade invejável. Não confiamos no acaso, também, porque estamos convencidos de que aquilo que ainda não conhecemos pode, até certo ponto, ser previsto. O que sabemos realmente é que estar com crianças é trabalhar menos com certezas e mais com incertezas e inovações. As certezas fazem com que entendamos e tentemos entender. Desejamos estudar se a aprendizagem possui seu próprio fluxo, tempo e lugar; como a aprendizagem pode ser preparada, que habilidades e esquemas cognitivos valem a pena apoiar, como oferecer palavras, gráficos, pensamento lógico, linguagem corporal, linguagem simbólica, fantasia, narrativa e argumentaçao; como brincar; como fingir; como as amizades se formam e se dissipam; como a identidade individual e de grupo se desenvolve; e como emergem as diferenças e as similaridades.

Todo esse bom senso não compensa o que não sabemos. Contudo, não saber é a condição que nos faz continuar pesquisando; nesse sentido, estamos na mesma situação que as crianças. Podemos ter certeza de que as crianças estão prontas para nos ajudar, oferecendo-nos ideias, sugestões, problemas, dúvidas, indicadores e trilhas a seguir; e quanto mais confiam em nós e nos veem como fonte de recursos, mais nos auxiliam. Todas essas ofertas, mescladas com o que nós próprios trazemos à situação, formam um capital muito agradável de recursos.

Nos últimos anos, assumimos muitos experimentos: como as crianças de cinco anos abordam o computador; as diferenças entre gráficos feitos por meninos e meninas; os significados simbólicos dos desenhos; as capacidades construtivas do pensamento de organização lógica (que levaram a um documentário agora revisitado com George Forman); a aquisição da leitura e da escrita em um contexto comunicativo; as formas de pensamento usadas na aprendizagem sobre medições e números; aprendizagem cooperativa por meio de jogos (em colaboração com Carolyn Edwards, Lella Gandini e John Nimmo); e o comportamento de bebês de dois anos em situações parcialmente estruturadas. Os resultados desses estudos nos guiam na formulação de projetos flexíveis. Contudo, existe uma outra razão para a experimentação e para a documentação: a necessidade de revelarmos em toda sua força a imagem de uma criança competente. Isso, por sua vez, apoia nossa posição contra os detratores e contra a mistificação dos programas e práticas oficiais.

Em nossos documentários, arquivos e exposições, que realizam atualmente uma turnê pelo mundo, existe toda uma história. Essa é uma história de adultos, projetos, currículos que emergem mas, acima de tudo, é sobre as crianças.

CONCLUSÃO

Gandini: *Estamos no final de nossa conversa; você ofereceu muito sobre o que pensa, mas não terminou com nosso desejo de saber mais. Estamos ansiosos por outras oportunidades de intercâmbios com você e com as pessoas maravilhosamente competentes e calorosas que trabalham ao seu lado. O grande número de ideias e experiências brilhantes e plenas de esperanças que você tem trazido às crianças em Reggio Emilia agora vai bem além de sua cidade.*

Malaguzzi: Essa experiência e meu relato sobre ela não acabam. Minhas palavras, em vez disso, levam saudações a nossos amigos americanos que, como nós, estão interessados em ajudar para que as crianças mantenham suas cabeças levantadas, ainda mais nossos amigos a quem estamos em débito, em termos culturais.

Se, ao final, qualquer mensagem ainda é necessária, é uma mensagem de reflexão. Não sei até que ponto o mundo dos adultos é realmente adulto. Sei que o rico mundo dos adultos esconde muitas coisas, enquanto aquele mais pobre nada sabe, nem o que esconder. Uma das coisas que o mundo rico esconde com o maior rigor e rispidez é a condição infantil. Não diz nada sobre a morte e o desespero. Eu sei que meu relato é um luxo; é um privilégio, pois as crianças das quais falo vivem em um mundo rico.

Mas também nesse mundo a ocultação continua, às vezes cínica e violenta, às vezes sutil e sofisticada, plena de simulações e temperada com hipocrisia e teorias nãoliberais. O engodo infiltra-se até mesmo nas instituições da educação precoce. A motivação contínua de nosso trabalho tem sido, na verdade, uma tentativa de nos opormos, embora com meios modestos, a esse engodo e liberar esperanças para uma nova cultura humana da infância. Esse é um motivo que encontra suas origens em uma poderosa nostalgia pelo futuro e pela humanidade.

E agora, se você desculpar uma fraqueza de minha parte, eu proponho um brinde a Benjamin, o filho mais jovem de Howard Gardner e Ellen Winner. Gardner (1989) conta-nos sobre sua viagem à China em seu livro *To Open Minds,* que li recentemente. Por que Benjamin? Porque, com a chave que ele tenta arduamente inserir em uma fechadura, ele pode, de certo modo, representar todas as crianças sobre as quais estivemos falando. Convido-os a aproximarem-se, observarem sua ação e juntarem-se à sua aventura. Essa é a esperança dele, e é também a nossa.

REFERÊNCIAS

BRUNER, J. *Actual minds, possible worlds*. Cambridge: Harvard University Press, 1986.

CARR, W. *Becoming critical*: education, knowledge, and action research. Philadelphia: Falmer, 1986.

GARDNER, H. *To open minds:* Chinese clues to the dilemma of contemporary education. New York: Basic Books, 1989.

HAWKINS, D. Learning the unteachable. In: SHULMAN, L.; KEISLAR, E. (Ed.). *Learning by discovery:* a critical appraisal. Chicago: Rand McNally, 1966.

MALAGUZZI, L. *Esperienza por una nuova scuola dell 'infanzia*. Rome: Riuniti, 1971.

PESSOA, F. *Il libro del' inquietudine*. Milano: Fertrinelli, 1986.

PIAGET, J. *Comments on Vygotsky's critical remarks*. Cambridge: MIT, 1962.

PIAGET, J. *Biology and knowledge*. Chicago: The University of Chicago, 1971.

PIAGET, J. *To understand is to invent*. New York: Grossman, 1974.

RODARI, G. *Grammatica della fantasia*. Torino: Einaudi, 1973.

VYGOTSKY, LS. *Mind in society:* the development of higher psychological processes. Cambridge: Harvard University, 1978.

WERTHEIMER, M. *Productive thinking*. New York: Harper and Row, 1945.

4

A parceria comunidade-professor na administração das escolas

Sergio Spaggiari

É assim que as crianças da Escola Michelangelo veem a Junta de Conselheiros:

> "É um comitê onde as pessoas fazem perguntas"
> "Alguém pergunta algo e outra pessoa responde"
> "Eles fazem longos discursos, como este... blá... blá... blá"
> "Eu acho que é uma espécie de Parlamento"
> "Sim, sim, um Parlamento!"

Gandini: *Um dos conceitos organizacionais mais difíceis de entender na abordagem educacional para crianças pequenas em Reggio Emilia é o de participação "social" (ou comunitária). Você poderia descrever como esse conceito surgiu?*

Spaggiari: Essa é uma longa história. Deixe-me salientar que, a partir dos anos 70, a ideia de participação comunitária na educação tem tido um apoio oficial, tendo sido vista como um meio de se apoiar a inovação, de proteger instituições educacionais contra os perigos da burocracia excessiva e de estimular a cooperação entre educadores e pais. Essa participação evoluiu em duas formas diferentes: em primeiro lugar, por meio do sistema de administração baseada na comunidade (o qual chamamos de *gestão social*) em creches e pré-escolas operadas pelo município; e, em segundo lugar, por meio de comitês nas escolas públicas, com ampla representação em cada nível – primário, médio e secundário. Falarei sobre o primeiro.

A participação baseada na comunidade, em creches e em pré-escolas, data de muito tempo. Podemos localizar suas raízes nas experiências educacionais extraordinárias que se desenvolveram imediatamente após a Libertação da Itália em 1945 em certas regiões da Itália (Emilia Romagna e Toscana), graças à iniciativa e à participação de grupos de mulheres, de ex-combatentes da resistência (ex-partidários), de sindicatos e de cooperativas – todos diretamente envolvidos na promoção de serviços educacionais e de bem-estar. Essas iniciativas envolveram pessoas, em todo o espectro social e desde o início salientaram os valores da cooperação e do envolvimento.

Os primeiros exemplos desse envolvimento foram os comitês "escola-cidade", que foram formados especificamente para a administração democrática das escolas para crianças pequenas e envolveram tanto as pessoas que estavam ligadas à escola quanto as que estavam na periferia deste empreendimento. Essas organizações foram criadas com a finalidade específica de "inventar" uma escola que envolvesse os pais, os professores, os cidadãos e os grupos de vizinhos não apenas na administração da escola, mas também na defesa dos direitos das crianças.

Além disso, embora os modelos mais ativos e vibrantes de participação tenham sido iniciados pelas administrações municipais, guiadas por progressistas e políticos de esquerda, devemos apontar que existe uma clara ligação entre esses modelos e o apoio católico tradicional para o papel da família e da comunidade, evidenciado através da extensa rede de pré-escolas paroquiais.

Gandini: *Qual é exatamente o papel da administração baseada na comunidade e como ela foi desenvolvida e formalizada?*

Spaggiari: Em 1971, a ideia de participação foi finalmente formalizada com a aprovação das leis nacionais que governavam os centros para bebês ou creches. Esse conceito evoluiu gradualmente ao longo de várias décadas e finalmente levou à formalização legal da administração baseada na comunidade. Foi em grande parte, a realização concreta dos *slogans* de muitas batalhas sindicais e políticas de períodos anteriores. A demanda era para que o governo nacional oferecesse fundos públicos, que os governos regionais cuidassem do planejamento geral e que os governos municipais fossem responsáveis pela administração baseada na comunidade.

Portanto, a fim de que a experiência da participação permaneça válida e vital e não seja deixada ao sabor do momento, ela deve ser guiada por considerações pedagógicas claras e bem-pensadas. Essa orientação vem da administração municipal e da continuidade da experiência oferecida às crianças e às famílias pelo sistema de creches e pré-escolas.

Nos últimos 15 anos, em nosso país, a experiência de gestão social tem sido consolidada tanto nas creches quanto nas pré-escolas, abrangendo atualmente em sua forma organizacional e educacional todos os processos de participação, de democracia, de responsabilidade coletiva, de solução de problemas e de tomada de decisões – processos essenciais a uma instituição educacional. A gestão social incorpora a síntese teórica e prática dos inter-relacionamentos forjados entre crianças, famílias, fornecedores de serviços e sociedade em geral.

A experiência da gestão social mostrou seu verdadeiro valor em sua capacidade de adaptar-se a novas situações culturais e sociais tais como o influxo de recém-chegados e a tendência recente para que os pais vejam o mundo em termos individuais, em vez de políticos ou ideológicos.

Gandini: *Como a ideia da administração baseada na comunidade se ajusta à sua abordagem educacional geral em Reggio?*

Spaggiari: Nesse ponto, os objetivos da gestão social são uma parte integral do conteúdo e dos métodos de nossa abordagem educacional. Eles são centrais à experiência educacional nas creches e nas pré-escolas aqui, em Reggio Emilia.

A gestão social visa a promover a vigorosa interação e comunicação entre educadores, crianças, pais e comunidade. Ela melhora o valor de uma abordagem educacional que tem suas origens e objetivos nos princípios da comunicação e da solidariedade. A participação das famílias é tão essencial quanto a participação das crianças e dos educadores.

Obviamente, esse sistema de "três sócios" é parte da comunidade em geral, que, por sua vez, torna-se o quarto componente, tendo sua influência e seu valor particulares.

Em resumo, a administração baseada na comunidade não é tanto um sistema de governo quanto um ideal filosófico que permeia os aspectos da experiência educacional como um todo.

Vista neste contexto, a participação em geral e a gestão social em particular, são centrais para a experiência educacional. Isto é, não se pode separá-las das escolhas de conteúdo e de método nas creches e nas pré-escolas, pois têm igual importância e peso no crescimento individual de todas as crianças, em especial desse grupo etário. O período entre o nascimento e os seis anos de idade deve ser visto como um recurso precioso de potencial humano, cuja sociedade que olha para o futuro deve estar preparada para investir responsavelmente.

Gandini: *Nos últimos 10 anos, na Itália, houve uma queda na taxa de natalidade, o que trouxe uma mudança na estrutura das jovens famílias. Que efeito esse fenômeno teve sobre a participação?*

Spaggiari: Como uma consequência dessa queda na taxa de natalidade, a criança de hoje é percebida como um objeto raro e precioso. Entretanto, em uma sociedade que envelhece como a nossa, uma criança também é considerada uma presença perturbadora, quase uma intrusa em um mundo que não está afinado com suas necessidades e seus direitos. Por essas mesmas razões, a educação de crianças desse grupo etário apresenta uma tarefa mais difícil e complexa. As enormes responsabilidades dessa tarefa não podem ser assumidas isoladamente pela família ou pela escola.

Existe uma consciência muito mais forte por parte dos pais, hoje, de que a tarefa de educar uma criança envolve muito apoio e solidariedade, muito compartilhamento de ideias, muitos encontros, pluralidade de visões e, acima de tudo, diferentes competências. É precisamente porque as famílias com apenas um filho sentem-se isoladas que elas tomam o passo inicial de reunirem-se e trabalhar com outros. Os tipos de apoio de grupo que vêm da participação e da administração baseada na comunidade oferecem uma resposta às necessidades psicológicas dessas famílias. Facilitam um diálogo entre grupos de educadores e diferentes famílias e, eventualmente, estendem-se para envolver toda a comunidade. A ideia de buscar soluções coletivamente, como é feito em muitos programas municipais de educação na Itália, é contrária à noção popular de que as famílias tendem a ver os problemas em termos restritos e privados.

Gandini: *Quais são os deveres da Junta de Conselheiros na administração baseada na comunidade?*

Spaggiari: Em vista das mudanças mencionadas anteriormente, o papel da Junta de Conselheiros evoluiu ao longo do tempo. Além de continuar apoiando as necessidades da cidade, o principal papel da Junta de Conselheiros mudou de preocupações administrativas (p. ex., matrículas, honorários) e escolhas políticas (p. ex., novos centros) para a abordagem expressa das necessidades das famílias e dos educadores. A Junta de Conselheiros, portanto, tornou-se a iniciadora e o principal veículo de participação em todos os seus complexos aspectos.

Gandini: *Quem trabalha na Junta de Conselheiros?*

Spaggiari: A cada dois anos os pais, os educadores e os munícipes elegem representantes para a Junta de Conselheiros dentre eles próprios para cada creche ou centro de bebês e escola pré-primária. Existem 33 dessas escolas na cidade de Reggio Emilia e, consequentemente, existem 33 Juntas de Conselheiros. Dois ou três representantes de cada Junta de Conselheiros são eleitos para sentarem-se no Conselho Municipal de Educação para Creches e Pré-escolas, juntamente com o Diretor administrativo de Educação Precoce (eu mesmo), a equipe de *pedagogistas*, (*Pedagogisti*) e o oficial municipal eleito encarregado da educação (o *Assessore*) e o Prefeito.

Nos últimos anos, 66% dos pais votaram nas eleições para essas Juntas e muitos já trabalharam nelas. Por exemplo, em 1988, das 2.215 famílias que usavam nossos serviços municipais para a primeira infância, 611 pais foram eleitos; isso significa que uma em cada três famílias participava na administração das creches e pré-escolas.

A Junta de Conselheiros em uma pré-escola com 75 crianças matriculadas pode ser composta de 19 pais, 13 educadores e 7 munícipes. Dentro de cada Junta, um grupo de voluntários assume a administração: eles elaboram agendas e planos de emergência, processam as preocupações e as propostas dos pais, etc. Outros membros servem em diferentes comitês com objetivos específicos. Por exemplo, estudam e implementam estratégias para a maximização da participação parental; organizam encontros sobre temas especiais, tais como problemas de sono na infância ou a necessidade de pintar novamente a sala de refeições de uma escola; consideram atividades para facilitar a transição entre a creche e a pré-escola, ou entre a pré-escola e a escola primária, e assim por diante. Também coordenam sessões de trabalho, monitoram a implementação e avaliam os resultados do trabalho realizado.

Essa mudança no papel da Junta nos últimos anos provou ser particularmente efetiva dentro da estrutura das classes individuais em cada escola.

Gandini: *De que modos específicos as creches e as pré-escolas envolvem os pais?*

Spaggiari: Em primeiro lugar, uma vez que a discussão e a tomada de decisões são realizadas coletivamente dentro de cada escola, os pais estão altamente envolvidos. Além disso, ampliando o campo de participação, os educadores que participam na gestão social incluem todos os adultos que trabalham nas escolas – professores, cozinheiros, atendentes –, que devem compartilhar a responsabilidade de serem parte de uma comunidade de educadores. As ideias e habilidades que as famílias trazem à escola e, ainda mais importante, o intercâmbio de ideias entre pais e professores, favorecem o desenvolvimento de um novo modo de educar, e ajudam os professores a ver a participação das famílias não como uma ameaça, mas como um elemento intrínseco de companheirismo e como a integração de diferentes conhecimentos.

Para tanto, é necessário, muito antes de uma criança a ir à escola, oferecer a elas, aos pais e aos professores muitas oportunidades diferentes de interação, como Loris Malaguzzi sugeriu (Cap. 3). Carlina Rinaldi (1985) listou e descreveu as seguintes oportunidades importantes de participação, após o início do ano escolar:

1. *Encontros no nível de sala de aula individual.* Os professores da sala de aula reúnem-se com os pais para discutir assuntos como os acontecimentos dentro daquele grupo particular de crianças, os rumos

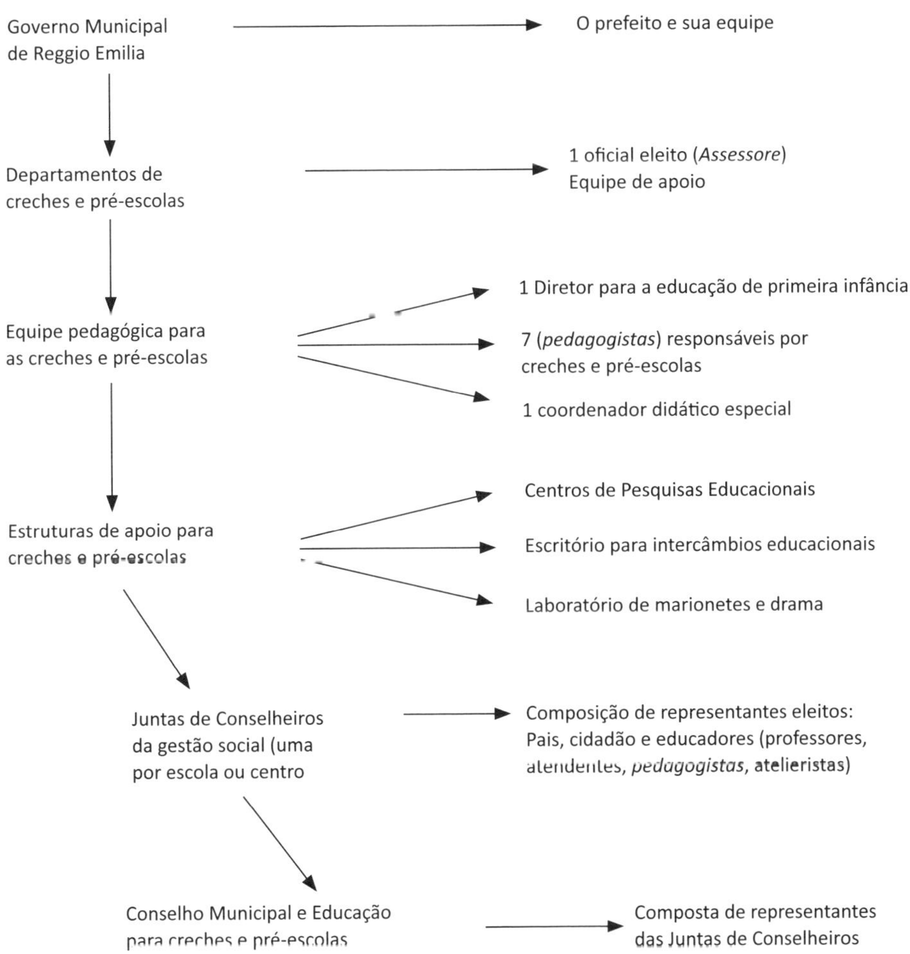

Figura 4.1 Gráfico de Organização do Sistema de Educação para a Primeira Infância em Reggio Emilia, Itália. Fonte: *An Historical Outline, Data, and Information*, página 24, publicado pela Municipalidade de Reggio Emilia, Departamento de Educação, dezembro de 1990. Reimpressa com permissão.

pedagógicos e práticos do grupo, exemplos de atividades que ocorreram (através de *slides*, exibições de trabalhos, etc.) e avaliação das experiências educacionais. Preferivelmente, esses encontros devem ocorrer à noite ou em um momento conveniente para a maioria das famílias. A agenda deve ser consensual e os pais devem ser notificados com bastante antecedência. Esse tipo de reunião deve ser repetido pelo menos cinco ou seis vezes por ano.

2. *Pequenas reuniões em grupo*. Os professores reúnem-se com um pequeno grupo de pais de sua classe. O número limitado de participantes permite uma discussão mais íntima e mais personalizada sobre as necessidades e sobre os problemas de famílias e de crianças específicas. É útil o professor manter essas reuniões até que todas as fa-

mílias tenham participado de pelo menos uma durante o ano.

3. *Conversas individuais entre pai-mãe/professor.* São geralmente solicitadas por uma família ou sugeridas pelos educadores e podem lidar com problemas específicos relacionados a uma determinada família ou criança ou oferecer a oportunidade para uma discussão mais profunda envolvendo o desenvolvimento da personalidade da criança.
4. *Reuniões envolvendo um tema.* São iniciadas e conduzidas pelos pais e pelos educadores e estão abertas a todos aqueles conectados com a creche ou a pré-escola, interessados na discussão ou na ampliação de seu conhecimento sobre um tema específico. Esses temas podem incluir o papel do pai, os medos dos filhos, etc. O tópico em questão é debatido e analisado por todas as pessoas presentes, deste modo oferecendo a todos uma oportunidade para trocarem ideias e pontos de vista.
5. *Encontros com um especialista.* Essas reuniões assumem a forma de uma palestra ou discussão em mesa redonda e podem envolver muitas escolas. São planejadas para aumentar o conhecimento de todos sobre problemas ou questões de interesse comum, por exemplo, contos de fadas, sexualidade infantil, livros para crianças, dieta infantil, etc.

Figura 4.2 Pais e professores votando para a eleição de representantes para a Junta de Conselheiros da Escola Diana.

6. *Sessões de trabalho.* São oportunidades para a contribuição de um modo concreto para a melhoria da escola. Os pais e os professores juntam-se para construir móveis e equipamentos, redecorar o espaço educacional, melhorar o jardim da escola e manter materiais de sala de aula.
7. *Laboratórios.* Em encontros de "aprender fazendo", os pais e os professores adquirem técnicas com um forte potencial educacional, tais como trabalhos com papel (origami), confecção de marionetes, trabalho com teatro de sombras, uso de equipamentos fotográficos, etc. Um exemplo é o da "prática em culinária", na qual o cozinheiro e os pais de novos alunos preparam juntos pratos do cardápio, que podem ter sido estranhos a eles até então.
8. *Feriados e celebrações.* São atividades em grupo, nas quais crianças, pais, avós, amigos e cidadãos reúnem-se. Ocasionalmente, elas envolvem toda a escola, às vezes apenas determinada classe. Exemplos de eventos celebrados incluem aniversários das crianças, a visita de um avô ou avó, o fim do ano letivo, ocorrências sazonais, etc.
9. *Outras possibilidades para encontros.* Passeios à cidade, piqueniques, excursões, férias curtas à beira-mar ou nas montanhas, permanência em hospedarias do município, são possibilidades. Um evento especial é "um dia na escola", em que um pai ou mãe passa todo o dia com a classe de seu filho. Outras atividades envolvem pequenos grupos visitando a casa uns dos outros, ou todo o grupo passando algum tempo em um local específico, por exemplo, o ginásio de esportes, a piscina, a praça principal da cidade ou o mercado público.

Figura 4.3 "Reunião da Junta de Conselheiros". Desenho realizado por crianças da Escola Michelangelo.

Gandini: *Portanto, para concluir, você poderia resumir quais são, em sua opinião, as exigências para manter-se um programa bem-sucedido de participação?*

Spaggiari: Sim, os elementos cardinais que apoiam uma rede rica de reuniões incluem duas coisas: (a) a diversidade de atividades que reúne vários interesses, necessidades e aspirações de diferentes famílias; e (b) o foco sobre a unidade da sala de aula como o local natural de encontro dos que estão interessados pela experiência educacional da escola e como o ponto de partida para envolver-se na vida mais ampla da comunidade. Dentro desse contexto diversificado, a

Junta de Conselheiros assume uma importância nova e mais abrangente. Pode ser vista como a força propulsora por trás da participação, tornando possíveis esses modos infinitos de reunião, apresentados anteriormente. Em uma experiência educacional verdadeiramente compartilhada, as escolhas e decisões precisam ser feitas com o maior consenso possível e com um profundo respeito por uma pluralidade de ideias e perspectivas.

REFERÊNCIA

RINALDI, C. L'elaborazione comunitaria del progetto educativo. In: VIANELLO, R. (Ed.). *Starecon i bambini:* il sapere degli educatori. Bergamo: Juvenilia, 1985.

5

O currículo emergente e o construtivismo social

Carlina Rinaldi

Nos últimos anos, os educadores italianos têm sido envolvidos em um debate sobre o planejamento do currículo e atividades com crianças com menos de seis anos de idade. Dois pontos de vista contrastantes têm sido enunciados. O primeiro define o planejamento como um método de trabalho que estabelece de antemão objetivos educacionais gerais, juntamente com objetivos específicos para cada atividade. O segundo define o planejamento como um método de trabalho no qual os professores apresentam objetivos educacionais gerais, mas não formulam os objetivos específicos para cada projeto ou cada atividade de antemão. Em vez disso, formulam hipóteses sobre o que poderia ocorrer, com base em seu conhecimento das crianças e das experiências anteriores. Juntamente com essas hipóteses, formulam objetivos flexíveis e adaptados às necessidades e interesses das crianças, os quais incluem aqueles expressados por elas a qualquer momento durante o projeto, bem como aqueles que os professores inferem e trazem à baila à medida que o trabalho avança. Este segundo tipo de planejamento é chamado por nós de "currículo emergente".

Carlina Rinaldi, que por 20 anos tem trabalhado ao lado de Loris Malaguzzi, participou do debate italiano acerca do planejamento do currículo e, juntamente com seus colegas em Reggio Emilia, tem usado o segundo tipo de planejamento – o currículo emergente. Ela descreve a ampla base sobre a qual o planejamento é desenhado e construído, com relação à educação de crianças em suas escolas.

Gandini: *Você poderia descrever seus princípios básicos no trabalho com crianças pequenas em suas escolas?*

Rinaldi: Para compreendermos melhor por que razão e de que maneira nós em Reggio Emilia fizemos certas escolhas no nível educacional, político e organizacional didático, e em particular com relação ao planejamento usando um "currículo emergente", é necessário esclarecermos alguns paradigmas fundamentais aos quais nos referimos na construção de nossa abordagem educacional em Reggio Emilia. Em primeiro lugar, desejo afirmar que nossa experiência e os processos conectados a ela têm sido compartilhados não apenas com as crianças e com os professores, mas também com as famílias. Tudo tem sido conquistado dentro do contexto de uma cidade que era e ainda é capaz de planejar de antemão, mas, mais importante, tem sido capaz de oferecer uma direção coerente para as escolas, fazendo ocasionalmente escolhas difíceis, que envolvem tanto a quantidade quanto a qualidade como um par inseparável. As escolas não são, portanto, escolas "experimentais". São, em vez disso, parte de um sistema público que tem lutado para combinar o bem-estar das crianças e as necessidades públicas das famílias com os direitos humanos fundamentais à infância. Essa abordagem combina os conceitos de serviços sociais com os da educação, já que não os vimos como antíteses. Na verdade, a escolarização, para nós, é um sistema de relações e comunicações embutido no sistema social mais amplo.

Um ponto, entre muitos, parece-nos ser fundamental e básico: a imagem das crianças. O marco de nossa experiência, baseado na prática, teoria e pesquisas, é a imagem das crianças como ricas, fortes e poderosas. A ênfase é colocada em vê-las como sujeitos únicos com direitos, em vez de simplesmente com necessidades. Elas têm potencial, plasticidade, desejo de crescer, curiosidade, capacidade de maravilharem-se e o desejo de relacionarem-se com outras pessoas e de comunicarem-se. Sua necessidade e direito de comunicar-se e interagir com outros emerge ao nascer e é um elemento essencial para a sobrevivência e identificação com a espécie. Isso provavelmente explica por que as crianças sentem-se dispostas a expressarem-se dentro do contexto de uma pluralidade de linguagens simbólicas, e também por que são muito abertas a intercâmbios e reciprocidade, como atos de amor. Elas não apenas desejam receber, mas também querem oferecer. Isso forma a base de sua capacidade de experienciar o crescimento autêntico, dependente dos elementos que listei, bem como do conflito e do erro.

Todos esses potenciais são expressados e conquistados primeiro, e principalmente, em um contexto de aprendizagem em grupo. Esse fato tem nos envolvido em uma busca contínua por uma abordagem educacional que rompa com a tradição didática. Estamos falando sobre uma abordagem baseada em ouvir ao invés de falar, em que a dúvida e a fascinação são fatores bem-vindos, juntamente com a investigação científica e o método dedutivo do detetive. É uma abordagem na qual a importância do inesperado e do possível é reconhecida, um enfoque no qual os educadores sabem como "desperdiçar" o tempo ou, melhor ainda, sabem como dar às crianças todo o tempo de que necessitem. É uma abordagem que protege a originalidade e a subjetividade sem criar o isolamento do indivíduo, e oferece às crianças a possibilidade de confrontarem situações especiais e problemas como membros de pequenos grupos de camaradas. Esse enfoque pede que os adultos – tanto os professores quanto os pais – ofereçam-se como pessoas que sirvam de referenciais aos quais as crianças podem (e desejam) voltar-se. A tarefa dessas pessoas não é simplesmente satisfazer ou responder perguntas, mas, em vez disso, ajudar as crianças a descobrir respostas e, mais importante ainda, ajudá-las a indagar a si mesmas questões relevantes.

Gandini: *Vejo que essa atitude por parte dos educadores pode tornar suas intervenções com as crianças gratificantes e estimulantes. Você poderia descrever alguns aspectos do trabalho dos professores enquanto planejam juntos um currículo adaptável às ideias que surgem e as explorações das crianças?*

Figura 5.1 Uma criança de 3 anos envolvida em uma exploração com Giovanni Piazza, *atelierista* da Escola Villetta.

Rinaldi: Em nosso trabalho, falamos sobre planejamento, entendido no sentido de preparação e organização do espaço, dos materiais, dos pensamentos, das situações e das ocasiões para a aprendizagem. Isso permite o intercâmbio e a comunicação entre os três protagonistas e parceiros interativos da escola: crianças, educadores e famílias. A instituição educacional é, na verdade, um sistema de comunicação e interação entre os três protagonistas, integrados no sistema social mais amplo.

Dado este sistema em sua complexidade, podemos compreender por que o potencial das crianças é paralisado quando o ponto final de sua aprendizagem é formulado de antemão. Em vez disso, no início de um projeto, os professores devem reunir-se e discutir de todos os modos possíveis como o projeto poderá vir a evoluir, considerando as ideias prováveis, as hipóteses e as escolhas feitas pelas crianças. Ao fazer isso, preparam-se para todos os estágios subsequentes do projeto – mesmo se o inesperado acontecer.

A fim de realizar esta tarefa primária, contudo, a escola deve manter o bem-estar total das crianças, assim como o bem-estar dos pais e professores. O sistema de relacionamentos é tão altamente integrado que o bem-estar de cada um dos três protagonistas depende dos outros. Deve haver uma consciência mútua dos direitos, das necessidades e dos prazeres e da atenção dados à quantidade e à qualidade das ocasiões sociais que criam um sistema de relações permanente. A plena participação das famílias é, portanto, uma parte integral da experiência educacional. Na verdade, nós consideramos a família como uma unidade pedagógica que não pode ser separada da escola.

Portanto, uma vez que as instituições educacionais, como as creches e as pré-escolas, são sistemas ecológicos complexos, ricos em vínculos e recursos, com potencial para autorregulagem, elas seriam asfixiadas pelo planejamento prévio.

Gandini: *Você descreveu sua experiência educacional como contendo estes elementos poderosos de interação social e sendo, ao mesmo tempo, construtivistas. Na verdade, você descreveu a criança como um "construtivista social". Você poderia falar mais sobre esses conceitos?*

Rinaldi: A ênfase de nossa abordagem educacional é colocada não tanto sobre a criança no sentido abstrato, mas sobre cada criança em relação a outras crianças, professores, pais, sua própria história e circunstâncias sociais e culturais. Os relacionamentos, as comunicações e as interações mantêm nossa abordagem educacional em sua complexidade; são termos poderosos caracterizados por dois elementos importantes: ação e socialização em grupo. Nós os consideramos elementos estruturadores fundamentais para a construção da identidade de cada criança.

Acreditamos que todo o conhecimento emerge no processo de construção social e de si mesmo. Portanto, o professor deve estabelecer um relacionamento pessoal com cada criança e basear este relacionamento no sistema social da escola. As crianças, por sua vez, não suportam passivamente sua experiência, mas também tornam-se agentes ativos em sua socialização, construída em parceria com seus companheiros. Suas ações podem ser entendidas como mais do que meras respostas ao ambiente social, podem ser consideradas como estruturas mentais desenvolvidas pela criança através da interação social. Obviamente, existe uma forte relação de causa e efeito entre o desenvolvi-

Figura 5.2 Uma mãe visita a escola com seus filhos.

mento social e cognitivo, uma espécie de espiral que é mantida pelo conflito cognitivo que modifica o sistema tanto cognitivo quanto social.

O conflito é um elemento essencial, em nossa opinião. O conflito transforma os relacionamentos que uma criança tem com seus colegas – oposição, negociação, consideração dos pontos-de-vista de outros e reformulação da premissa inicial – como parte dos processos de assimilação e de acomodação no grupo. Entendemos essa dinâmica, até algum tempo atrás considerada apenas parte do processo de socialização, como sendo também procedimentos substancialmente cognitivos.

É possível ver esses temas em sua plena riqueza, mas também em sua complexidade. A dificuldade dos adultos diz respeito a iniciar e manter situações que estimulem esta espécie de processo educacional, em que o conflito e a negociação parecem ser as "forças propulsoras" para o crescimento. Um currículo emergente é aquele que permite o desenvolvimento desse processo construtivista.

Gandini: *O planejamento sem objetivos pré-concebidos está conectado, portanto, com os relacionamentos entre professores, crianças e rede social. O objetivo é permitir que a criança faça escolhas, comunique-as e receba* feedback *de outros. E tudo isso contribui para a construção do conhecimento. Isso é correto?*

Rinaldi: Sim. E eu gostaria de esclarecer um outro tema importante, que julgo merecer atenção especial, o qual envolve o papel do adulto. O desafio para o adulto é estar presente sem ser um intruso, a fim de manter melhor a dinâmica cognitiva e social enquanto está em progresso. Ocasionalmente, ele deve apoiar o conflito produtivo desafiando as respostas de uma ou de várias crianças. Em outros momentos, deve envolver-se para reviver uma situação, quando as crianças estão perdendo o interesse, porque o mapa cognitivo que está sendo construído está além ou abaixo das capacidades atuais delas. O professor permanece sempre um observador atento e, além disso, um pesquisador. As observações e fitas transcritas do educador são levadas aos colegas, para a reflexão em grupo. As fitas produzem discussão e conflito no próprio pesquisador e no grupo em geral, que são tão importantes quanto os conflitos e discussões, citados anteriormente, entre as crianças. As reflexões dos professores, então, modificam às vezes radicalmente seus pensamentos e hipóteses sobre as crianças e, até mais importante, suas interações com as crianças. Com tudo isso, não devemos esquecer a importância do papel do adulto no oferecimento de um ambiente, de materiais e de equipamentos estimulantes para as crianças.

Gandini: *Você falou antes sobre o valor do trabalho com um pequeno grupo de crianças. Você poderia elaborar mais sobre o tamanho do grupo que está trabalhando em um projeto?*

Rinaldi: Esse é outro aspecto muito importante para nós. Loris Malaguzzi, o fundador de nosso programa, considerou cuidadosamente os aspectos afetados pelo tamanho do grupo. Um grupo de duas crianças produz uma dinâmica extraordinariamente rica no sentido tanto social quanto cognitivo. Quanto mais jovem a criança, mais benéfica é a situação de duplas, e tanto as crianças quanto os adultos podem extrair vantagens plenas de seus benefícios. Essa situação oferece à criança a possibilidade de realmente entender o ritmo da comunicação e a tarefa de se ajustar ao outro. A criança pode aprender a reconhecer mudanças nos estilos de comunicação, bem como mudanças no tópico. Os professores que as observam também adquirirão o mesmo entendimento e aprendizagem. Um grupo de três crianças produz uma dinâmica bem diferente. Devido em parte ao número ímpar de crianças, existem muitas possibilidades não apenas para solidariedade e aliança, mas também para a separação e conflito. De um modo similar, um grupo de quatro oferece diferentes possibilidades que um grupo de cinco. Após muita consideração, concluímos que, a fim de maximizarmos o processo de aprendizagem cognitiva, o tamanho do grupo deve ser limitado a cinco. Além deste número a dinâmica do grupo torna-se demasiadamente complexa e o número total de crianças que interagem é muito grande para permitir que cada uma avalie e transforme seu conhecimento e sua identidade através de um conhecimento em mudança constante sobre a identidade de outros.

Executar tudo isso e tornar todos os nossos conceitos reais exige uma disposição forte e constante, bem como disponibilidade de organização como um todo. Devemos também nos engajar em um processo contínuo de avaliação e adaptação de nossas escolhas metodológicas e políticas, porque elas também são parte de nossa abordagem educacional. Acreditamos que tudo está conectado e influencia o sistema. Precisamos cuidar do *planejamento e da organização* dos quatro aspectos seguintes: em primeiro lugar, existe *o trabalho da equipe*. Nós trabalhamos em tempos e modos de comunicação, sempre lutando para atingir os ideais de colegiado, da competência, do profissionalismo e da autonomia do professor, salientando o crescimento através do treinamento em serviço. O segundo fator é a *participação*. Acreditamos no valor do *rapport* escola-

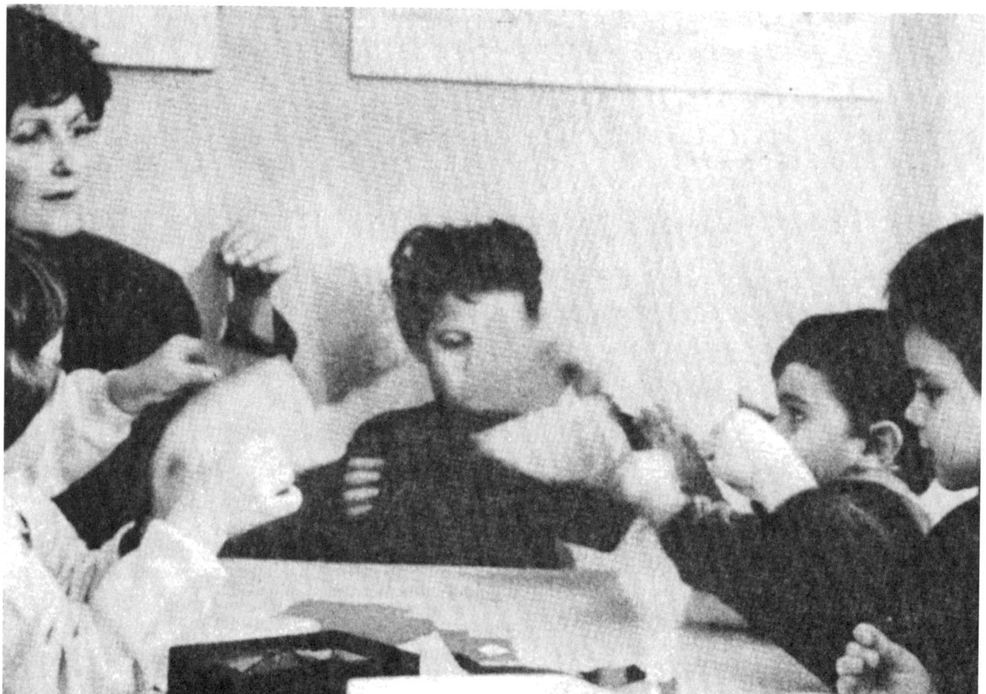

Figura 5.3 Uma professora e um grupo de crianças, engajados com papéis coloridos.

-família, participação e gestão social (ver Spaggiari, Cap. 4). O terceiro fator envolve *o ambiente*, isto é, a arquitetura, os espaços, os móveis. O último fator diz respeito às *atividades* envolvendo as crianças. Naturalmente, todos esses aspectos são interdependentes. Não pode haver, por exemplo, um planejamento de atividades sem o *rapport* profissional entre os adultos e sem que o ambiente esteja organizado e enriquecido de modo a manter nossa abordagem educacional.

Gandini: *Você poderia dar-nos um exemplo do planejamento de seu currículo emergente e nos contar sobre um projeto específico?*

Rinaldi: Um projeto, que vemos como uma espécie de aventura e pesquisa, pode iniciar através de uma sugestão de um adulto, da ideia de uma criança ou a partir de um evento, como uma nevasca ou qualquer coisa inesperada. Contudo, cada projeto está bascado na atenção dos educadores àquilo que as crianças dizem e fazem, bem como no que elas não dizem e não fazem. Os adultos devem dar tempo suficiente para o desenvolvimento dos pen-samentos e das ações das crianças.

Um exemplo de um dos projetos é aquele chamado de "A Multidão" (um projeto realizado na Escola Diana, documentado por Vea Vecchi, supervisionado por Loris Malaguzzi). Começou no final de um ano escolar em uma sala de aula de crianças de 4 a 5 anos. Os professores, em preparação para as longas férias de verão, discutiram com as crianças a ideia de guardarem recordações e fragmentos da experiência que teriam em breve durante as férias. Embora o verão marque a interrupção do ano escolar, nosso compromisso com as crianças permanece em plena força e nós tentamos encontrar meios de manter seu interesse em aprender vivo durante os meses sem aula. Assim, os professores discutem ideias com as crianças e também propõem essas ideias aos pais. Nesse caso, cada família concordou em levar aos locais onde passariam as férias uma caixa com pequenos compartimentos nos quais seus filhos poderiam guardar tesouros, como uma concha da praia ou uma pequenina pedra das montanhas, ou uma folha de grama. Cada fragmento, cada coisinha coletada se tornaria uma recordação de uma experiência, imbuída com um senso de descoberta e de emoção.

No outono, portanto, quando as crianças retornaram à escola, os professores estavam prontos para reviver essas recordações com perguntas como: "O que seus olhos viram?", "O que seus ouvidos ouviram?", etc. Os professores esperavam ouvir histórias envolvendo dias passados na praia ou nas montanhas, e esperavam ouvir sobre a visão de barcos, ondas e poentes, mas, em vez disso, as crianças naquela classe trouxeram uma perspectiva muito diferente. Uma vez que conseguiam expressar-se vividamente e os professores eram capazes de fazer as perguntas corretas, uma aventura na aprendizagem iniciou-se bastante inesperadamente. O que aconteceu foi mais ou menos assim. Um menininho, Gabriele, disse ao compartilhar sua experiência: "Às vezes íamos ao píer. Caminhávamos por uma rua comprida e estreita, chamada "*the gut*", com lojas grudadas umas às outras, e onde fica abarrotado de pessoas à noite. Algumas pessoas sobem a rua, outras descem. A gente não consegue ver nada, só consegue ver uma multidão de pernas, braços e cabeças".

Os professores imediatamente captaram a palavra "multidão" e perguntaram a outras crianças o que significava, para elas. Com isto, a aventura na aprendizagem, um projeto, teve início. A palavra "multidão" revelou ser fantasticamente rica, quase explosiva, nos significados que continha para essas crianças. Os professores imediatamente observaram uma excitação incomum e o potencial contido nesta palavra. Aqui está o que algumas crianças disseram:

Stefano: "É uma sacola cheia de pessoas amontoadas dentro"
Nicola: "É um monte de pessoas todas grudadas e perto umas das outras
Luca: "Existem pessoas que saltam sobre você e o empurram"
Clara: "É como um lugar congestionado, quando é um feriado".
Giorgia: "Existem montes de pessoas que estão indo ver uma partida de futebol... que estão indo ver o jogo. É, só tem homens mesmo."
Ivano: "É um monte de pessoas todas amontoadas juntas como quando elas vão para pagar impostos".

Após a discussão em grupo, os professores pediram que as crianças desenhassem seus pensamentos e palavras sobre a multidão. Contudo, ao verificar os desenhos das crianças, eles observaram que o nível de representação em seus desenhos era discrepante do nível de suas descrições verbais. O projeto foi colocado de lado por alguns dias, durante os quais os professores indagaram a si mesmo: O que está acontecendo aqui? Como podemos ajudar as crianças a integrar suas diferentes linguagens simbólicas? Como podemos fazer com que as crianças conscientizem-se de seu próprio processo de aprendizagem? Portanto, os professores aguardaram alguns dias e então deram às crianças uma chance de ouvir seus comentários anteriores (que haviam sido gravados e transcritos, de modo a poderem ser lidos em voz alta enquanto as crianças olhavam os desenhos e comentavam sobre os trabalhos uns dos outros).

A professora agora observava um avanço adicional no vocabulário das crianças enquanto expandiam suas histórias. E as imagens preparadas em um segundo conjunto de desenhos tornaram-se mais elaboradas e detalhadas. Por exemplo, Teresa, relembrando sua recordação quanto à palavra "multidão", disse: "Ela vai para a esquerda, para a direita, para a frente, e quanto eles esquecem algo, eles voltam". Teresa, contudo, confrontou-se com um problema. Percebeu que suas afirmações não combinavam com seus desenhos, já que as figuras no papel estavam todas voltadas para a frente. Pareceu incomodada e, então, antes de todos os seus amigos, veio com uma explicação maravilhosa. Disse que no desenho havia mostrado apenas um pedaço da multidão, com pessoas que não esqueciam nada, e que por isso elas estavam todas caminhando para a frente. Federico também tinha um problema com seu desenho, porque todos olhavam para a frente, exceto um cão que estava de perfil. Admitiu que conseguia desenhar cachorros apenas deste modo. Ivano expressou preocupação com seu desenho, dizendo que se as pessoas continuassem caminhando para a frente, como ele as desenhara, elas iriam chocar-se contra a parede.

Nesse ponto, houve um desejo unânime expressado pelas crianças para aprenderem mais acerca de como desenhar pessoas de costas e seu perfil. O papel das professoras era manter e apoiar esse processo. Elas pediram que uma menina, Elisa, ficasse de pé no meio da sala, cercada por pequenos grupos de crianças colocadas em diferentes perspectivas, onde podiam observá-la, descrever seu corpo e posição e desenhá-la a partir de quatro ângulos: de frente, de costas, vista pela direita e pela esquerda. Através deste processo, as crianças aprenderam muito sobre o difícil conceito de perspectiva. Uma delas concluiu: "Colocamos todos nós em um quadrado, e Elisa tem quatro lados, como a gente".

As professoras também desejavam levar as crianças para fora da escola – um passo típico em nosso trabalho em projetos. As crianças e a professora foram ao centro da cidade, onde observaram e fotografaram pessoas indo e vindo em ruas movimentadas. As crianças misturaram-se às pessoas, tornando-se, novamente, "a multidão". Alguns dias depois, os *slides* desse dia foram projetados na parede da sala de aula, e as crianças gostaram de ver essas imagens, movendo-se através de seus reflexos. Fizeram então mais desenhos, e Teresa veio, orgulhosa, com um desenho de si mesma, de seu amiguinho e de um cão em perfil! Nesse ponto as crianças, como frequentemente fazem, recortaram as figuras para colocarem, como em uma colagem, junto a seus desenhos anteriores. Isso evocou muitas questões: "Podemos juntar em uma multidão pessoas quase sem roupa, vestidas para a praia e pessoas vestidas para um baile?", "Podemos juntar pessoas de diferentes tamanhos?" Neste último caso, as crianças lembraram-se de que haviam usado a fotocopiadora para reduzir desenhos e então decidiram usá-la novamente, agora, para tornar as pessoas maiores ou menores, para que parecessem "normais". As professoras também encorajaram as crianças a usar as figuras recortadas para brincadeiras com marionetes, dramatização e jogo de sombras. Elas esculpiram figuras em argila. Finalmente, além disso, concluíram sua exploração com um projeto coletivo no qual sobrepu-

Figura 5.4 Três crianças constroem juntas um prédio, com papel dobrado.

seram em uma caixa muitas de suas figuras para criarem uma "multidão", exata-exatamente como Teresa dissera, "que vai para a esquerda, para a direita, para a frente e então, quando esquecem algo, elas voltam".

A partir da observação desse único exemplo da capacidade extraordinária das crianças, será possível compreender como, em meu trabalho com elas, cheguei à conclusão de que é muito importante ser capaz de crescer juntos. Reinventamos e reeducamos a nós mesmos, junto com as crianças. Não apenas o nosso conhecimento organiza o conhecimento das crianças, mas também o modo de ser e de lidar com sua realidade influencia similarmente o que conhecemos, sentimos e fazemos.

6

O papel do *pedagogista**

Tiziana Filippini

Gandini: *Gostaríamos de ouvir, de sua própria perspectiva e experiência, como o papel do pedagogista tomou forma. De que modo o pedagogista serve como apoio no sistema de Reggio Emilia?*

Filippini: Tenho trabalhado como *pedagogista* desde 1978. A palavra *pedagogista* não pode ser literalmente traduzida. Poderíamos pensar em "coordenador pedagógico" ou "conselheiro educacional", mas nenhuma dessas palavras é exatamente correta. Uma outra razão pela qual é difícil explicar seu papel é que ele precisa ser entendido em termos da imagem que mantemos da criança, do papel do professor, do local das famílias e da comunidade e de todas as premissas e princípios básicos descritos por Loris Malaguzzi (Cap. 3).

Na Itália, o papel do *pedagogista* é uma posição profissional relativamente nova. É difícil defini-lo de forma precisa, porque ele evoluiu diferentemente em diversos locais. Em geral, contudo, o papel de *pedagogista* emergiu quando, durante as décadas de 60 e 70, alguns governos municipais começaram a inaugurar pré-escolas e a dirigi-las diretamente. Uma vez que o estabelecimento de creches operadas pelo município (iniciando em 1971) e pré-escolas evoluiu lentamente e de modo desigual nas pequenas e grandes cidades da Itália, o *pedagogista* apareceu primeiro e de forma mais predominante no Norte da Itália, com definições e funções diferentes nos vários locais.

Em Reggio Emilia, temos uma administração municipal operando um sistema complexo de creches e escolas para crianças de 0 a 6 anos, todas sob o governo municipal. Temos um oficial eleito na direção. Então, servindo sob este Assessor (*assessore*), temos diretores apontados, incluindo um Diretor de Educação para a Primeira Infância (por muitos anos, Loris Malaguzzi, mas atualmente Sergio Spaggiari), que coordena uma equipe de nove pessoas, incluindo sete *pedagogistas*, um coordenador de educação especial e um especialista em currículo para teatro.

Gandini: *Você disse antes que – como ocorre com todos os aspectos do trabalho em Reggio – o papel do pedagogista está baseado em uma certa imagem da criança.*

* N. de R.T. Para mais esclarecimentos sobre o termo, ver o glossário.

Filippini: Nossa imagem da criança evoluiu a partir de nossa experiência coletiva e de um entendimento continuamente reexaminado da filosofia educacional e da teoria psicológica. Para nós, cada criança é única e é protagonista de seu próprio crescimento. Também notamos que as crianças desejam adquirir conhecimentos, têm muita capacidade para a curiosidade e para maravilhar-se e anseiam por criar relacionamentos com outros e comunicar-se. As crianças são tão abertas ao intercâmbio e à reciprocidade! Desde cedo na vida negociam com o mundo social e físico – com tudo o que a cultura lhes dá. Começando com essa ideia, tentamos criar a escola como um sistema no qual tudo está conectado.

O *pedagogista* está incluído nesse sistema de relações. Suas funções em Reggio Emilia são múltiplas. Não posso interagir com apenas uma parte do sistema e deixar o resto de lado, pois isso prejudicaria o sistema como um todo.

Em meu trabalho, lido com administradores municipais e com empregados de várias espécies: oficiais eleitos, empregados do serviço civil e representantes de grupos culturais e científicos. Todos os sete *pedagogistas* reúnem-se uma vez por semana com o diretor, para a discussão da política e dos problemas relacionados a toda a rede de pré-escolas e de creches. Cada um de nós possui certas responsabilidades específicas. Por exemplo, eu trabalho em grande proximidade com diversas pré-escolas e creches e também tenho deveres particulares envolvendo a comunicação com visitantes estrangeiros. Contudo, todos devemos nos engajar em um intercâmbio contínuo de informações envolvendo o que está acontecendo dentro das escolas, novos avanços na teoria e na prática e nos acontecimentos políticos. Vemos nós mesmos nos transformando constantemente e crescendo profissionalmente através do intercâmbio dentro do grupo. Nosso trabalho em Reggio Emilia como *pedagogistas* exige uma luta constante por clareza e franqueza uns com os outros.

Em meu trabalho nas escolas, interajo com todos os adultos para ajudar a manter e implementar a filosofia de nosso sistema. Muitas das coisas que faço envolvem temas da organização básica, a "coluna vertebral" do sistema concebido como um organismo. Para dar apenas alguns exemplos, lido com horários, atribuições e responsabilidades da equipe, cargas horárias e turnos de trabalho. Lido com questões sobre o ambiente físico, por exemplo, refletindo sobre as necessidades e objetivos com os pais e professores e então compartilhando essas reflexões com um arquiteto, que desenha renovações no prédio ou com os pais e professores que constroem novos equipamentos.

Gandini: *Como pedagogista, de que maneira você apoia o trabalho dos professores?*

Filippini: É responsabilidade do *pedagogista* trabalhar com professores para identificar os novos temas e as experiências para o desenvolvimento profissional contínuo e o treinamento em serviço. É uma tarefa delicada, em virtude da preparação básica insuficiente de muitos de nossos professores. Acreditamos, contudo, que o mais alto nível de ensino é melhor adquirido através da experiência no trabalho, apoiada com reflexão e enriquecimento contínuos. Os professores em nosso sistema realizam, cada um, cerca de 190 horas por ano de trabalho fora da sala de aula, incluindo 107 horas de treinamento em serviço, 43 horas de reuniões com os pais e comitês (isso é tudo parte da gestão social, ver Spaggiari, Cap. 4) e cerca de 40 horas para outros seminários, oficinas, festas escolares, etc. O *pedagogista* trabalha para promover em si mesmo e nos professores uma atitude de "aprendendo a aprender" (como John Dewey referiu-se a isso), uma receptividade à mudança e uma disposição para a discussão de pontos de vista opostos. Trabalhando com outros pegagogos, ajudo a organizar os encontros para treinamento em serviço para os professores. Por exemplo, dada a complexidade de seus papéis – deve haver uma diversidade de reuniões que tratem de temas como teoria didática, técnicas de ensino e boas relações sociais e comunicação. Ajudamos os professores a melhorar suas habilidades de observar e ouvir as crianças, de documentar projetos e de conduzir suas próprias pesquisas. Durante o curso do ano, são realizadas reuniões separadas para professores de creches e pré-escolas – por exemplo, reu-niões lidando com temas do desenvolvimento e orientação infantil – e depois são realizadas reuniões conjuntas. Há oficinas dedicadas à aquisição de habilidades técnicas, por exemplo, o desenho e preparação de cartazes para a documentação do trabalho em projetos e informações sobre a escola para pais e visitantes. Ou, ainda, um especialista de fora pode ser convidado a dar uma palestra sobre algum novo tópico de interesse. Além disso, tornamos possível a participação de adultos em discussões abertas ou fóruns lidando com debates científicos e culturais contemporâneos; sempre mantemos uma série desses encontros nos meses de março e abril, aberta aos pais, aos professores e aos cidadãos do município.

Figura 6.1 O treinamento em serviço envolve professores de várias escolas trabalhando juntos, sob a orientação da pedagoga.

Depois, é claro, trabalho muito próxima dos professores em minhas escolas, no que se refere a todos os tipos de questões educacionais e problemas envolvendo crianças, em que meu objetivo máximo é sempre o de promover a autonomia dos professores, em vez de assumir seus problemas e solucioná-los por eles. Particularmente para as creches, estamos convencidos de que uma pré-condição essencial para o ensino efetivo é a criação de um *rapport* especialmente próximo entre professores e pais. Aqui, meu trabalho não é diretamente com os pais, mas, em vez disso, com os professores. Eu os ajudo a pensar sobre os problemas com a comunicação e interação e sobre como organizar intercâmbios produtivos com e entre os pais.

Certamente, a arte de trabalhar e de compartilhar com outros adultos – sejam colegas ou professores – demanda um longo aprendizado, o que não é fácil, mas é o caminho para o pleno desenvolvimento profissional e pessoal. Minha tarefa, de colaborar com os professores, é analisar e interpretar os direitos e necessidades de cada criança e de cada família, e depois usar este conhecimento em meu trabalho com as crianças. Igualmente importante é desenvolver relacionamentos melhores entre pais e professores e estabelecer reuniões, de modo que todos venham a se conhecer e os projetos de currículo que estão a caminho possam ser explorados e criados juntos. A continuidade educacional entre a escola e a família é um processo dialético, baseado em falar e ouvir. Naturalmente, os problemas surgem. Nenhum modelo ou método isolado pode obter um selo permanente de aprovação, pois as coisas sempre mudam.

Finalmente, o *pedagogista* deve estar disponível para apoiar os professores em seus relacionamentos individuais diários com as famílias. Devo ser receptiva às expectativas, às necessidades, às solicitações, às sugestões, às preocupações delicadas e aos relacionamentos ocasionalmente estressantes de todos. Por exemplo, em uma das minhas creches ocorre essa situação. Uma professora acabou de me ligar para dizer que uma criancinha, com dois anos e meio, está sofrendo muito. Frequentemente chora pedindo para ir embora. Perguntei às professoras o que elas sabem sobre a família e soube que os pais trabalham fora da cidade, de modo que durante a semana a criança permanece com seus avós. Então, imaginei se encurtar o tempo que a criança permanece na creche à tarde poderia ser benéfico. Consequentemente, irei à escola e observarei esta criança. Assim, junto com as professoras, verei os pais para descobrirmos qual pode ser a causa do comportamento e sua possível solução.

Figura 6.2 Uma sessão de trabalho da pedagoga com uma dupla de professoras de uma sala de aula.

Portanto, o *pedagogista*, como um membro da equipe de coordenadores pedagógicos, tem a tarefa complexa e multifacetada de promover um crescimento cultural e social dos sistemas para as crianças pequenas. Isso é conseguido de várias maneiras, servindo sempre como um recurso ou ponto de referência para todos os tipos de iniciativas, e sempre agindo como um elo entre as pessoas e os grupos de educação para a primeira infância, criando uma rede de recursos para a construção de uma plataforma que cobre toda a cidade. É um papel difícil, mas estimulante, pois deve ser construído enquanto avançamos e, em razão do modo como trabalhamos como uma equipe de orientação, em ligação com outras equipes e grupos. É desse modo que toda a nossa experiência educacional constrói a si mesma dentro de uma perspectiva sistemática.

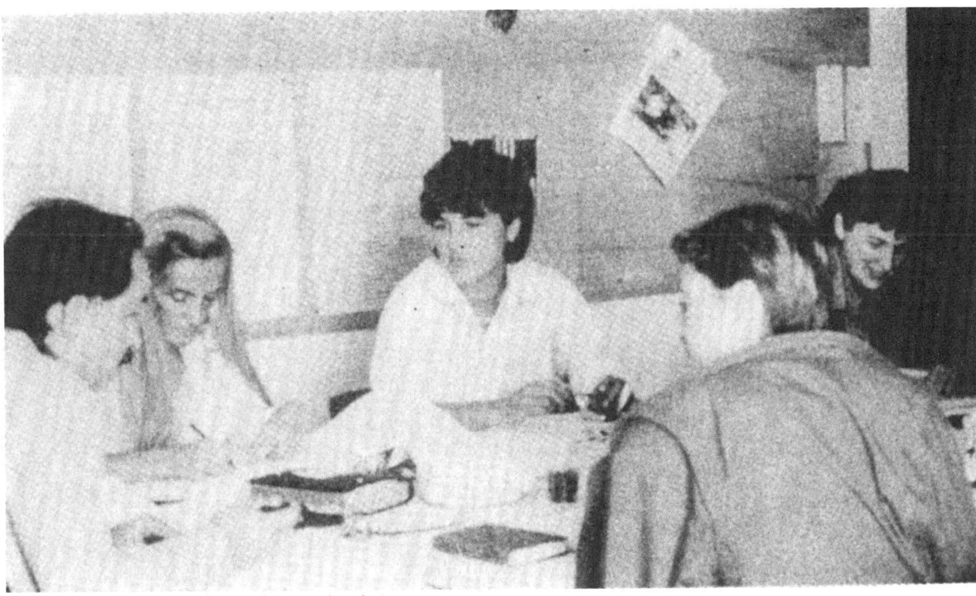

Figura 6.3 Encontro da equipe pedagógica.

7

O papel do *atelierista**

Vea Vecchi

Gandini: *Quais são as razões para você ter abandonado o trabalho que fazia em uma escola secundaria e ter vindo trabalhar no atelier das pré-escolas de Reggio Emilia?*

Vecchi: É muito fácil dizer coisas negativas sobre como a educação artística é tratada nas escolas de educação secundária na Itália, pois é realmente marginal nessas escolas. O que me atraiu para as pré-escolas em Reggio foi, em primeiro lugar, o uso de linguagens visuais, como a construção de pensamentos e sentimentos dentro de uma educação holística e, em segundo lugar, o fato de o *atelier* tornar-se um veículo cultural para o desenvolvimento de professores. Isso me foi declarado por Loris Malaguzzi 20 anos atrás, no primeiro encontro que tivemos.

Gandini: *O papel do atelierista foi novo e original em Reggio Emilia; ele não existe em outros sistemas na Itália. Suas expectativas foram confirmadas?*

Vecchi: Vinte anos de trabalho são uma clara resposta. Moldaram minha identidade como uma pessoa e como mulher. A linguagem visual, como interpretada – e constantemente reinterpretada – dentro da vasta perspectiva filosófica da abordagem de Reggio, oferece a possibilidade de estar envolvido em um processo contínuo de comunicação e de confrontação com pessoas com diferentes experiências profissionais e sociais. Isso, naturalmente, afetou minha identidade pessoal e profissional oferecendo-me um meio de examinar e validar meu trabalho diário de modo autêntico.

Gandini: *Você acha que seu treinamento em Artes foi muito limitado – por exemplo, sem uma bagagem suficientemente ampla nas artes liberais, muito centrado em habilidades técnicas – para um emprego específico como ser uma atelierista com crianças pequenas?*

Vecchi: A escola de artes certamente possui métodos ultrapassados. Mas ocorria o mesmo com a escola que formou os outros professores. O treinamento artístico pelo menos deu-me uma abordagem ao ensino que não era demasiadamente

* N. de R.T. Para mais esclarecimentos sobre o termo, ver o glossário.

estruturada – talvez mais livre e com maior potencial para ironia, humor ou prazer. No geral, acho que meu treinamento artístico produziu uma certa liberdade de pensamento que se adaptou muito bem aos diferentes estilos de pensamento e atitudes mentais que um *atelierista* deve assumir.

Gandini: *Como você poderia definir o local do atelier, em uma organização tão complexa como a pré-escola?*

Vecchi: O *atelier* serve a duas funções. Em primeiro lugar, ele oferece um local onde as crianças podem tornar-se mestres de todos os tipos de técnicas, tais como pintura, desenho e trabalhos com argila – todas as linguagens simbólicas. Em segundo lugar, ele ajuda que os professores compreendam como as crianças inventam veículos autônomos de liberdade expressiva, de liberdade cognitiva, de liberdade simbólica e vias de comunicação. O *atelier* tem um efeito importante, provocador e perturbador sobre ideias didáticas ultrapassadas. Certamente, Loris Malaguzzi (Cap. 3) falou sobre isso e expressou nossas opiniões.

Não estou certa de que sempre atendemos às expectativas, mas pelo menos estou convencida de que ter um *atelier* em cada pré-escola causou um profundo impacto sobre a identidade educacional emergente de nosso sistema. O próprio *atelier* mudou com o passar do tempo, embora a filosofia básica tenha permanecido a mesma. E, naturalmente, a personalidade e o estilo de cada *atelierista* torna cada *atelier* um local diferente.

Figura 7.1 Crianças trabalhando no atelier.

Tentarei contar-lhe sobre o local e sobre a importância do *atelier* na escola onde tenho trabalhado. No começo, li muito sobre desenhos infantis, acerca dos quais eu então sabia muito pouco. Ao mesmo tempo, falava constantemente com professores, pais e pegagogos, tentando dar-lhes uma apreciação mais profunda do que viam como atividades puramente estéticas. Ao mesmo tempo, sei que possuía pré-julgamentos sobre o que era arte e estava virtualmente paralisada, cega e surda quando vim a compreender os desenhos e os trabalhos artísticos das crianças. O que não percebi foi que a obtenção desse entendimento seria minha busca constante, a partir de então.

Trabalhando juntos, guiando as crianças em seus projetos, os professores e eu temos nos encontrado repetidamente frente a frente – como se estivéssemos nos olhando em um espelho – aprendendo uns com os outros e aprendendo juntos, com as crianças. Dessa forma, estávamos tentando criar trilhas para uma nova abordagem didática, certamente não tentada antes, na qual a linguagem visual era interpretada e conectada com outras linguagens, todas deste modo ganhando em significado.

A outra função importante do *atelier* era a de oferecer uma oficina para documentação. A documentação era vista então como uma possibilidade democrática de informar o público sobre os conteúdos da escola. Nos primeiros seis meses após o começo de meu trabalho na Escola Diana, abrimos a escola aos cidadãos com uma exposição dos trabalhos das crianças. Esse trabalho causou muita surpresa e até mesmo algumas reações escandalizadas, pois entre os temas exibidos estavam alguns geralmente censurados para crianças, tais como o nascimento de Jesus e o amor.

Acredito que algumas escolas comparam-se às de Reggio Emilia na quantidade de documentação preparada em forma de painéis, *slides* e, atualmente, também gravações em vídeo – materiais para o uso com as crianças e suas famílias, bem como com professores no treinamento em serviço. Por exemplo, ao reorganizamos recentemente nossos arquivos sobre a Escola Diana, percebemos que acumulamos mais de 200 diferentes conjuntos de grandes painéis (70 x 100 cm) apresentando projetos ou experiências com as crianças. Na verdade, ao longo do tempo, nosso trabalho em Reggio Emilia tende a envolver mais e mais pesquisas, educação visual e documentação. O trabalho educacional com crianças e a documentação tornaram-se mais e mais interconectados e mutuamente apoiadores.

Recentemente, nossos interesses também se direcionaram cada vez mais para a análise dos processos de aprendizagem e interconexões entre as diferentes ideias, atividades e representações das crianças. Toda a documentação – as descrições escritas, as transcrições das palavras das crianças, as fotografias e atualmente as gravações em vídeo – torna-se uma fonte indispensável de materiais que usamos todos os dias, para sermos capazes de "ler" e refletir, tanto individual quanto coletivamente, sobre a experiência que estamos vivendo, sobre o projeto que estamos explorando. Isso nos permite construir teorias e hipóteses que não são arbitrárias e artificialmente impostas às crianças.

Ainda assim, este método de trabalho toma muito tempo e nunca é fácil. E sabemos que ainda temos muito a aprender. A câmera, o gravador, o projetor de *slides*, a máquina de escrever, a câmera de vídeo, o computador e a fotocopiadora são instrumentos absolutamente indispensáveis para o registro, para a compreensão, para o debate entre nós e, finalmente, para a preparação de documentos apropriados de nossa experiência.

Os papéis do professor e do *atelierista*, que emergem das considerações anteriores, são certamente diferentes daqueles concebidos 20 anos atrás, quando cheguei aqui. Exigem muitas competências, incluindo a capacidade para refletir criticamente, diferente do que era salientado antes. Ainda assim, estou absolutamente certa de que a presença do *atelierista* tornou possíveis muitos dos melhores projetos em todas as nossas escolas. O ambiente do *atelier* torna-se um centro de cultura, onde ao longo dos anos os processos e ferramentas têm sido modificados. A relação entre o *atelierista* e os professores cresceu e aprofundou-se, afetando, por sua vez, o relacionamento profissional entre os professores e as crianças.

O que permanece constante ao longo do tempo é o modo como trabalho simultaneamente com professores e crianças, bem como o modo como trabalho diretamente com os professores. Estou convencida de que é essencial construir com eles uma base ampla de conhecimento cultural, refletido em todos os detalhes de nossas escolas. É um trabalho que exige tempo e esforço imensos.

Gandini: *Imagino se, através de sua experiência de 20 anos, você modificou suas opiniões e teorias ou seu relacionamento com as crianças e professores. Você descobriu novas linguagens visuais e simbólicas nas crianças?*

Vecchi: Além do que já disse antes, posso salientar algumas coisas. Posso dizer, primeiro, que descobri como a criatividade é parte da formação de cada indivíduo e como a "leitura" da realidade é uma produção subjetiva e cooperativa, e isso é um ato criativo. Em segundo lugar, descobri que é essencial ter uma alta estima por meninos e meninas, por homens e mulheres, a fim de nos relacionarmos com eles com interesse e curiosidade genuínos. Nos intercâmbios diários que tenho com as crianças e com os adultos, o que cresceu palpavelmente é o que ganho deles. Desejo que isso aumente o que dou em troca a eles, embora não tenha certeza de que de fato ocorra. Em terceiro lugar, percebo que ampliamos muito nosso campo de interpretações, tanto dos processos quanto dos resultados de nosso trabalho. Em quarto lugar, o campo de linguagens visuais usadas pelas crianças também se ampliou. Como consequência, estamos seguindo novos trajetos, diferentes daqueles mais comuns e tradicionais. Por exemplo, estamos tentando compreender os modos femininos e masculinos de representar a realidade. Em quinto lugar, eu percebo, cada vez mais, a importância do trabalho realizado entre os grupos de companheiros, das crianças. Gastamos muita energia pensando e obtendo instrumentos e estratégias para apoiar essa forma de trabalho como um ato vital de aprendizagem e um caminho para a competência e maturidade social. Combinamos continuamente teorias educacionais e nossas pesquisas empíricas, filtradas através de nossas próprias lentes profissionais, jamais plenamente adequadas. Na escola onde trabalho, somos todas mulheres. Somos curiosas sobre o mundo que descobrimos pouco a pouco, o mundo das crianças que constroem suas teorias. Ocasionalmente, achamos que o relacionamento com as crianças reacende uma sensação de nossa própria infância, criando sentimentos de ternura, curiosidade, brincadeira e verdadeiro prazer.

Gandini: *Muito do que as crianças fazem em suas escolas é bastante bonito. Isso é arte? Existe uma arte das crianças?*

Vecchi: O modo como examinamos o que as crianças fazem é muito diferente do modo como avaliamos o trabalho artístico de um adulto. Ocorre com muita frequência que as produções de algumas das crianças são tão originais que desejamos compará-las com o trabalho de artistas famosos. Contudo, esta espécie de comparação torna-se perigosa e plena de ambiguidade, especialmente se tentamos fazer comparações de uma forma consistente. Isso leva a conclusões falsas, tais como a de que o comportamento das crianças desdobra-se de um modo inato, ou que o produto é mais importante que o processo. Fazer comparações que vão além de uma semelhança simples e divertida mostra quão pouco compreendemos as crianças ou os artistas.

Por outro lado, acho que as descobertas artísticas – as inovações conceituais feitas pelos artistas – devem circular entre os adultos em nossas escolas, porque aprendemos com elas. Por exemplo, as formas como os artistas têm solucionado problemas de representação da luz, de combinação de cores e de criação da sensação de volume são todas muito interessantes e nos ajudam a explorar novos caminhos para as crianças.

Gandini: *Que conselhos você poderia dar, após 20 anos de trabalho, aos professores que trabalham com crianças pequenas?*

Vecchi: Eu hesito em dar conselhos. Nossas pesquisas são realmente uma aventura, frequentemente excitantes e diferentes, mas como podemos dar conselhos sobre a participação em uma aventura? O prazer e a diversão são assumidos pelas crianças em seu processo autodirigido de aprendizagem; desejo que isso ocorra mais, pois funciona muito bem. E deveria ser compartilhado pelos professores.

Gandini: *Conte-me mais sobre o seu trabalho diário com os professores.*

Vecchi: Nós nos encontramos várias vezes ao dia. Todas as manhãs, faço uma ronda por todas as salas de aula. Interesso-me particularmente pelo que está acontecendo no começo do dia, tanto com relação aos projetos maiores em andamento quanto com relação às atividades menores e independentes. Os professores e eu conversamos brevemente sobre como introduzir certas coisas às crianças e o que prever e, a partir daí, o que fazer acerca disso. Ocasionalmente, também sugiro o uso de determinados materiais. Com frequência, no meio da manhã, faço um outro circuito, indo até onde algo particularmente interessante possa estar acontecendo. Ou, às vezes, um professor vem solicitar-me conselhos ou buscar-me para uma outra visita. Então, ao final de cada manhã, encontro pelo menos 15 minutos para uma consulta com cada professor. E, com frequência, juntamo-nos em um grupo de discussão. Uma parte importante de meu papel é garantir a circulação de ideias entre os professores. Sou, na verdade, sua consultora constante. Uma vez que meu treinamento é diferente do treinamento deles, posso ajudá-los a ver as possibilidades visuais de temas e de projetos que não lhes são aparentes. Posso até mesmo intervir diretamente com as crianças, para criar possibilidades que não foram proporcionadas a outros. Por exemplo, certa vez percebi que o sol, brilhando por trás das árvores, lançava a sombra das folhas sobre o vidro da janela. Fixei uma folha de papel translúcido no vidro. À medida que as crianças chegavam, pela manhã, exclamavam com surpresa e prazer à visão da sombra das folhas sobre o papel. Muitas coisas seguiram-se. Chegaram até mesmo a usar a sombra como um relógio. Uma delas disse: "É hora do almoço. Olha o desenho no papel!"

Certamente, sigo atentamente todos os nossos projetos mais importantes e de maior duração. Sempre considero mais interessante e maravilhoso o projeto no qual trabalhamos no momento, pois parece-me que com cada projeto avançamos e aprendemos um pouco mais e, assim, trabalhamos melhor com as crianças. Por exemplo, descobrimos que as sombras oferecem extraordinárias possibilidades didáticas. Esse tema, descrito em nosso livro *Tutto Ha Un' Ombra Meno Le Formiche* ("Tudo Tem uma Sombra, Exceto as Formigas"), envolve uma integração dos atos de representação visual com o teste de hipóteses científicas, indo muito além da ênfase sobre a expressão estética e exploração da percepção, com a qual eu comecei meu trabalho, mais de 20 anos atrás (STURLONI; VECCHI, 1999).

Figura 7.2 "Menininha contando uma história". Desenho com argila.

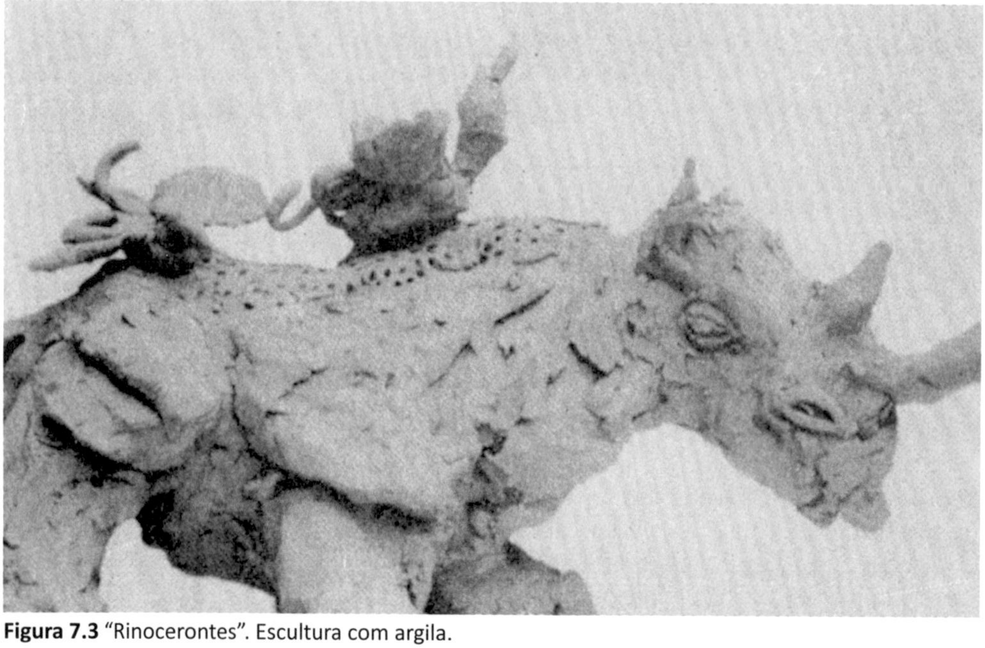

Figura 7.3 "Rinocerontes". Escultura com argila.

Figura 7.4 Explorando juntas o mistério das sombras.

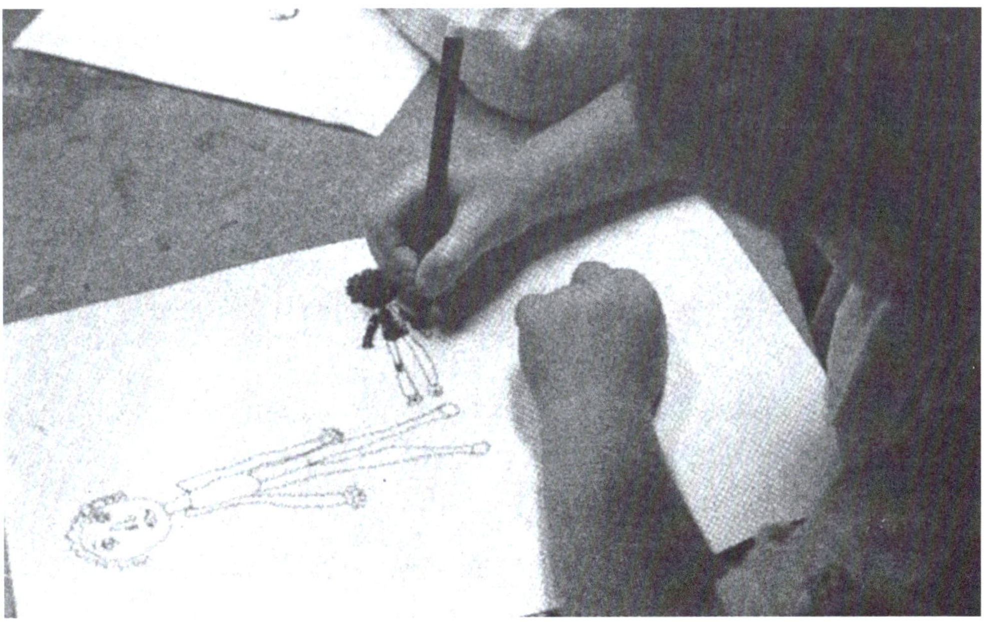

Figura 7.5 E agora ela representa suas ideias sobre as sombras.

Ensaio fotográfico

"A INTELIGÊNCIA DE UMA POÇA" (ESCOLA DIANA)

Quando a chuva deixa uma poça, graças à boa sorte de haver um buraco no chão e um pouco de sombra, as crianças enchem-se de alegria. Se os adultos não colocam limites e, em vez disso, entram na brincadeira, a poça d'água então pode tornar-se todo um universo a ser observado.

Durante todo o tempo as crianças discutem os reflexos que veem na água, no espelho e nas sombras. Tentando extrair um sentido dessas imagens complexas, elas trocam ideias.

As crianças comentam: "A sombra está lá quando o sol brilha. Mas você também pode ver o reflexo?". "Quando o sol brilha, o reflexo parece desbotado. A luz desbota tudo". "Não, você está errado. O reflexo não está próximo de você; ele é profundo e tem cores. Ao invés disso, a sombra é que fica perto e não tem cores, é sempre escura".

Figura 7.6 "A água é preguiçosa, mas, quando caminho nela, ela faz pequenas ondas. Ficam cada vez maiores". "Ei, eu posso me ver!" – "Eu também! Mas as cores estão todas sujas!" As crianças exclamam umas para as outras enquanto exploram a poça.

Figura 7.7 "Socorro! Ei caras, estamos embaixo d'água!" – "Eu posso tocar o topo da árvore, porque este é um outro mundo, um mundo de água".

Figura 7.8 Os professores colocam um espelho no chão. As crianças exclamam: "Ei, agora as cores estão certas!" – "Socorro, eu estou caindo no buraco do mundo!"

FIGURA 7.9 Os professores pedem que as crianças desenhem árvores e pessoas e que as coloquem em torno de um espelho.

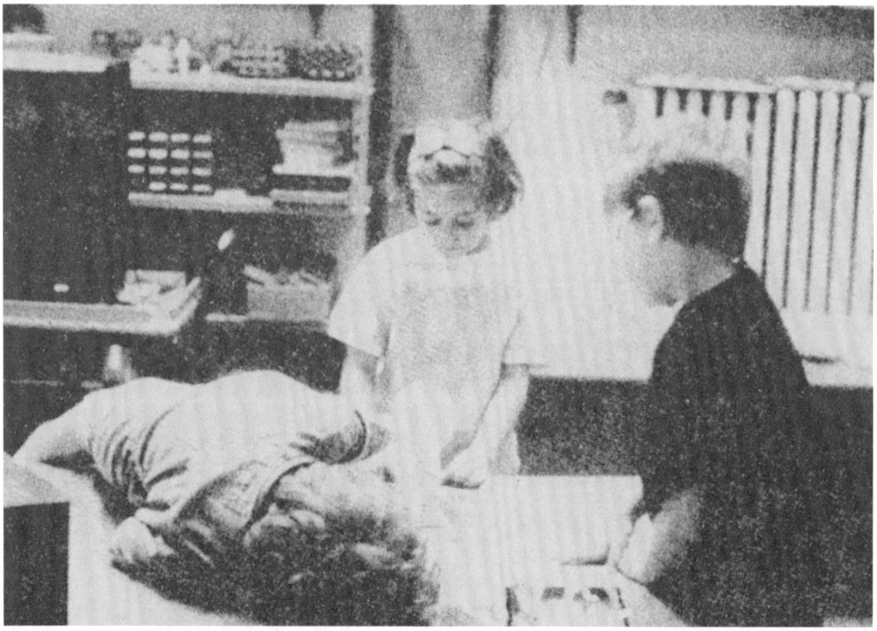

Figura 7.10 As crianças observam: "Quando você está perto de uma poça, você vê tudo, mas se você está longe, você vê cada vez menos". "Mas se eu abaixo minha cabeça bem perto, eu vejo também as árvores que estão longe".

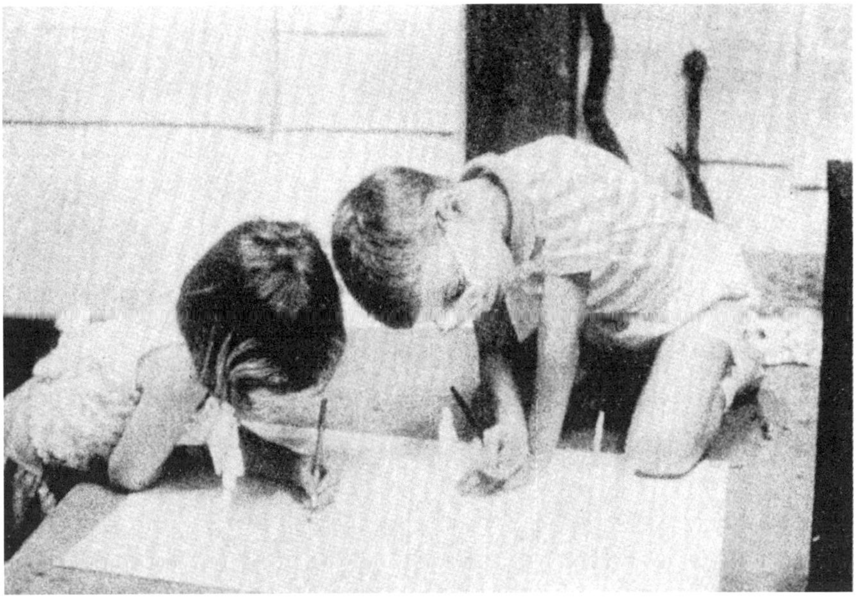

Figura 7.11 As crianças fazem mais observações enquanto movem as árvores e as pessoas para frente e para trás e então desenham o que notaram.

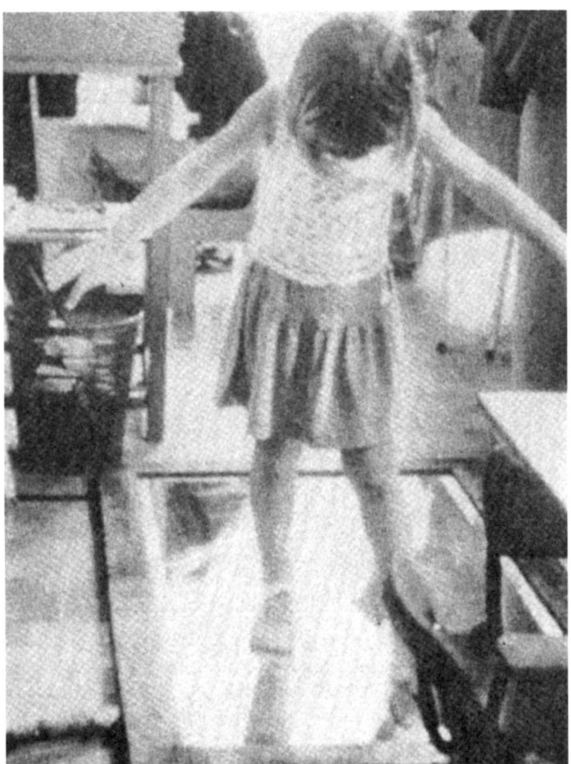

Figura 7.12 Agora uma menina explora sua imagem no espelho.

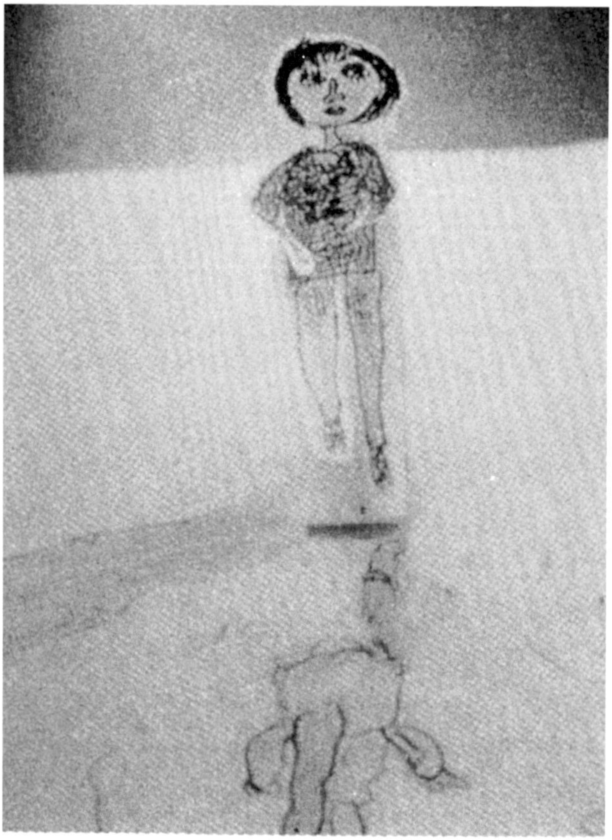

Figura 7.13 Ela representa como viu a si mesma, seu reflexo e sua sombra.

REFERÊNCIA

STURLONI, S.; VECCHI, V. *Tutto ha un'ombra, meno le formiche*. [S. l]: Reggio Children, 1999.

Parte III
Da teoria à prática

"Planta da Escola Diana", desenhado por crianças de 5 anos como parte de um livreto de orientação para alunos novos, de 3 anos.

8

Espaços educacionais e de envolvimento pessoal

Lella Gandini

No corredor de entrada da Escola Diana, um pôster compilado por algumas das crianças de 5 anos proclama *os direitos das crianças:*

> As crianças têm o direito de ter amigos, de outro modo não crescerão muito bem. As crianças têm o direito de viver em paz. Viver em paz significa estar bem, viver juntos, viver com as coisas que nos interessam, ter amigos, pensar em voar, sonhar.
> Se uma criança nao sabe algo, ela tem o direito de cometer erros. Isso funciona porque depois que ela vê o problema e os erros que cometeu, então ela sabe. (DIANA SCHOOL, 1990).

Esse é um modo cativante de uma escola cumprimentar os pais e os professores.

Próximo ao pôster estão fotografias de cada equipe de dois professores, os que ensinam crianças de 3, 4 e 5 anos, e depois fotos da *atelierista,* do cozinheiro, dos membros da equipe auxiliar, juntamente com seus nomes e sorrisos de boas-vindas. Na mesma parede estão fixados quadros de eventos: sessões de treinamento dos professores, reuniões com os pais de cada grupo etário, encontros de toda a escola, passeios e celebrações.

Todas essas mensagens são endereçadas aos pais e aos visitantes, mas as crianças também fazem parte desta recepção, já que na parede oposta são encontradas fotografias de pequenos grupos de meninos e meninas envolvidos em atividades. Abaixo, no nível dos olhos das crianças, estão autorretratos e pequenos espelhos quadrados que se abrem como capas de livros, refletindo a imagem das crianças enquanto entram, mas também permitem que experimentem muitas caretas engraçadas, se sentirem vontade.

O ESPAÇO COMO UM ELEMENTO ESSENCIAL DA ABORDAGEM EDUCACIONAL

O visitante de qualquer instituição para crianças pequenas tende a pesar as mensagens que o espaço oferece sobre a qualidade e cuidados e sobre as escolhas didáticas que formam a base do programa. Todos nós tendemos a perceber o ambiente e a "ler" suas mensagens ou significados com base em nossas próprias ideias. Podemos, contudo, melhorar nossa capacidade de analisar camadas mais profundas de significado se observarmos a extensão em que todos os envolvidos estão à vontade e como todos usam o próprio espaço. Então, podemos aprender mais sobre os relacionamentos entre as crianças e os adultos que passam o tempo ali.

Nos Estados Unidos, os educadores estão conscientes da importância do ambiente. Isso é evidente, por exemplo, a partir do uso imaginativo dos espaços ao ar livre, um recurso americano maravilhoso, mas não tão facilmente disponível ou, portanto, tão facilmente utilizado por professores italianos que trabalham em um ambiente altamente urbanizado. Entretanto, os professores americanos sempre lutaram com limitações financeiras e, assim, foram forçados a transigir com relação aos espaços internos. O resultado infeliz, como visto em muitas creches e escolas para crianças pequenas, tem sido um conjunto de condições físicas desanimadoras, especialmente falta de iluminação natural e espaços livres e amplos.

Os educadores de Reggio Emilia criaram, ao longo dos anos, uma filosofia baseada na parceria entre crianças, pais, professores, conselheiros educacionais e comunidade. Conseguiram, juntamente com muitos professores em outras regiões da Itália, após muitos anos de esforço e ação política, obter fundos públicos para a educação precoce e apoio local para seus programas. Cedo no desenvolvimento de seu programa educacional, os participantes desse esforço apreciaram a importância educacional do espaço e investiram muito de sua energia pensando e planejando-o. Para citarmos Carlina Rinaldi (1990):

> As crianças devem sentir que toda a escola, incluindo espaço, materiais e projetos, valoriza e mantém sua interação e comunicação.

Com esses princípios em mente, descobrimos muitos modos de tornar o espaço mais do que apenas um local útil e seguro onde podemos passar horas ativas. Em vez disso, criaram espaços em suas creches e pré-escolas que refletem sua cultura e as histórias de cada centro em particular. Esses espaços tendem a ser agradáveis e acolhedores, contando muito sobre os projetos e as atividades, sobre as rotinas diárias e sobre as pessoas grandes e pequenas que fazem da complexa interação que ocorre ali algo significativo e alegre.

Este é um momento na história da educação de crianças pequenas nos Estados Unidos em que muitos educadores estão engajados em fazer com que suas vozes sejam ouvidas pelo público e por governos nacionais e locais, em favor das necessidades justas das crianças e das pessoas que as cuidam. Pode ser válido, neste momento, ver que escolhas foram feitas e têm sido constantemente renovadas com relação ao espaço e ao ambiente físico.

O ESPAÇO ARQUITETÔNICO PLANEJADO E O ESPAÇO MAIOR EM TORNO DA ESCOLA, DA CIDADE E ALÉM

Uma vez que a filosofia e as escolhas básicas de seu programa educacional estavam estabelecidas, os educadores de Reggio Emilia planejaram e criaram a estrutura e o arranjo do espaço. De acordo com a visão que entende a educação de crianças pequenas como parte da preocupação e da responsabilidade baseadas na comunidade, os centros para crianças idealmente precisavam ser partes integrais do plano urbano. Além disso, ao invés de ocuparem um espaço marginal em um bairro, eles precisavam ser colocados nas vistas do público e tornar-se o foco da interação entre todas as pessoas conectadas com a escola.

Para cada prédio, quer fosse construído totalmente ou modificado a partir de um já existente, coordenadores pedagógicos, professores e pais encontraram-se para planejar com os arquitetos. As pessoas que iriam trabalhar e viver ali por tantas horas precisavam participar de cada decisão: uma parede muito alta ou a falta de repartições poderia modificar a possibilidade ou a qualidade da interação em uma abordagem educacional em que a parceria e a interação eram cruciais. Na verdade, como Tiziana Filippini aponta, os educadores em Reggio Emilia falam sobre o espaço como um "*container*" que favorece a interação social, a exploração e a aprendizagem, mas também veem o espaço como tendo um "conteúdo" educacional, isto é, contendo mensagens educacionais e estando carregado de estímulos para a experiência interativa e a aprendizagem construtiva (FILIPPINI, 1990). Portanto, a estrutura dos espaços interiores tende a evoluir junto com tudo o mais no programa educacional de Reggio Emilia.

Os professores também valorizam o que é especial sobre os espaços que cercam suas escolas, considerando-os como extensões do espaço da sala de aula. Parte de seu currículo envolve levar as crianças para que explorem as vizinhanças e os marcos da cidade. Um exemplo da extensão da escola é um projeto levado avante por muito meses pela escola Villetta, durante o qual as crianças saíram para explorar o modo como a cidade transforma-se durante os períodos de chuvas. Esse projeto levou as crianças e os professores a explorarem juntos primeiro a realidade da cidade sem chuva, tirando fotografias em locais tanto conhecidos quanto

Figura 8.1 O espaço central, a *piazza*, da Escola Diana.

menos familiares, formando hipóteses sobre como a chuva poderia mudá-los. Uma vez que naquele ano em particular, depois de iniciado o projeto, a chuva levou várias semanas para vir, as crianças tiveram muito tempo para preparar as ferramentas e o equipamento que consideravam úteis para observarem, coletarem, medirem, fotografarem e registrarem tudo sobre a chuva. Nesse meio-tempo, as expectativas das crianças cresciam imensamente. Todos os dias os professores e as crianças iam até o terraço da escola para observar esperançosamente o céu, ganhando muito conhecimento acerca de formações de nuvens e direção do vento.

Figura 8.2 As crianças divertem-se em sua cidade, durante uma tempestade.

Quando uma boa chuvarada finalmente chegou, a experiência foi febril e exultante. As crianças perceberam como as pessoas mudavam o ritmo e a postura ao caminhar, como os reflexos brilhantes e os esguichos das poças mudavam as ruas, como o somatização das gotas diferia, ao cair no pavimento, no capô dos automóveis ou nas folhas das árvores. Então, após experienciarem a primeira chuva e após o procedimento costumeiro em Reggio Emilia, engajaram-se em representar muitos de seus aspectos. Isso, por sua vez, levou a questões adicionais, a hipóteses e a explorações que a professora e a *atelierista* documentaram fartamente. Toda a exploração foi eventualmente registrada em "A Cidade e a Chuva", segmento da exposição *As Cem Linguagens da Criança*, e serve para contar-nos sobre as muitas maneiras como o espaço familiar da cidade pode tornar-se o palco e o tema de atividades e de explorações construtivas (REGGIO EMILIA, 1987).

O ESPAÇO HOSPITALEIRO COMO UM REFLEXO DAS CAMADAS DE CULTURA

Ao entrar nas escolas para crianças pequenas em Reggio Emilia, as pessoas têm imediatamente uma sensação de hospitalidade, uma atmosfera de descoberta e de serenidade. Além disso, tem-se a impressão geral de riqueza na qualidade e tipos de atividades das crianças, bem como dos altos padrões dos profissionais e dos cuidados por parte dos adultos. Essas impressões vêm do modo como o ambiente é cuidadosamente organizado e especialmente de se ver como as crianças, professores e famílias movem-se nas escolas. Contudo, como tudo isso ocorre? Em entrevista realizada em 1990, Loris Malaguzzi disse:

> Certamente, nossas escolas são o objeto mais visível de nosso trabalho; creio que oferecem múltiplas percepções e mensagens. Têm décadas de experiência apoiando-as e conheceram três gerações de professores. Cada creche e cada pré-escola tem seu próprio passado e evolução, suas próprias camadas de experiência e sua própria mescla peculiar de estilos e níveis culturais. Jamais houve, de nossa parte, qualquer desejo de torná-las todas iguais.

O espaço reflete a cultura das pessoas que nele vivem de muitas formas e, em um exame cuidadoso, revela até mesmo camadas distintas dessa influência cultural. Em primeiro lugar, existe nessas escolas muita atenção à beleza e à harmonia do desenho. Isso é evidente nos móveis, tanto funcionais quanto agradáveis, frequentemente inventados e construídos pelos professores e pelos pais, em conjunto. Também é evidente nas cores das paredes, na luz do sol filtrando-se pelas grandes janelas, nas plantas verdes e saudáveis e em muitos outros detalhes, tal como a manutenção cuidadosa do espaço. O cuidado especial com a aparência do ambiente, juntamente com o desenho dos espaços, que favorece a interação social, são elementos essenciais da cultura italiana.

Embutidos na organização do ambiente para atividades e rotina estão características que favorecem a cooperação, um conceito com um poderoso valor social e político na região de Emilia Romagna, onde uma organização centenária de cooperativas de produtores e consumidores ainda floresce. Toques regionais adicionais podem ser vistos em alguns dos materiais e implementos disponíveis, bem como nos alimentos típicos que os cozinheiros preparam a cada dia, para delícia das crianças. A cultura da cidade também pode ser detectada na documentação afixada nas paredes sobre passeios e atividades, que envolvem marcos e pessoas da cidade. Um exemplo é a famosa visita ao leão de pedra, que está sentado eternamente, esperando as crianças, na praça do mercado da cidade.

A camada seguinte é a cultura da escola: a escola em particular, em si mesma, com seu princípio especial, sua evolução e as histórias das crianças que passaram por ela. Além de ser bonito, o ambiente também é altamente peculiar. Existem amostras de pinhas, conchas ou pedrinhas arranjadas por tamanho, forma ou cor. Essas amostras registram eventos das vidas das crianças. Contêm tesouros que as crianças coletaram em passeios especiais ou em caminhadas normais. Além disso, elas são encorajadas a trazer recordações de suas experiências em casa, ligadas a eventos diários ou especiais.

Por exemplo, trazem decorações tradicionais ao retornarem de suas férias de inverno. Como consequência, os pais envolvem-se nesse fluxo de comunicação com relação à escola, acerca da vida e dos acontecimentos domésticos. Os professores coletam esses itens e constroem painéis onde a contribuição de cada criança é respeitada e ao mesmo tempo torna-se parte de uma exibição maior. Quando as amostras de folhas coloridas do outono são trazidas e secas, as folhas favoritas de cada um podem ser colocadas em uma bolsa pequena e transparente junto com outros tesouros coloridos. Todos esses envelopes são reunidos e colocados na parede de vidro, para formarem uma grande mostra, que captura a luz e cria sombras encantadoras. Esse é um exemplo muito simples dos muitos modos como a importância da contribuição individual, e o significado e força que traz à contribuição do grupo, é manifestada. A mensagem torna-se parte do espaço e torna as crianças conscientes de que valorizamos aquilo que fazem.

ESPAÇO SOCIAL, ESPAÇO INDIVIDUAL E ESPAÇO APARENTEMENTE MARGINAL

Para os educadores em Reggio Emilia, o intercâmbio social é visto como essencial para a aprendizagem. Através da atividade compartilhada, da comunicação, da cooperação e até mesmo do conflito, as crianças constroem em conjunto seu conhecimento sobre o mundo, usando as ideias de uma para o desenvolvimento das ideias de outra, ou para explorarem uma trilha ainda não explorada. Uma vez que o desenvolvimento social é visto como uma parte intrínseca do desenvolvimento cognitivo, o espaço é planejado e estabelecido para facilitar encontros, interações e intercâmbios entre elas. O espaço precisa garantir o bem-estar de cada uma e do grupo como um todo. Ao mesmo tempo, o espaço é estabelecido para favorecer relacionamentos e interações dos professores, da equipe e dos pais entre eles próprios e com as crianças. Por exemplo, os adultos podem reunir-se, trabalhar em grupos pequenos ou grandes, discutir problemas e lanchar juntos dentro da escola. O bem-estar dos adultos que trabalham nas escolas e a confiança dos pais, que confiam seus filhos à escola antes de se dedicarem às suas atividades, são essenciais para que o projeto educacional funcione. Como afirmado por Loris Malaguzzi em 1990:

> Temos tentado sempre ajudar e manter fortes vínculos entre o trabalho e a pesquisa, uma cooperação saudável com a equipe da escola e com as famílias e uma fé inabalável no potencial e nas capacidades das crianças e, por último, uma pronta disposição para pensar e discutir o que fazemos.

Na Escola Diana (ver planta), como em outras, existe um espaço principal comum que chamamos pelo mesmo termo

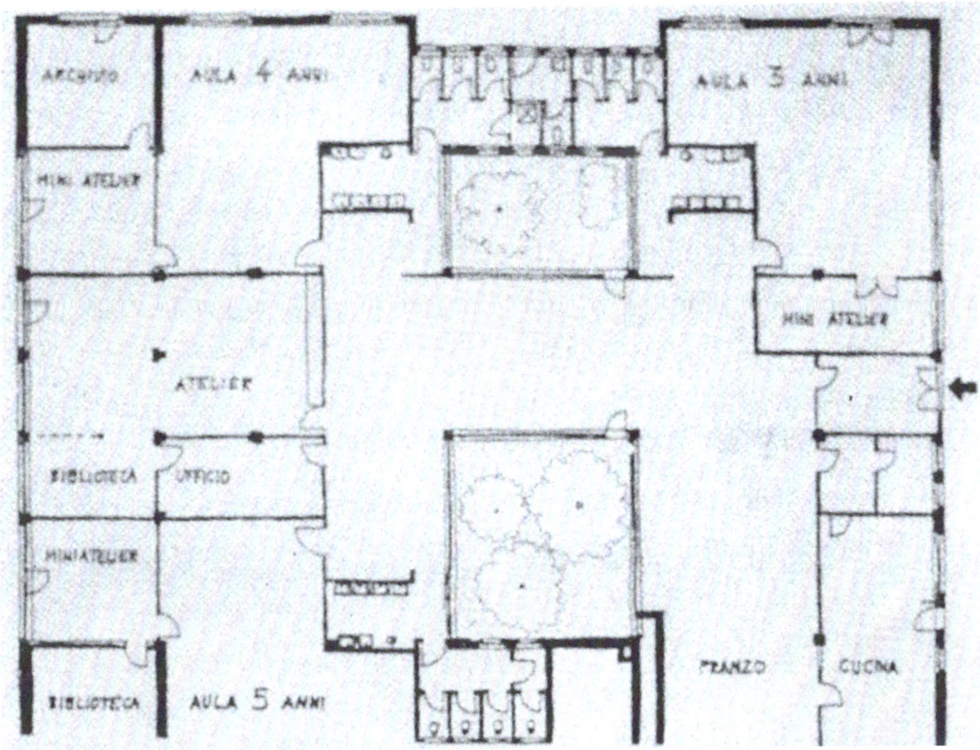

Figura 8.3 Planta da Escola Diana.

usado para uma praça da cidade (*piazza*). Aqui está um exemplo claro de uma escola como reflexo da sociedade em torno dela. Nesse caso, o conceito e o nome do espaço central comum vieram do elemento fundamental nas estruturas urbanas da Itália. Os outros espaços interiores podem abrir-se na direção desta *piazza*, ou espaço comum. Existe um grande *atelier*, uma biblioteca com espaço para computadores, um arquivo e um almoxarifado. O *atelier* – uma oficina, ou estúdio, usado por todas as crianças e adultos da escola – é descrito por Loris Malaguzzi como adiante:

> O *atelier*, em nossa abordagem, é um espaço adicional dentro da escola, onde é possível explorar com nossas mãos e nossas mentes, onde podemos refinar nossa visão através da prática das artes visuais, trabalhar em projetos ligados a atividades planejadas em sala de aula, explorar e combinar ferramentas, técnicas e materiais novos com outros bem-conhecidos.

A professora encarregada do *atelier*, a *atelierista*, tem treinamento em educação artística, é coorganizadora da experiência das crianças e dos professores e serve como editora e *designer* da documentação do trabalho realizado na escola (ver Vecchi, Cap. 7, neste volume).

Cada grupo etário tem uma sala de aula (uma grande sala) e próximo a esta um miniatelier. Novamente, Loris Malaguzzi comenta sobre a oficina descentralizada:

> Anos atrás o espaço havia explodido, com o crescimento das ideias. A tecnologia trouxe ao *atelier* a câmera, o gravador, a gravação em vídeo, a fotocopiado-

ra, o computador e muitas outras coisas. Nossa caixa de ferramentas tornou-se maior. Tivemos de descentralizar o *atelier* para espaços menores. Tivemos de construir arquivos nas escolas e na administração municipal; além disso, instituímos um Centro de Documentação. (MALAGUZZI, 1988).

Continuando nossa visita à escola, veríamos que a cozinha, a sala de refeições, uma sala com pessoas idosas para a lavagem ou brincadeiras na água e os sanitários, são todos instalados de um modo eficiente e agradável. Nada é considerado como espaço marginal. Por exemplo, os espelhos nos banheiros e lavabos são cortados em diferentes formatos, para estimular as crianças a olhar para suas imagens de uma forma divertida. Os tetos são usados como espaço para a colocação de muitos tipos diferentes de esculturas aéreas ou belos móbiles, todos feitos com materiais transparentes, coloridos e incomuns, construídos pelas crianças e pendurados pelos professores. Existem paredes de vidro, para criar-se uma continuidade entre os jardins interiores e os jardins externos; contribuem para termos muita luz natural e oferecem uma ocasião para que se brinque com transparências e reflexos. As paredes de vidro também separam os espaços de trabalho para a criação de uma sensação comunitária. Entretanto, se alguém deseja estar sozinho, trabalhar só ou conversar com um amigo, existem várias opções, tais como o espaço dos miniateliers ou outros pequenos compartimentos fechados onde podemos nos recolher e passar algum tempo.

Figura 8.4 A comunicação entre duas salas, no Centro de Cuidados de Bebês de Arcobaleno.

ESPAÇO APROPRIADO PARA DIFERENTES IDADES E NÍVEIS DE DESENVOLVIMENTO

Nas creches a atenção dada ao ambiente físico possui uma qualidade particular que me lembra da necessidade por intimidade e envolvimento que as crianças mais novas têm. Bem na entrada, confortáveis cadeiras de vime convidam os pais a fazerem uma pausa com seus bebês, encontrar uns aos outros ou conversar com os professores. Existem salas cobertas com carpetes e travesseiros, onde as crianças podem engatinhar seguramente ou aconchegarem-se com uma professora para olhar um livro de figuras ou ouvir uma história. Existe um grande espaço com equipamentos apropriados para o movimento. Mas existe também um *atelier* onde as crianças fazem explorações com tintas, marcadores, farinha, argila e muito mais. As repartições de vidro são usadas especialmente nos centros para bebês, onde as crianças tendem a sentir mais profundamente a separação. Ali, as paredes de vidro são usadas para permitir que se veja a cozinha e a sala onde as roupas das crianças são penduradas, ou olhar para lá e para cá entre as salas, onde crianças de diferentes idades brincam.

Similarmente, nas pré-escolas, na sala de aula do grupo mais jovem, mais espaço é deixado na sala para que o grupo menor brinque com materiais não estruturados como blocos, legos, animais de brinquedo e materiais reciclados. A área coberta com tapetes é maior, para permitir que as crianças brinquem no chão; além disso, existe uma outra área, ampla, rica de pequenas réplicas de panelas e louças geralmente encontradas nas casas e potes de macarrão de diferentes tamanhos e feijões de diferentes cores. Entrando no miniatelier, podemos perceber, no final do outono, que as crianças exploram o potencial e as propriedades da argila, do papel e do arame. Elas passam várias semanas com cada um desses materiais. Nos últimos meses, professores e crianças retornarão a eles para desenvolverem um nível superior de habilidades e de entendimento. Durante todo o ano, portanto, enquanto adquirem mais autoconfiança, essas crianças realizam muitas explorações e projetos também no *atelier* principal.

ESPAÇO ORGANIZADO, ESPAÇO ATIVO E ESPAÇO PARTICULAR

A cada manhã, por volta das 9 horas, quando todas as crianças já chegaram à escola, cada classe tem uma reunião. Em algumas escolas, a reunião ocorre em uma espécie de arquibancada. Depois, uma vez que as crianças tenham optado por uma das atividades disponíveis ou por continuar com um dos projetos em andamento, elas encontrarão os suprimentos e ferramentas necessárias colocados sobre mesas, bancadas iluminadas e cavaletes, ou colocados em espaços convenientes e serão capazes de encontrar tudo o mais que precisam em prateleiras abertas, bem-organizadas, cheias de materiais reciclados e não reciclados. Os materiais foram selecionados com antecedência e colocados de um modo organizado em recipientes transparentes, com o auxílio dos professores. Todos esses aspectos da organização diária derivam-se diretamente das escolhas educacionais básicas. Os materiais e objetos, que estão no espaço onde as crianças passam muitas horas, foram escolhidos ou construídos de acordo com o contexto no qual serão usados, com uma consideração quanto ao modo como as crianças reagirão a eles. Anotações cuidadosas devem então ser feitas, acerca de como as crianças agiram com esses objetos e, eventualmente, os reinventaram.

O arranjo e o uso do espaço para as atividades, para a exploração construtiva dos materiais, ou para o trabalho em projetos e temas é crítico. Loris Malaguzzi (1990) diz:

> O que realmente ocorre nas escolas é um teste básico para todos nós. A atividade contínua é a coisa mais importante e representa aquilo que pode contribuir mais para manter fresco (um termo apreciado por Dewey) nosso interesse e a mobilidade contínua de nosso pensamento e ação. Acredito que nossas escolas mostram a tentativa que tem sido feita de integração do projeto de educação com o plano para a organização do trabalho e do contexto arquitetônico e funcional, de modo a permitir o movimento, a interdependência e a interação máximos.

Uma das imagens que Malaguzzi usa para salientar a importância do estabelecimento do espaço para centros estimulantes e significativos de atividade é a de "bancas de mercado", onde os fregueses buscam mercadorias que lhes interessam, fazem sua seleção e engajam-se em interações intensas.

O ESPAÇO QUE DOCUMENTA

De acordo com Loris Malaguzzi:

> As paredes de nossas pré-escolas falam e documentam. As paredes são usadas como espaços para exposições temporárias e permanentes de tudo o que ascrianças e os adultos trazem à vida. (MALAGUZZI, Cap. 3, neste volume).

Um dos aspectos do espaço que surpreende os visitantes é de fato a quantidade de trabalhos das próprias crianças exibidos por todos os cantos nas escolas. Na verdade, essa é uma das principais contribuições das crianças para moldarem o espaço de sua escola. Fazem isso pela mediação dos professores e especialmente do *atelierista*, que seleciona e prepara as exibições com grande cuidado. Na maior parte do tempo, as exibições incluem, próximo ao trabalho das crianças, fotografias que contam o processo, mais uma descrição das várias etapas e da evolução da atividade ou do projeto. As descrições são significativamente completadas com a transcrição dos comentários e das conversas das próprias crianças, ocorridos durante esta experiência particular (que frequentemente é registrada em fita). Portanto, as exposições internas, além de serem bem-desenhadas e de contribuírem para o aconchego do espaço, oferecem documentação sobre atividades específicas, sobre o enfoque educacional e sobre as etapas de seu processo. Acima de tudo, é um modo de transmitir aos pais, aos colegas e aos visitantes o potencial das crianças, suas capacidades em desenvolvimento e o que ocorre na escola. Naturalmente, também torna as crianças conscientes da consideração que os adultos têm por seus trabalhos. Finalmente, as exposições ajudam os professores na avaliação dos resultados de suas atividades e contribuem para seu próprio avanço profissional.

ESPAÇO E TEMPO

> Um ambiente é um sistema vivo, em transformação. Mais do que o espaço físico, inclui o modo como o tempo é estruturado e os papéis que devemos exercer, condicionando o modo como nos sentimos, pensamos e nos comportamos, e afetando dramaticamente a qualidade de nos-

> sas vidas. O ambiente funciona contra ou a nosso favor, enquanto conduzimos nossas vidas. (GREENMAN, 1988, p. 5).

Quando observamos as crianças e os adultos nas escolas de Reggio Emilia, percebemos que existe uma conexão particular entre o tempo e o espaço e que o ambiente realmente funciona. A consideração pelas necessidades e pelos ritmos das próprias crianças molda o arranjo do espaço e do ambiente físico enquanto, por sua vez, o tempo de que dispomos permite o uso e o desfrute, no ritmo da criança, desse espaço cuidadosamente elaborado. Na verdade, o modo como imaginamos o tempo, na abordagem de Reggio Emilia, é influenciado por pelo menos três fatores principais. Em primeiro lugar, sua experiência estende-se por mais de 30 anos, desde que a primeira escola municipal foi estabelecida, a qual por sua vez, estava baseada nas escolas dirigidas pelos pais, estabelecidas logo após a Segunda Guerra Mundial. Portanto, o que vemos no arranjo dos espaços está fundamentado em muitas mudanças e muita aprendizagem através de uma longa experiência e, como consequência, os educadores não pressionam para a obtenção de resultados imediatos.

Em segundo lugar, os pais e seus filhos estabelecem um *rapport* de longa duração com o programa, uma vez que muitos começam mandando seus filhos e filhas para a creche antes de um ano de idade. Ao completarem três anos, as crianças são transferidas para as pré-escolas municipais e lá permanecem até os seis anos. O sistema garante que os professores estarão com as mesmas crianças do início ao final de cada ciclo escolar. Os relacionamentos que se estabelecem durante esta longa permanência com os mesmos grupos de crianças, pais e professores moldam o espaço, que, por sua vez, torna-se um nicho familiar. Uma vez que não há separação ao final de cada ano e portanto, não há necessidade de um período de ajuste a novas relações, existe menor pressão para alcançar-se certos objetivos, para terminar o ano de trabalho "zerado" ou começar um novo ano também do zero.

Em terceiro lugar, os programas públicos para crianças pequenas na Itália não são divididos entre educação e cuidados. Os programas realmente diferem, mas apenas porque são endereçados a crianças de diferentes idades; supõe-se que todos devam oferecer tanto cuidados quanto educação. Os programas são considerados como serviços sociais, com horários flexíveis. Enquanto a maioria das crianças permanece nos centros municipais entre 9 e 16 horas, há pais que precisam deixar seus filhos às 7:30 e os pegam de volta apenas às 18 horas, e outros ainda preferem pegar seus filhos logo depois do almoço, às 12:30 ou 13 horas. A maioria das crianças, na verdade, passa muito tempo vivendo em grupo. Assim, os educadores oferecem um contexto agradavelmente social para suas refeições, um ambiente calmo e protegido para seus cochilos e para suas atividades, diversas áreas com muitas propostas interessantes e envolventes que são realizadas em um ritmo geralmente tranquilo, que cria um sentimento de segurança, de autoestima, gerando oportunidades para trabalhar os problemas. Loris Malaguzzi comenta:

> Precisamos respeitar o tempo de maturação, de desenvolvimento das ferramentas do fazer e do entender, da emergência plena, lenta, extravagante, lúcida e em constante evolução das capacidades das crianças; esta é uma medida do bom senso cultural e biológico. (MALAGUZZI, Cap. 3, neste volume).

UM ESPAÇO QUE ENSINA

O ambiente é visto como algo que educa a criança; na verdade, ele é considerado o "terceiro educador", juntamente com a equipe de dois professores.

A fim de agir como um educador para a criança, o ambiente precisa ser flexível; deve passar por uma modificação frequente pelas crianças e pelos professores a fim de permanecer atualizado e sensível às suas necessidades de serem protagonistas na construção de seu conhecimento. Tudo o que cerca as pessoas na escola e o que usam – os objetos, os materiais e as estruturas – não são vistos como elementos cognitivos passivos, mas, ao contrário, como elementos que condicionam e são condicionados pelas ações dos indivíduos que agem nela. Nas palavras de Loris Malaguzzi em 1984:

> Valorizamos o espaço devido a seu poder de organizar, de promover relacionamentos agradáveis entre pessoas de diferentes idades, de criar um ambiente atraente, de oferecer mudanças, de promover escolhas e atividade, e a seu potencial para iniciar toda a espécie de aprendizagem social, afetiva e cognitiva. Tudo isso contribui para uma sensação de bem-estar e segurança nas crianças. Também pensamos que o espaço deve ser uma espécie de aquário que espelhe as ideias, os valores, as atitudes e a cultura das pessoas que vivem nele.

As escolas em Reggio Emilia não poderiam simplesmente estar em qualquer lugar, e nenhuma delas poderia servir como um modelo exato a ser copiado literalmente em outro local. Ainda assim, apresentam características comuns que merecem a consideração em escolas de qualquer lugar. A configuração particular

Figura 8.5 A sala de aula para crianças de 4 anos na Escola Villeta.

de cada escola, no que se refere ao jardim, às paredes, às janelas grandes e aos móveis atraentes, declara: Este é um local onde os adultos pensaram sobre a qualidade do ambiente. Cada escola é cheia de luz, de variedade e de uma certa espécie de alegria. Além disso, cada escola mostra como professores, pais e crianças trabalhando e brincando juntos, criaram um espaço único, que reflete suas vidas pessoais, a história de suas escolas, as muitas diferenças culturais e um sentido de opções bem-pensadas.

REFERÊNCIAS

DIANA SCHOOL. *In Viaggio coi Diritti dei Bambini*. Reggio Emilia: Reggio Children, 1990.

FILLIPINI, T. Introduction to the Reggio approach. In: NEW, R. *The hundred languages of children:* more contributions from Reggio Emilia, Italy. Symposium at the Annual Conference of the National Association for the Education of Young Children, Washington, 1990.

GREENMAN, J. *Caring spaces, learning spaces:* children's environments that work. Redmond: Exchange, 1988.

MALAGUZZI, L. Se l'Atelier è Dentro una Storia Lunga e ad un Progetto Educativo (If the *Atelier* is Part of a Long History and an Education Program). *Bambini*, p. 26-31, 1988.

REGGIO EMILIA. Department of Education. *L'Occhio se Salta il Muro* (If the Eye Jumps Over the Wall). [Reggio Emilia: s. n], 1984. Catalogue of exhibit of the same name published by the Comune di Reggio Emilia, Assessorato all'Istruzione, Regione di Emilia Romagna.

REGGIO EMILIA. Department of Education. The city and the rain. In: *The hundred languages of children:* narrative of the possible. [Reggio Emilia: s. n], 1987. Catalogue of the Exhibit, "The Hundred Languages of Children", published by the Comune di Reggio Emilia, Assessorato all'Istruzione, Regione di Emilia Romagna.

RINALDI, C. Social constructivism in Reggio Emilia, Italy. In: ANNUAL CONFERENCE OF THE ASSOCIATION OF CONSTRUCTIVIST TEACHERS, Northampton, 1990.

"Retrato de uma professora", realizado por criança de 5 anos da Escola Pablo Neruda.

9

Parceiro, promotor do crescimento e guia – os papéis dos professores de Reggio em ação

Carolyn Edwards

Em Reggio Emilia, o papel do professor no auxílio à aprendizagem é um tema de interesse e preocupação central e contínua. Nos últimos 30 anos, os professores e administradores têm discutido e refletido muito acerca das responsabilidades, dos objetivos, das dificuldades, dos prazeres e das oportunidades enfrentados pelos professores em seu sistema público de cuidados infantis. Criaram juntos uma forma coerente de pensar e falar sobre o papel do professor dentro e fora da sala de aula, baseada – como todos os aspectos de sua organização, desenho ambiental, pedagogia e currículo – em uma filosofia explícita sobre a natureza da criança como aprendiz. Este capítulo descreve a visão que Reggio Emilia tem sobre o papel do professor, baseado em observações gravadas em vídeo em uma pré-escola, a Escola Diana, e em discussões registradas e entrevistas com professores e administradores, conduzidas desde 1983 como parte de um estudo a ser lançado, *Colaboração e Comunidade na Sala de Aula Pré-Escolar: Amherts, Pistóia e Reggio Emilia*, por Carolyn Edwards, Lella Gandini e John Nimmo. Citações de entrevistas formais, discussões em grupo e de observadores (coletadas, transcritas e traduzidas por membros da equipe do projeto) são usadas ao longo de todo este capítulo para ilustrarem os conceitos e transmitirem os significados distintivos, os modos particulares de transmissão de ideias e de comunicação com outros que foram encontrados em Reggio Emilia.

DEFINIÇÕES DO PAPEL DOS PROFESSORES EM REGGIO EMILIA

Nos Estados Unidos, quando definimos o papel do professor para a primeira infância, geralmente começamos esboçando suas dimensões essenciais, por exemplo: (a) promoção da aprendizagem das crianças nos domínios cognitivo, social, físico e afetivo; (b) manejo da sala de aula; (c) preparação do ambiente; (d) oferecimento de incentivo e orientação; (e) comunicação com outras pessoas importantes (pais, colegas, administradores, público em geral) e (f) busca de crescimento profissional. O trabalho dos professores de Reggio Emilia cobre esses mesmos aspectos e, além disso, há dois outros papéis essenciais: (g) engajamento no ativismo político para defender a causa da educação pública precoce; e (h) condução de pesquisas sistemáticas sobre o trabalho diário em sala de aula para finalidades de difusão profissional, planejamento do currículo e desenvolvimento do professor.

Contudo, embora os educadores de Reggio Emilia assumam muitos papéis, eles invariavelmente começam, ao definir o papel do professor, discutindo a essência do que os professores fazem para a promoção do crescimento intelectual pelas crianças em grupos. Começam notando que é impossível uma cultura existir sem uma imagem das crianças. As crianças, como entendidas em Reggio, são *protagonistas* ativas e competentes que buscam a realização através do diálogo e da interação com outros, na vida coletiva das salas de aulas, da comunidade e da cultura, com os professores servindo como guias.

A visão intrinsecamente social da criança – um comunicador com uma identidade pessoal, histórica e cultural única – leva à sua visão particular sobre o trabalho do professor. Tiziana Filippini, falando a uma grande audiência de americanos em 1990 em palestra na National Association for the Education of Young Children, definiu esse papel claramente. O professor, como disse Filippini, às vezes trabalha "dentro" do grupo de crianças e ocasionalmente "apenas em volta" delas. O professor estuda-as, proporciona ocasiões, intervém em momentos críticos e compartilha as emoções intensificadas das crianças:

> O papel do adulto é acima de tudo o de ouvinte, de observador e de alguém que entende a estratégia que as crianças usam em uma situação de aprendizagem. Tem, para nós, o papel de "distribuidor" de oportunidades; e é muito importante que a criança sinta que ele não é um juiz, mas um recurso ao qual pode recorrer quando precisa tomar emprestado um gesto, uma palavra. De acordo com o que Vygotsky [o psicólogo russo] disse, se as crianças já foram do [ponto] A a B e estão chegando muito próximas a C, ocasionalmente, em um momento tão especial, precisam da assistência do adulto. Sentimos que o professor deve estar envolvido com a exploração da criança, se deseja entender o que é ser o organizador e o estimulador de oportunidades... E nossas expectativas sobre a criança devem ser muito flexíveis e variadas. Devemos ser capazes de pegar a bola que ela nos lança e jogá-la de volta, de modo a fazer com que deseje continuar jogando conosco, desenvolvendo, talvez, outros jogos, enquanto vamos em frente.

A metáfora final de pegar a bola da criança e lançá-la de volta foi enunciada antes por Loris Malaguzzi em uma discussão formal com nossa equipe de pesquisas e com a equipe de profissionais da Escola Diana (15 de junho de 1990). Foi uma metáfora importante, útil para outros, porque foi usada depois por Vea Vecchi, a *atelierista* desta escola, e depois reapareceu em outras entrevistas mantidas em meses subsequentes, bem como durante a palestra de Filippini, a *pedagogista*, na NAEYC. Ao formular originalmente essa ideia, Malaguzzi estava salientando a importância de se observar exatamente o que as crianças dizem no diálogo, de modo que o professor possa captar uma ideia e lançá-la de volta – e assim, tornar o jogo mais interessante. Vecchi então elaborou as razões pelas quais considerava essa tarefa vital: porque frequentemente as crianças expressam um novo *insight* experimental e parcialmente, de modo não claro tanto para si ou para outros. O professor, observando o potencial da ideia para estimular o trabalho intelectual e o crescimento pelo grupo como um todo, entra em cena para reafirmar a ideia em uma linguagem mais clara e mais empática e, assim, torna o *insight* operante para as crianças, uma espécie de fagulha intelectual para conversas e ações adicionais pelo grupo. Vecchi em uma discussão em grupo realizada em 1990 afirma que:

> Desta forma, o jogo da participação e o jogo da comunicação realmente ocorrem. Naturalmente, a comunicação pode ocorrer sem o seu auxílio, mas seria importante não perder essa situação.

AS VÁRIAS DIMENSÕES DO PAPEL DO PROFESSOR

O papel do professor centraliza-se na provocação de oportunidades de descobertas, através de uma espécie de facilitação alerta e inspirada e de estimulação do diálogo, de ação conjunta e da coconstrução do conhecimento pela criança. Uma vez que a descoberta intelectual é supostamente um processo essencialmente social, o professor auxilia mesmo quando as crianças menores aprendem a ouvir outros, a levar em consideração seus objetivos e ideias e a se comunicar com sucesso. Como nos Estados Unidos, entende-se que esse tipo de ensino é uma tarefa complexa, delicada e multifacetada, envolvendo e exigindo muitos níveis de conhecimento e o autoexame contínuo.

Diferentes aspectos do papel do professor

Carlina Rinaldi, *pedagogista*, buscou similarmente explicar as coisas mais críticas que os professores devem fazer em Reggio Emilia. Em uma entrevista em 1988 com Lella Gandini, Rinaldi oferece uma descrição complementar à de Filippini. Embora à primeira vista pareça ser uma lista simples, na verdade ela nos apresenta uma perspectiva em espiral, enquanto fala repetidamente sobre professores, crianças, *atelierista* e pais. Além disso, sua lista é espiral em sua dimensão cronológica, opostamente a uma sequência rígida. Isto é, Rinaldi descreve um conjunto de eventos visitados e revisitados de acordo com o julgamento do professor, à medida que o projeto avança. O modo de pensar em espiral, em vez de linear, é muito característico dos educadores de Reggio, estejam descrevendo o processo de aprendizagem e desenvolvimento, planejando um projeto ou aqui, falando sobre pedagogia.

Outro elemento chave na perspectiva de Rinaldi é seu progressivismo e idealismo social. Ela orgulha-se da longa tradição de empreendimento cooperativo e política progressista na Região de Emilia Romagna na Itália, e acredita vigorosamente que os adultos devem investir recursos públicos no bem-estar das crianças e ingressar em um processo contínuo e permanente de construção do conhecimento junto a elas, "para o progresso de Reggio Emilia e, esperamos, de toda a sociedade".

Assim, de acordo com Rinaldi, o professor guia a aprendizagem de um grupo de crianças buscando as ideias dos indivíduos para usá-las na formulação da ação do grupo. Ocasionalmente, envolve a condução de encontros de grupo e a tentativa de estimular uma "fagulha" – escrever o que as crianças dizem, depois ler seus comentários, buscando com elas os *insights* que irão motivar questões e atividade adicional do grupo. Em outros momentos, o professor deve sentar-se e ouvir, observar comentários instigantes ou plenos de *insight*, depois repetir ou esclarecê-los para ajudar as crianças a manterem sua fala ou atividade. Em outros momentos, especialmente no final da atividade de uma manhã, envolve a busca por uma ideia – especialmente aquela que emerge em uma disputa intelectual entre as crianças – e a tentativa de moldá-la em uma hipótese que deve ser testada, uma comparação empírica que deve ser feita, ou uma representação que deve ser tentada, como base para uma futura atividade do grupo. Examinar a questão, a hipótese ou o argumento de uma criança, portanto, torna-se parte de um processo contínuo de levantar e responder questões para todos. Com o auxílio do professor, a dúvida ou a observação de uma criança leva as outras a explorarem um território jamais percorrido, talvez jamais sequer suspeitado. É isso o que os educadores de Reggio Emilia querem dizer com "coação" das crianças.

Figura 9.1 Uma professora trabalhando como parceira de uma criança.

À medida que um projeto avança, os professores refletem, exploram, estudam, pesquisam e planejam juntos possíveis modos de elaborar e estender o tema por meio de materiais, atividades, visitas, uso de ferramentas e assim por diante. As ideias são então levadas de volta à sala de aula e investigadas. Nas pré-escolas municipais de Reggio Emilia, os professores têm trabalhado por anos em pares de co-ensino em cada sala de aula. A organização de coensino é considerada difícil, pois os dois adultos devem adaptar-se e acomodar-se constantemente a fim de trabalharem juntos, mas, ainda assim, é o melhor, porque permite que cada adulto acostume-se a cooperar com o colega, adquira valor para a natureza social do crescimento intelectual e, portanto, torne-se mais útil para as crianças (e pais) enquanto esses engajam-se no processo social.

Os professores comunicam-se com os pais sobre o tema do projeto, encorajando-os a envolverem-se com as atividades de seus filhos, através da busca dos materiais necessários, do trabalho com os professores no ambiente físico, da oferta de livros suplementares e assim por diante. Dessa forma, os pais são levados a revisar a imagem que têm de seus filhos e a compreender a infância de um modo mais rico e complexo.

A equipe de ensino trabalha estreitamente com outros adultos (às vezes com o *atelierista*, às vezes com o *pedagogista*) para planejar e documentar o projeto. Isso ocorre de diferentes maneiras em diferentes escolas, mas, em geral, a documentação inclui registros em fita e transcrições do diálogo das crianças e das discussões em grupo, materiais impressos e fotografias em *slide* de momentos cruciais das atividades e coleta de produtos e de construções feitos pelas crianças.

Durante todo o projeto, os professores agem como a "memória" do grupo e discutem com as crianças os resultados da documentação, permitindo que elas revisitem sistematicamente seus próprios sentimentos e os sentimentos de outros, suas percepções e observações, suas reflexões, e então os reconstruam e reinterpretem de formas mais profundas. Ao reviverem momentos passados através de fotografias e de gravações em fita, as crianças são profundamente reforçadas e validadas por seus esforços e recebem um incentivo à sua memória, o que é fundamental nesta idade.

Os professores prestam atenção, constantemente, à atividade das crianças. Acreditam que quando as crianças trabalham em um projeto de interesse para elas, encontrarão naturalmente problemas e questões que desejarão investigar. O papel dos professores é ajudá-las a descobrir seus próprios problemas e questões. Neste ponto, não oferecerão soluções fáceis, mas, ao invés disso, ajudarão as crianças a focalizarem-se em um problema ou dificuldade e a formularem hipóteses. Seu objetivo não é tanto "facilitar" a aprendizagem no sentido de "tornar fácil ou leve", mas, ao contrário, procurar "estimular", tornando os problemas mais complexos, envolventes e excitantes. Eles perguntam às crianças o que elas precisam para realizar as experiências – mesmo quando percebem que determinada abordagem ou hipótese não está "correta". Servem como seus parceiros apoiando-as e oferecendo auxílio, recursos e estratégias para que possam prosseguir quando encontram dificuldades. Com frequência, os professores encorajam as crianças a continuarem fazendo algo, ou pedem que terminem ou acrescentem algo ao que estão fazendo. Preferem não as deixar trabalhando sempre por conta própria, mas tentam cooperar com as metas dos alunos.

Enquanto trabalha com um grupo de crianças, cada professor faz anotações escritas para discutir mais tarde com o coprofessor, com o *atelierista*, com o *pedagogista* e com outros colegas, no que se refere ao curso do projeto. Depois, sempre que possível, trabalhará com um grupo ainda maior de colegas professores (incluindo os de outras escolas) para redirecionar ou ampliar um projeto e enriquecer a experiência das crianças. Atividades analíticas e críticas são vitais para o desenvolvimento do professor individualmente e, em última análise, para o sistema educacional como um todo. A documentação sistemática permite que cada professor se torne um produtor de pesquisas, isto é, alguém que gera novas ideias sobre o currículo e sobre a aprendizagem, em vez de ser meramente um "consumidor da certeza e da tradição".

AS DIFICULDADES DO PAPEL DO PROFESSOR

Os educadores de Reggio Emilia não consideram o papel do professor algo fácil, com respostas objetivas orientando o que os professores devem fazer. Possuem, contudo, a confiança e o senso de segurança de que sua abordagem do ensino, desenvolvida coletivamente nos últimos 30 anos em Reggio, é o modo como *deveriam* estar trabalhando. Como a professora Laura Rubizzi afirma, em entrevista realizada em 11 de novembro de 1989: "É um método de trabalho não apenas válido, mas também correto" . Sua colega na Escola Diana, Paula Strozzi, em entrevista realizada em 14 de junho de 1990, disse:

> Somos parte de um projeto baseado na coação das crianças e na certeza de que esta é uma boa maneira de aprender.

O trabalho no dia a dia, contudo, envolve desafios e decisões constantes, em vista do uso do currículo emergente. Uma tarefa difícil para os professores é a de ajudar as crianças a encontrarem problemas suficientemente grandes e difíceis para engajarem sua maior energia e pensamento ao longo do tempo. Está claro, pela descrição de Baji Rankin do Projeto do Dinossauro, na Escola Anna Frank (cap. 11) que os professores às vezes voltam atrás em um projeto que não parece estar chegando a lugar algum.

Não apenas o projeto maior deve conter problemas excitantes, mas até mesmo uma sessão diária de trabalho deve, idealmente, conter pontos mais difíceis, ou "nós". Esses "nós" são mais do que apenas momentos de confusão ou desarmonia; em vez disso, são momentos de desequilíbrio cognitivo, contendo possibilidades para o teste de hipóteses e a comparação intelectual de ideias. A tarefa dos professores é perceber esses nós e trazêlos ao centro da cena para uma atenção adicional – ponto de partida para as atividades do dia seguinte.

Um segundo aspecto do papel do professor, que os professores de Reggio experienciam como difícil, é saber como e quando interferir, pois isso depende de uma análise de momento a momento do pensamento das crianças. As professoras Magda Bondavalli e Marina Mori afirmaram em entrevista realizada em 14 de junho de 1990:

> Com relação às dificuldades [no ensino], nós as vemos continuamente. O modo como oferecemos possibilidades e sugestões às crianças deixa as coisas sempre abertas. É um modo de estar com elas, reajustando-nos continuamente. Nada existe de definitivo ou absoluto. Tentamos, o tempo todo, interpretar, através de seus gestos, palavras e ações, como estão vivendo uma experiência; e depois prosseguimos daí. Isso é realmente difícil!

Também nos Estados Unidos, os professores preocupam-se acerca de quanto e quando interferir, como apoiar a solução de problemas sem oferecer a solução (EDWARDS, 1986). Como Malaguzzi (1987, p. 17) escreveu, as crianças estão "[...] perigosamente na fronteira entre a presença que desejam e a repressão que não desejam". Portanto, um professor não deve intervir muito e, ainda assim, não deve deixar passar um momento precioso para o ensino. Vea Vecchi em uma discussão em grupo realizada em 1990 expressou isto eloquentemente:

> Você está sempre com medo de perder aquele momento quente. É realmente um ato de "equilibrar as coisas". Acredito na intervenção, mas pessoalmente estou propensa a esperar, pois notei que as crianças frequentemente resolvem o problema por conta própria, e nem sempre da forma que eu teria proposto! Elas frequentemente encontram soluções que eu jamais teria percebido. Contudo, às vezes, esperar significa perder o momento. Assim, é uma decisão que precisamos tomar muito rapidamente.

O que eles estão descrevendo aqui é um compromisso genuíno com o currículo emergente, não uma sutil manipulação do tema do projeto para que termine em algum lugar. Os professores honestamente não sabem onde o grupo terminará. Embora a abertura acrescente uma dimensão de dificuldade a seu trabalho, ela também o torna mais excitante. Como Laura Rubizzi coloca, em entrevista de 11 de novembro de 1989:

> "Eu trabalho em um estado de incerteza porque não sei onde as crianças chegarão, mas esta é uma experiência fabulosa!"

Em discussão em grupo realizada em 18 de outubro de 1990, Rubizzi afirma:

> "É como se estivéssemos decolando juntos em uma viagem. Ela pode ser curta; ela pode ser longa. Mas existe uma vontade intensa de fazê-la juntos" .

Além disso, mais do que excitante, seu modo de trabalhar apresenta a vantagem adicional das estruturas de apoio embutidas. Não se espera que o professor imagine por si mesmo o que deveria estar fazendo. Ele sempre trabalha em colaboração com outros adultos, como Bondavalli e Mori, em entrevista de 14 de junho de 1990, atestam:

> "Este é realmente o caminho a seguir nesta escola, pois comparamos notas continuamente e falamos uns com os outros o tempo todo".

Essas conversas ocorrem quase diariamente, em encontros curtos entre professor e coprofessor, professor e *atelierista* e discussões informais entre professores de diferentes classes à hora do almoço. Os professores acreditam que discutindo abertamente oferecem modelos de cooperação e participação às crianças e aos pais e promovem uma atmosfera de comunicação franca e aberta. Uma análise mais formal e extensa ocorre durante encontros da equipe da própria escola ou em alguma reunião com um grupo mais amplo, envolvendo administradores, professores de outras escolas e talvez até mesmo visitantes e palestrantes.

É importante notar que a análise e *feedback* em Reggio Emilia envolve tanto apoio quanto críticas. Em contraste com um sistema cuja preocupação de ferir os sentimentos ou propriedade de ideias evita o exame e a argumentação extensos, em Reggio Emilia o conflito intelectual é considerado agradável tanto para adultos quanto para crianças. Como Paola Strozzi disse em entrevista de 14 de junho de 1990: "Estou convencida de que existe alguma espécie de prazer em tentar concordar sobre como fazer as coisas" . O foco de uma discussão não é apenas ventilar pontos de vista diversos, mas, em vez disso, prosseguir até ficar claro que todos aprenderam algo e avançaram um pouco em seu pensamento. Uma discussão deve continuar até aparecer uma solução ou o próximo passo tornar-se aparente; depois, a tensão dissipa-se e um novo entendimento compartilhado oferece a base para a atividade futura ou esforço conjunto. A discussão pode exigir certa resistência e perseverança.

Certamente, os professores e a equipe oferecem uns aos outros apoio emocional e encorajamento, bem como sugestões concretas e conselhos. Além disso, entretanto, um método de longas críticas mútuas e autoexame é aceito com muito boa-vontade. Nossa equipe de pesquisas participou desses encontros na Escola Diana, cada um com várias horas de duração e envolvendo professores, equipe auxiliar, cozinheiros, *atelierista*, *pedagogista* e Loris Malaguzzi. Por exemplo, em uma dessas reuniões, a professora Marina Castagnetti apresentou uma fita editada de vídeo e uma análise comportamental de uma sessão envolvendo dois meninos de cinco anos que tentavam criar um castelo em um grande pedaço de papel usando uma tartaruga Logo ativada por computador. Sua apresentação foi seguida por uma extensa discussão abordando as escolhas e as decisões pedagógicas. As crianças haviam se preparado adequadamente para a solução de seu problema? Será que eles conseguiram lidar com os comandos do computador? Precisaram de um conjunto de regras junto a si para estimular noções de medida? Será que foram deixados cogitando soluções por conta própria por tempo demais, sem o auxílio da professora? A professora perdeu um "momento quente" ao "abandonar" as crianças por tempo demais? A linguagem frequente sobre união das crianças ("Vamos fazer isso", "Vamos tentar isso", "Vejamos", "Nós devemos", etc.) indicou a colaboração produtiva ou o desespero? Em determinado ponto desta discussão, Castagnetti perguntou: "Nesse ponto, como professora, o que eu supostamente devo e não devo fazer?" Os membros de nossa equipe de pesquisas esta-

Figura 9.2 Reunião de professores.

vam impressionados pela profundidade das discussões e pela falta de defensividade pelas professoras. Comentamos sobre seu método de reflexão crítica e Malaguzzi, com um sorriso de afeto para Castagnetti, disse em discussão de grupo realizada em 16 de outubro de 1991: "Nós temos sempre dois bolsos: um para a satisfação e outro para a insatisfação".

O conflito intelectual é compreendido como a máquina de todo o crescimento em Reggio. Portanto, os professores tentam trazer à tona, e vez de suprimir, os conflitos de opinião entre as crianças. Similarmente, entre eles mesmos, aceitam prontamente discordâncias e esperam uma discussão extensa e críticas construtivas; isso é visto como o melhor meio de avançar. O prazer dos professores com a equipe de trabalho e a aceitação de diferenças de opinião oferecem um modelo para crianças e pais.

EXEMPLOS DE COMPORTAMENTO DOS PROFESSORES

Para darmos um quadro mais completo e oferecermos exemplos concretos dos princípios abstratos apresentados acima, oferecemos quatro curtos registros de observações extraídos de fitas de vídeo gravadas na Escola Diana em 1988 e 1990. Eles ilustram diferentes tipos de comportamento dos professores vistos geralmente nas pré-escolas de Reggio Emilia.

O professor dá início à ação das crianças

Neste episódio (24 de maio de 1988, gravação em vídeo realizada pela equipe de pesquisas), a professor Giulia Notari age como "uma ofertante de ocasiões", ajudando as crianças a fazer a transição da reunião matinal do grupo para sua primeira atividade. Observe sua flexibilidade e carinho ao atender às necessidades de uma menininha que não está pronta para o ingresso em uma atividade focalizada.

> São 9:23hs, na sala de aula das crianças de 3 anos, e a reunião da manhã recém terminou. Durante esse encontro, a professora Giulia Notari falou a todas as crianças sobre as atividades da manhã, envolvendo o tema da Primavera, que estão trabalhando atualmente. Depois, sua coprofessora, Paola Strozzi, afasta-se com oito crianças para trabalhar com argila na *piazza* central da escola. Giulia supervisiona as 12 crianças restantes. Move-se pela sala encorajando as crianças a iniciarem uma atividade, e passa alguns momentos com cada grupinho, estimulando-os à ação.
>
> Por exemplo, em uma mesa, ela mostra um grupo de quatro crianças os materiais que ali estão. "Sintam, este papel é diferente do outro".
>
> "Ele é frio", diz uma criança.
>
> "É, ele é frio", ela concorda. "É frio. E aqui está outro papel, também diferente. E olhem, aqui estão os marcadores, o giz e o lápis de cera, todos amarelos".
>
> Enquanto vai de uma para outra mesa, Giulia vê crianças ainda não envolvidas e pergunta: "Vocês querem trabalhar com a cor verde no *atelier* pequeno? Ou desejam cortar com as tesouras e usar cola?"
>
> Ela vai a uma pequena mesa, onde as crianças estão sentadas olhando para folhas de papel branco e pequenas cestas cheias de folhas, ervas e flores colhidas mais cedo naquela manhã. Giulia diz: "Você está vendo o que temos aqui? Pedacinhos de verde que vocês encontraram. E as flores que vocês colheram. Vocês podem colocá-las no papel como quiserem. Se um pedaço de papel não é suficiente, vocês podem colocar um outro ao lado dele. Tudo bem?" (Giulia explica depois que a atividade comunica a importância e o prazer da exploração e ajuda as crianças a acostumarem-se com a

colagem). Enquanto Giulia se afasta, as duas crianças começam a atividade alegres, conversando uma com a outra. "Você quer isto?", "Eu também peguei uma dessas". "Olha que linda esta aqui". "Vai com calma" (o que é obviamente uma imitação de algo que a professora diz ocasionalmente). Às 9:26, Giulia retorna para olhar e admirar o trabalho das crianças, dizendo, "Gostei muito. Vocês podem usar mais papel. Se quiserem algo, digam-me".

Às 9:28, ela entra em uma pequena sala que é um anexo da sala de aula. Duas meninas estão sentadas em uma mesa. Uma está desenhando com canetas. Giulia Notari dá à primeira menina mais materiais de desenho, depois vai até à outra.

"Bem, então, será que devemos procurar o trabalho que você já começou? Vejamos, onde está?" Ela retira uma pasta de papel de uma gaveta e começa a manuseá-la, passando as páginas lentamente, dizendo: "Qual é o seu? Qual é? Qual é? Qual é?" A criança parece desanimada e não responde. O desenho da criança é localizado, e então Giulia diz, "O que isto precisa? Você precisa de uma caneta preta para continuar? ... Você quer trabalhar em outro desenho? Você quer outro papel para trabalhar com a cola? Você gostaria de ir brincar? Meu amor, o que você gostaria de fazer?" A criança desanimada não responde a nenhuma de suas perguntas. Finalmente, a professora simplesmente abaixa-se, beija-a e fala com ela gentilmente. Então, pega alguns livros de figuras de uma prateleira alta e afasta o desenho. Uma outra criança aparece na porta, pedindo ajuda, e Giulia diz: "Estou indo, querida". Ela deixa a menininha enxugando suas lágrimas e folheando um livro. Enquanto sai, para e elogia o desenho da primeira menina.

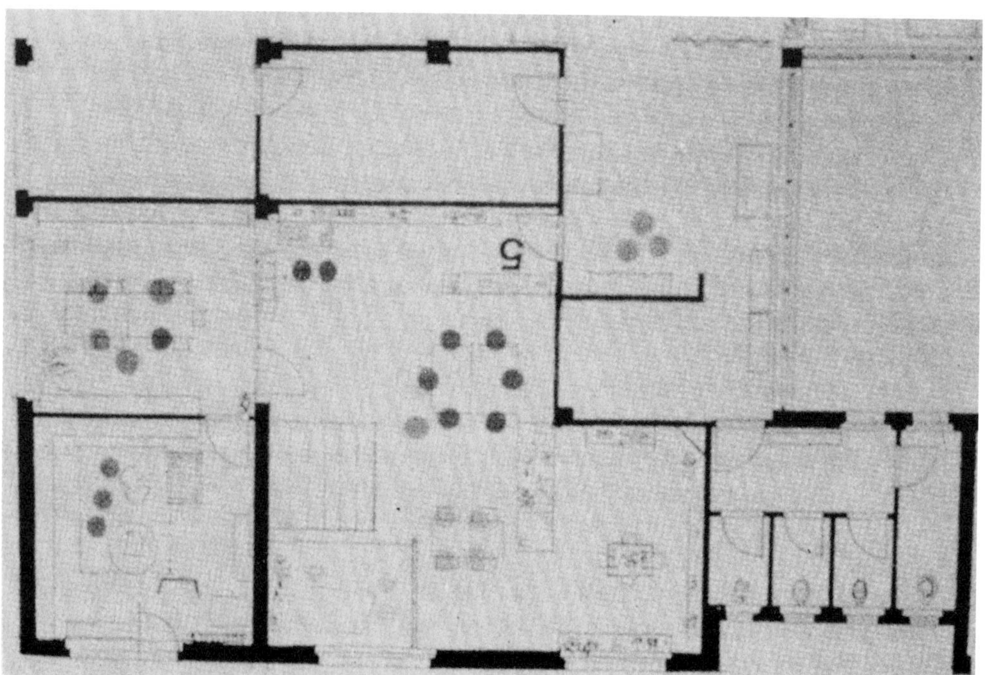

Figura 9.3 Planta da sala de aula para crianças de 5 anos na Escola Diana. Os pontos indicam a distribuição típica de crianças durante atividades matinais.

A professora oferece instrução sobre o uso de ferramentas e técnicas

São 9:34 da manhã (24 de maio, 1988), no grande espaço compartilhado (*piazza*), onde a coprofessora Paola Notari está trabalhando com oito crianças de 3 anos e com grandes quantidades de argila. Ela oferece instrução às crianças sobre o uso correto dos materiais e de ferramentas como parte do processo de facilitação, apoio e encorajamento. Quando indagada sobre isso, diz que tenta oferecer a ajuda e os conselhos necessários para que as crianças atinjam suas próprias metas artísticas e representativas e não sejam derrotadas pelos materiais. Por exemplo, ela sabe que a argila pode quebrar-se se for enrolada em tiras muito finas e que as crianças ficariam desapontadas.

> As crianças estão sentadas em torno de uma grande mesa retangular, enquanto Paola está de pé e movimenta-se entre elas. Na frente de cada uma das crianças está uma grande prancha de madeira sobre a qual trabalharão com a argila. Paola está preparando para cada criança uma fatia plana de argila. Ela corta um bocado de argila, aplaina-a com um rolo de massa, corta os lados para fazer um quadrado, oferecendo-os às crianças. Ela está usando uma faca para cortar a argila e diz: "Podemos usar esta ferramenta para cortar a argila quando ela está bem grossa".
>
> As crianças têm muitas ferramentas para cortar e enrolar, perto dali. Estão trabalhando no problema de "representar movimento em uma superfície". Com uma faca, podem cortar um pedaço de argila, depois dobrá-lo muitas vezes para dar uma sensação de movimento na superfície do naco. (Ela explica depois que algumas das crianças não conseguem dar qualquer sensação de movimento em sua argila. Mas Paola não interfere e insiste em sua ideia de movimento. Uma vez que todas as crianças estão muito envolvidas no que estão fazendo, ela não impõe suas próprias ideias a elas. Entretanto, instrui as crianças sobre questões de técnica – mostrando-lhes como enrolar e cortar a argila e como usar as ferramentas).
>
> Às 9:34 Paola Notari é vista usando um espátula para dar uma porção recém-enrolada de argila a uma criança. "Você precisa disto?", ela pergunta. Diz a uma outra: "Você está pressionando muito. Se pressionar demais, não poderá erguer a argila e então não poderemos cozinhá-la na estufa. Não pressione muito." Depois uma outra criança dirige-se a ela: "Isto está bom?"
>
> "Sim, sim", Paola responde. "Está bom. Se você quiser outra porção de argila, posso preparar uma".
>
> Ela observa uma pequena divergência entre duas crianças. Uma quer o cortador de massa que a outra está usando. Esta protesta "É meu. Eu estava com ele antes".
>
> "Mas são todos iguais", Paola diz, apontando mais cortadores. "São realmente todos iguais". Ela aproxima-se mais e a primeira criança mostra-lhe que na verdade o cortador desejado deixa um tipo diferente de marca na argila. Paola então diz: "Oh, estou vendo. Bem se você olhar na caixa de ferramentas, você poderá encontrar outro lá, precisamente igual a este". A criança vai olhar na caixa, contente.
>
> Paola começa a preparar uma porção de argila para uma das meninas e, enquanto faz isso, olha para a criança à sua frente: "O que você está fazendo?" pergunta. O menino mostra, e Paola diz: "Hmm, está bom!"
>
> Terminando de preparar a nova porção de argila, leva-a para a outra menina que a solicitou. Vendo sua primeira peça, comenta: "Olhe esta maravilha! Agora você precisa pensar no que mais quer fazer. Você poderia colocar as mesmas marcas (na nova porção de argila) que na outra. Ou você poderia colocar esses pedaços dobrados, ou de pé". Ela demonstra, usando pequenas tiras de argila. A menina tem em sua mão um cortador de massa, que move sobre a porção de argila sem dizer coisa alguma. Paola conti-

Figura 9.4 Crianças e professora discutindo um projeto.

nua: "Você apenas quer cortar com esta rodinha, não é mesmo? Ela realmente faz marcas muito bonitas!"

Paola vai ao lado oposto da mesa onde uma criança muito pequena parece estar tendo dificuldades, perguntando a ele: "Posso limpar isto para você?" Sua mão alisa o bolo de argila, deslizando sobre ele. Ela explica: "É como um apagador. Mostrarei a você como usar esta ferramenta (um cortador). Você pode fazer uma tira fina, como esta, e dobrá-la ou erguê-la". Ela mostra a ele como erguer a extremidade da tira. Depois, coloca o cortador nas mãos do menino e, de pé atrás dele, orienta-o no uso de ambas as mãos. "Com esta mão, segure a argila. Agora com esta outra mão, empurre com força. Mais. Assim. Tudo bem? Agora você pode fazer isto".

Às 9:41, ela pergunta a todas as crianças: "Vocês querem mais argila? Eu posso ir pegar".

"Eu também!", "Eu também!", gritam todas as crianças.

"Muito bem", Paola diz, "Estou indo buscar mais". Ela sai da sala por alguns minutos, deixando as crianças sozinhas por alguns momentos. A observação continua da mesma maneira, quando ela retorna.

A professora transforma uma disputa em uma hipótese a ser testada

São 9:12 de uma manhã do final de maio (1990, gravação feita pela equipe de pesquisas) e a professora Laura Rubizzi senta-se com crianças de 5 anos em uma mesa em uma pequena sala fora do *atelier*. Seu grupo está envolvido em um projeto para a preparação de um "livreto de instruções" sobre a escola, para remetê-lo às crianças pequenas que ingressarão na Escola Diana no outono seguinte. O grupo de três meninos e três meninas decidiu, entre outras coisas, incluir no livreto de boas-vindas algumas orientações sobre como encontrar o *atelier*.

Contudo, como comunicar essas orientações? Em uma discussão ocorrida no dia anterior, uma menina, Giulia, propôs que, uma vez que as crianças pequenas não sabem ler, o grupo deve, em vez disso, desenhar uma figura. Silvio, entretanto, disse que as crianças pequenas falam de um jeito diferente das crianças maiores, de modo que devem escrever suas instruções em "rabiscos" para falarem a linguagem de crianças de 3 anos. Os outros discordam veementemente! Um desenho com rabiscos não seria bom!

Laura deu uma sugestão construtiva, de que as crianças desenhem ambos os tipos de figuras para ver qual funciona melhor. Assim, ao final de seu tempo, as crianças prepararam dois desenhos. Silvio fez seu diagrama com rabiscos, enquanto Giulia fez um desenho de uma criança jogando no *videogame* na pequena sala próxima do *atelier*. Para testar que desenho comunica melhor, o grupo propõe entrar na sala de aula das crianças menores na Escola Diana e perguntar a elas: "Que figura vocês preferem? Qual delas vocês entendem?" Cristina, uma outra menina, observa que eles deveriam mostrar o desenho a um grupo de crianças contendo um número igual de meninos e meninas, pois as meninas compreenderão melhor o desenho de Giulia, enquanto os meninos entenderão o desenho de Silvio.

Portanto, às 9:18 vemos as seis crianças de 5 anos de pé, com Laura Rubizzi, na posição central do círculo onde todas as crianças na sala de aula de 3 anos estão sentadas, junto com suas professoras, Paola Strozzi e Giulia Notari. Observe como as professoras cooperam para salientar o interessante problema a ser resolvido por uma comparação de ideias, e como Laura, sem aumentar ou chamar a atenção para a possibilidade de magoar sentimentos, oferece apoio a Silvio em um momento particularmente delicado.

> Laura diz a seus ansiosos alunos de 3 anos: "Temos um problema grande, bem grande". A criança, Giulia, começa a explicar por que eles precisam descobrir que desenho funciona melhor com crianças de 3 anos; Laura assume e, permanecendo próxima a Giulia, olhando para ela, gesticula e faz comentários para tornar a explicação mais clara. Depois a professora, Giulia Notari, olhando para os rostos de seu grupo de 3 anos, fala como se por eles, repetindo os pontos principais. Enquanto termina, são ouvidas vozes por todo o círculo, à medida que as crianças de 3 anos oferecem suas opiniões iniciais.
>
> Laura reúne-se com seus alunos de 5 anos em uma rodinha fechada, para elaborarem um plano sobre como prosseguir a partir daí. Então, com seu auxílio, eles estão prontos: Silvio e Giulia ficam no centro do círculo das crianças de 3 anos, segurando entusiasmadamente seus desenhos. Laura diz que crianças de 3 anos virão, estudarão os dois desenhos, decidirão qual deles comunica melhor as intenções, depois ficará atrás do menino ou menina que segura o desenho. Junto de Silvio e Giulia, estão os alunos restantes, de 5 anos; sua tarefa será decidir qual fila de crianças é a mais longa.
>
> Giulia Notari seleciona, um por um, alunos de 3 anos para a escolha do desenho. Um menino dá um passo à frente, estuda os desenhos, aponta para o de Silvio, depois, com o auxílio da professora, assume seu lugar atrás de Silvio. Outro menino vem, aponta para o desenho de Giulia, depois retorna a seu lugar, embora a professora lhe diga para ficar de pé atrás de Giulia. A criança seguinte também aponta para o desenho de Giulia e depois vai postar-se corretamente atrás de Giulia. Agora o sistema está funcionando. Um outro menino fica atrás de Silvio. Então as quatro crianças seguintes escolhem o desenho de Giulia e assumem seus lugares atrás dela.
>
> Nesse ponto, Laura decide que a questão foi resolvida e que deve intervir: "Muito bem", afirma, olhando para seu pequeno grupo de juízes, dizendo: "Crianças do grupo. Esta é a fila daqueles que selecionam o desenho com rabiscos. De acordo com vo-

cês, qual é a fila mais longa?" O grupo aponta decisivamente para a fila atrás de Giulia. "Esta aqui!" dizem.

Agora são 9:26. Laura abaixa-se e fala diretamente com Silvio, a sós. Depois ergue-se novamente e diz: "Ok., obrigada a todos vocês! Voltaremos para a nossa sala", e todos saem.

As crianças de 5 anos chegam na sala, tomam seus lugares e começam a discutir o desenho de um mapa de sua escola para o livreto, e todos, incluindo Silvio, parecem igualmente contentes e envolvidos.

A professora encoraja as crianças a solucionarem suas próprias disputas

Falta pouco para o almoço (Primavera, 1990, gravação em vídeo feita pela equipe da Escola Diana) e dois meninos de 5 anos, Daniele e Christian, estão arrumando as mesas para sua turma. Nesta escola, as crianças recebem maior responsabilidade na preparação da mesa para o almoço conforme sua idade. As crianças de 5 anos revezam-se, decidindo quem sentará onde. Os professores da escola acreditam que seu sistema de deixar que algumas crianças coloquem a mesa e decidam sobre o arranjo de lugares funciona melhor e mais de acordo com sua filosofia do que ter uma ordem fixa para a posição dos alunos à mesa (controlada pelos professores) ou permitir a livre escolha para todos no momento de sentarem-se à mesa.

Daniele e Christian estendem as toalhas, colocam os pratos e talheres e decidem onde todos irão sentar, colocando seus guardanapos individuais (cada um em um pequeno envelope com o nome da criança bordado). Enquanto trabalham, outro menino entra e pede para sentar-se próximo a um determinado garoto. Os encarregados de colocar a mesa concordam e ele sai. Então uma menina, Elisa, entra e pergunta: "Com quem vocês me colocaram?" Daniele responde: "Olhe você mesma". Ela diz: "Bem, Daniele, você não quer me dizer onde me colocou?"

Nesse meio-tempo, outras crianças chegam. É difícil acompanhar exatamente o que dizem, já que estão lutando com as tampas das garrafas de água mineral, o que distrai Daniele e Christian da solicitação de Elisa. Eventualmente Daniele diz, mostrando a ela um dos envelopes de guardanapo: "Este é o seu?" Ela responde que sim. Christian comenta: "Próximo de Michele". Isso obviamente desagrada Elisa, que protesta, "E eu não gosto disso".

A professora, Giulia, entra e observa a disputa. Daniele pergunta a Elisa: "Você não quer sentar ao lado de Michele?" Ela diz: "Não! Finalmente você entendeu!"

Giulia olha para a segunda professora, que está gravando a cena em silêncio, e toma a decisão de não interferir. "Cheguem a um acordo, vocês dois", ela diz às crianças. "Elisa, chegue a um acordo com eles". Ela volta à sala ao lado. Christian tenta descobrir com quem Elisa sentará, depois explica que ela deve sentar onde a colocaram. Ela grita: "Está bem!" e sai, furiosa, batendo o pé e também a porta. Christian corre atrás dela, chamando seu nome e trazendo-a de volta à sala de aula. Ele pergunta duas vezes: "Você quer sentar perto de Maria Giulia?" Ela continua zangada. "Faça como quiser!", grita. (Mais tarde, discutindo a situação, a professora Giulia Notari afirmou que julgou apropriado minimizar a situação e deixar que as crianças a manejassem sozinhas. Elisa frequentemente apresenta essas reações, observou e, assim, esta situação não seria muito dolorosa para ela.)

CONCLUSÕES

O papel do professor em Reggio Emilia mostra muitas similaridades com o papel geralmente concebido nos Estados Unidos. Em ambos os contextos, a educação para a primeira infância envolve a interação complexa com múltiplas pessoas (crianças, pais, colegas, governo, público) e estimulação da aprendizagem e desenvolvimento das crianças através da concepção de uma organização escolar ótima, dos ambientes físicos, do currículo e da pedagogia.

Figura 9.5 Uma dupla de professoras reunida com a *atelierista*.

Em Reggio Emilia, contudo, o professor da pré-escola sempre permanece com o mesmo grupo de crianças e pais por três anos e sempre trabalha com uma coprofessora. Em duplas, relacionam-se com outros professores, com a equipe de auxiliares e com o *atelierista* em sua escola e, além disso, recebem apoio do *pedagogista*, que trabalha com várias escolas, bem como com a administração central do município. Em sua interação com as crianças, os professores de Reggio Emilia tentam promover o bem-estar das crianças e encorajar a aprendizagem em todos os domínios (cognitivo, físico-motor, social e afetivo), ao mesmo tempo extraindo vantagens de momentos importantes para instruírem as crianças no uso ainda mais sofisticado de ferramentas e materiais necessários para sua expressão nos múltiplos meios artísticos e simbólicos. Sob seu ponto de vista, o trabalho dos professores centraliza-se em "provocar oportunidades" de crescimento intelectual genuíno por uma ou mais crianças: especialmente, escutando as palavras das crianças e oferecendo essas mesmas palavras ao grupo para reestimular e estender sua discussão e atividade conjunta. Esse método de ensino é considerado importante, complexo e delicado pelos professores, evoluindo e mudando constantemente, e é uma questão de esforço e preocupação coletivos.

Sua tendência para engajarem-se com colegas em críticas extensas e mútuas e autoavaliar seu comportamento de ensino parece distinguir notavelmente os educadores de Reggio Emilia. Assim como eles veem as crianças como aprendendo melhor pela comunicação, conflito e ação em conjunto, também veem a si mesmos como aprendendo dessa maneira. Veem o trabalho e o desenvolvimento dos professores como uma atividade pública, que ocorre dentro da vida compartilhada da escola, da comunidade e da cultura; colocam um forte valor sobre si mesmos, comunicando e interagindo dentro e fora da escola. O esforço para cumprirem esses ideais exige muito, eles bem sabem, mas também é gratificante e envolvente, bem como vital para o progresso da sociedade e bem-estar humano.

REFERÊNCIAS

EDWARDS, C. P. *Promoting social and moral development in young children:* creative approaches for the classroom. New York: Teachers College Press, 1986.

MALAGUZZI, L. *The hundred languages of children:* narrative of the possible. [S. l.: s.n], 1987. Catalog of the Exhibit, "The Hundred Languages of Children", published by the Comune di Reggio Emilia, Assessorato all'Istruzione, Regione di Emilia Romagna.

10

O símbolo do salto em distância.

Múltipla simbolização no Projeto do Salto em Distância[1]

George Forman

O Projeto do Salto em Distância tornou-se um estudo de caso bem-documentado da pedagogia das pré-escolas em Reggio Emilia[2]. O projeto, que durou cerca de oito semanas, ocorreu na Escola Diana, uma escola para crianças dos 3 aos 6 anos, no coração do parque municipal de Reggio Emilia. Quatro crianças apresentaram-se como voluntárias para coordenar uma competição abrangendo toda a escola, mantida nos limites físicos da escola. Muitos exemplos de educação de qualidade são exibidos nesse projeto: o uso das ideias das próprias crianças, o poder integrador dos projetos, o uso construtivo do debate entre elas, o envolvimento dos pais e da comunidade, as aplicações práticas da ciência e matemática e o uso de múltiplas formas de representação. Todos esses fatores serão brevemente mencionados como contexto, mas este capítulo terá seu foco primariamente no último fator, a abordagem multissimbólica[3].

O PROJETO

Planejamento do Projeto

Nas escolas de Reggio, o projeto nos pequenos grupos é iniciado com uma série de reuniões entre professores. Ali, os professores revisam os princípios estabelecidos sobre o que faz um bom projeto. Um bom projeto permite a contribuição individual de cada criança e também permite que elas interajam visando objetivos comuns. Permite não apenas que as crianças busquem objetivos claramente definidos, mas que também discutam e decidam sobre suas próprias submetas, regras e incentivos. Deve haver diálogo e conflito levando à coordenação de diferentes opiniões. Não apenas usa discussões verbais, deve usar outros modos de representação, como gráficos e mímica e gestos. Os gráficos e os gestos ajudarão as crianças a comunicar suas ideias divergentes, e o diálogo verbal irá ajudá-las a chegar a um consenso.

Após a reunião, as professoras voltam às suas salas de aula e realizam algum trabalho piloto para verificarem suas expectativas. No caso do evento do salto em distância, as professoras sentiam que o projeto apresentaria muitas oportunidades para a exploração de conceitos de justiça, conceitos de medição e de tempo e distância. As professoras gostaram particularmente do evento do salto em distância porque não era praticado muito bem na escola. As crianças precisariam inventar seus próprios significados e métodos de garantir a justiça na competição. As professoras então reuniram-se novamente para a formação do compromisso final para a realização do projeto na Escola Diana e para o benefício educacional de todas as 22 escolas no sistema. Este capítulo está baseado na documentação compilada por Vea Vecchi, Laura Rubizzi e Paola Cagliari na Escola Diana, na primavera de 1985, com consultoria de Loris Malaguzzi.

Quatro crianças ofereceram-se para planejar e desenhar este evento atlético, mas em vários momentos o comitê solicitou o auxílio de toda a sua classe e, ao final, toda a escola e a comunidade estavam envolvidas, particularmente durante os seis dias para o encontro de qualificação e para o campeonato. As atividades durante o projeto emergiram de modo orgânico e foram documentadas diariamente (principalmente em fitas de áudio e registros de observações). As professoras e a pedagoga (ver Cap. 6, neste volume) estudavam a documentação e planejavam meios para facilitar a direção da aprendizagem que discerniam nesses documentos.

Sequência das atividades

Este capítulo resume os princípios das muitas atividades realizadas durante o projeto, que durou oito semanas. Princípios gerais, comuns a muitos projetos, serão salientados em parágrafos com molduras. Para reduzir a confusão, precisamos organizar as atividades cronologicamente. O capítulo às vezes encaminhará ao número no índice para facilitar a discussão. As atividades são listadas, a seguir, em ordem cronológica, sem comentários.

1.0 Observar e agir de acordo com fotografias de competidores olímpicos de Salto em Distância
2.0 Discussão verbal acerca dos conhecimentos iniciais sobre Salto em Distância
3.0 Confecção de um esboço da pista, saltadores dos obstáculos e do modo de pontuar
4.0 Desenho da pista: local para a corrida e área de conclusão do salto
5.0 Experimentação com velocidade de corrida x distância do salto
6.0 Preparação da pista no jardim, usando giz branco
7.0 Debate sobre *handicap* (vantagem) para meninas usando pequenas réplicas de objetos
8.0 Desenho de seis pôsteres para regras da competição
    8.1 Local de partida
    8.2 Permissão para três falsas largadas
    8.3 Intervalo de três dias antes da largada
    8.4 Velocidade e local do salto
    8.5 O toque do pé
    8.6 Medição da marca da pegada
9.0 Apresentação das regras a toda a classe
10.0 Planejamento do treinamento, roupas e dieta
11.0 Confecção de pôsteres chamando para a inscrição dos participantes

12.0 Confecção de pôsteres para designação de corridas por capacidade
13.0 Confecção de pôsteres para calendário da competição por capacidade
14.0 Redação de uma carta-convite para todas as crianças da escola
15.0 Criação de pôsteres de publicidade da competição para toda a cidade
16.0 Redação das regras para a premiação
17.0 Redação do pronunciamento de encerramento depois da competição
18.0 Confecção de um pôster de regras para a medição de três saltos por pessoa
19.0 Aprender a medir a distância – seis etapas
   19.1 Um: usar cordão para registrar a distância saltada
   19.2 Dois: tentar usar a fita métrica
   19.3 Três: correção da medição em fita
   19.4 Quatro: transcrição dos símbolos da medição em fita para o papel
   19.5 Cinco: comparação da medição em fita com medição em régua de carpinteiro
   19.6 Seis: reinventar a notação convencional do valor do local
20.0 Preparação de insígnia para cada saltador
21.0 Redação de regras para o juiz e auxiliares
22.0 Implementação dos planos: o dia da competição final
22.1 A corrida e o salto à distância
22.2 Medição de cada salto com cordão
22.3 Colocação dos cordões na parede
22.4 Uso da fita para medir os cordões mais longos
22.5 Concessão de troféus
22.6 Os beijos para os senhores e as senhoras

Primeiro, quatro crianças, Lorenzo, Augusto, Stephania e Silvia, com idades entre 5 anos e meio a 6 anos, tentaram compreender a forma cultural do salto em distância. Olharam fotografias (1.0) e recordaram suas experiências bastante escassas [as fotografias oferecem uma espécie de *discussão verbal* do conhecimento e suposições iniciais (2.0)]. As fotografias e a professora estimulam a discussão verbal, mas ainda faltam alguns detalhes. Há muito a ser entendido.

> Os professores frequentemente oferecem às crianças eventos complexos como catalisadores para a discussão em grupo. Os artefatos culturais associados (neste caso, fotografias das Olimpíadas) são apresentados plenamente, antes de serem exibidos em desenho ou de forma simplificada. Essa técnica é comum em muitos dos projetos. Por exemplo, em outros projetos as crianças estudam um conjunto de esquemas para a confecção de uma mesa e um desenho, em escala, de um dinossauro e, posteriormente neste projeto, uma medição real com fita e com régua de carpinteiro.

Ciclos de simbolização

Podemos afirmar que a criança vive uma experiência de modo linear, dia após dia. Contudo, a aprendizagem e a construção do conhecimento têm um curso mental próprio, cheio de reproduções mentais, reflexões e repetidas representações. As seções restantes mapeiam esse curso mental de como as crianças aprendem a revisar verbalmente e a debater fatos, a agir ou a delinear seu entendimento atual, fazer representações gráficas de suas descobertas e invenções, e desenvolver notações e *scripts* para a comunicação deste conhecimento a outros. Esses ciclos repetem-se muitas vezes, dentro de qualquer projeto. Consequentemente, "ciclos da simbolização" é um termo adequado para este processo.

Assim, as seções seguintes desviam-se de uma ordem cronológica direta, de modo que podemos localizar a evolução de ciclos específicos de simbolização. Os ciclos ocorrem dentro e durante todo o projeto. Um ciclo isolado é definido por um problema comum, tal como a relação entre o espaço para a corrida e o espaço para a conclusão do salto. Dentro de um ciclo isolado, as crianças confrontam e discutem um problema usando uma variedade de sistemas simbólicos, alguns inventados, alguns convencionais. Sua motivação para o uso e a invenção de símbolos é (a) obter um melhor entendimento da sua própria compreensão de algo e (b) apresentar esse entendimento claramente aos outros.

Espaço de corrida e espaço para a conclusão do salto

Após observar as fotografias, as crianças foram encorajadas a fazer um desenho a lápis do evento do salto em distância (3.0). Os desenhos ajudam as crianças a observar o pensamento umas das outras. Todas as crianças podem ver e comentar sobre um desenho. Um desenho é um compromisso com os detalhes. As professoras desejam que as crianças tornem esses compromissos explícitos, de modo que acordos e desacordos específicos possam ocorrer.

Tanto Augusto quanto Lorenzo desenharam um espaço de corrida bastante curto para a corrida e um espaço proporcionalmente muito maior para a conclusão do salto (acima da linha pontilhada na Figura 10.1). Essa relação será reconstruída quando as crianças realmente forem à rua para correr (5.0) e preparar a pista (6.0). Contudo, os desenhos iniciais trazem a distância relativa à consciência e aumentam a probabilidade de que elas estejam testando ideias quando forem para

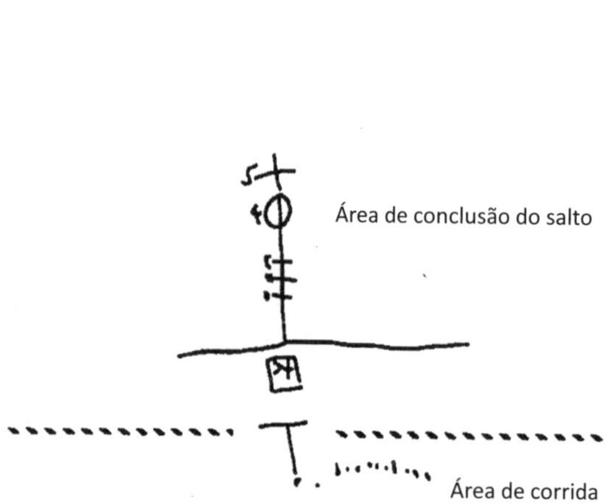

Figura 10.1a O Desenho de Augusto.

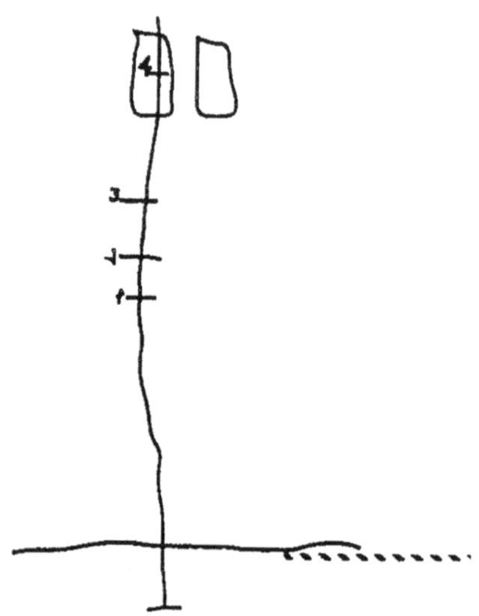

Figura 10.1B O Desenho de Lorenzo.

a pista, na rua. É assim que um ciclo de simbolização funciona para apoiar a aprendizagem mais profunda.

Gradualmente, as crianças entendem que a distância para a corrida será muito maior do que o salto em distância jamais poderia ser. Esse novo entendimento primeiro assume a forma de uma regra afirmada em um grande pôster que as quatro crianças fazem para seus colegas de classe (8.0). A regra declara que a corrida deve iniciar em determinado ponto. Contudo, no dia da competição (22.0), as crianças compreendem que esta distância não precisa ser preestabelecida, porque, uma vez que uma criança alcance sua velocidade máxima, mais distância para a corrida é supérflua. Portanto, fazendo-se um ciclo primeiro por um esboço (3.0), que levanta questões que então são experimentadas com o corpo (5.0 e 6.0), depois redesenhando esta aprendizagem (8.0), as crianças trazem seu conhecimento prático à consciência formal ao ponto em que questionam, durante a aplicação prática final da regra (22.0), a necessidade de preestabelecer um ponto de partida.

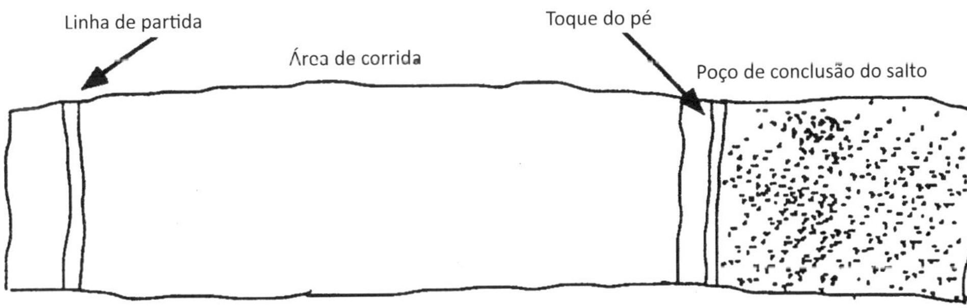

Figura 10.2 O desenho da pista nos pôsteres.

A sequência do salto em distância propriamente dito

As crianças usaram pelo menos sete tipos de símbolos para construírem seu conhecimento sobre a sequência do salto. Usaram o desenho de *figuras,* desenhos de *pegadas,* gestos com seus *dedos*, a *palavra* impressa, ações práticas com seus *corpos*, referências a *fotografias* e movimento de pequenas *bonecas* de madeira. A complexidade do salto em distância pode ter sido primeiro levantada como um tema ao verem pela primeira vez as fotografias (1.0), que virtualmente animaram o salto em distância desde a linha de início até a aterrissagem na caixa de areia. O tema da sequência de salto em distância ganhou mais detalhes no debate acalorado (7.0) acerca de onde as meninas deveriam iniciar sua corrida, comparadas com meninos.

Nesse debate (7.0) os meninos insistiam que as meninas teriam dificuldade em competir no salto em distância. Talvez elas devessem receber uma vantagem, ou *handicap*. A professora preparou uma versão em pequena escala da pista de corrida e deu às crianças dois bonecos, um para o menino corredor e o outro para a menina saltadora. O ciclo de simbolizações de velocidade, corrida em distância e distância saltada (5.0) começou dentro da sala, enquanto as crianças faziam um desenho, experimentavam empiricamente na rua, com algumas corridas e saltos (6.0) e então reconsideravam no contexto de fazerem regras formais

(7.0). As múltiplas formas de simbolizar a questão facilitaram a clareza com a qual as crianças puderam debater essas relações (8.0) usando os bonecos na pista em miniatura (cerca de três pés de comprimento em uma mesa estreita).

Augusto diz que, quanto mais veloz o corredor, mais longo o salto. Também especula que se as crianças tivessem mais espaço para correr, poderiam correr mais rápido e, portanto, saltar mais longe. Portanto, propõe que façam uma regra de que as meninas podem começar a corrida antes do toque do pé (linha de salto), colocando o boneco que representa a menina atrás da linha de partida (Figura 10.3a).

Stephania, talvez porque veja "a si mesma" sendo colocada mais para trás, solidariza-se com as participantes e diz: "Não, se elas começarem antes, ficarão cansadas e não conseguirão, elas não poderão saltar". Ela está prestes a mover o boneco quando Lorenzo intervém.

Lorenzo diz: "Talvez eu tenha entendido mal. Ela tem de começar mais para a frente, porque tem muito pouca força e assim não ficará muito cansada". Com essas palavras, move o boneco que representa a menina para a frente da linha original de partida mais próximo à linha de salto que o boneco do menino (Figura 10.3b).

Nem Stephania nem Silvia gostam dessa ideia. Stephania assume uma posição firme. "Ei, não, espere aí. Já decidimos sobre a regra. As meninas devem começar na mesma linha de partida que os meninos." Ela então move o boneco da menina de volta à linha original de partida adjacente ao boneco do menino (Figura 10.3c)

O que impressiona nessa discussão do grupo é a rapidez tanto de Lorenzo quanto de Stephania para relacionarem suas ideias ao estado atual do debate. Os objetos em réplica ajudam as crianças a manterem relações complexas em mente, de modo que podem realizar transformações mentais sobre essas relações. Eles também servem como ferramentas de apresentação da ideia de cada criança. Portanto, os símbolos em réplica são bastante úteis para acompanhar-se as relações, apresentá-las e transformá-las para a revisão pelos outros membros do comitê. Se essas crianças tivessem se baseado exclusivamente em símbolos verbais, certamente teriam sido distraídas por demandas cognitivas das expressões verbais. Os objetos em réplica ajudam as crianças a tirarem a ambiguidade de seus significados e a avançarem com a substância do tema em questão.

> As professoras descobriram muitos modos de ajudar as crianças a externalizarem seus pensamentos para os outros, o que tornou possível às crianças compartilharem um significado comum. As professoras frequentemente ofereciam a elas réplicas para que pudessem explicar relações complexas, como em um projeto para explicar as regras do "Deixe Cair o Lencinho" ou para explicar a direção das sombras ou um reflexo em uma poça de água.

Colocam a menina mais para trás, para dar-lhe mais espaço de corrida.
Figura 10.3a

Colocam a menina mais para frente, para que nao se canse.
Figura 10.3b

Colocam meninos e meninas na mesma linha.
Figura 10.3c

Figura 10.3 Três colocações dos objetos em réplica durante um debate sobre uma possível vantagem para as meninas.

O final dessa porção do ciclo levou diretamente (8.0) ao desenho de pôsteres para as regras da sequência do salto em distância. Neste ponto, elas "comissionaram" uma criança fora do comitê, conhecida por suas habilidades no desenho, para desenhar seis figuras para diferentes momentos do salto em distância (Figura 10.4).

Figura 10.4 As seis figuras da sequência do salto em distância.

Essas quatro crianças perceberam que, para que a competição fosse justa, as regras precisavam estar claras e permanentes em alguma espécie de pôster (8.0). Decidiram fazer seis pôsteres, um para cada componente do salto em distância.

> Antes, elas pensavam em fazer um grande pôster que contivesse todas as regras, mas mudaram de ideia. Um pôster, raciocinaram, seria muito confuso. Esse é um outro exemplo de como as crianças pensaram sobre o valor da comunicação e de seus símbolos. Como uma técnica geral em todos os projetos, as professoras frequentemente apresentam o projeto visando à comunicação com crianças menos informadas.

Nos seis pôsteres, as crianças desenharam onde os corredores deveriam começar. As pegadas na Figura 10.5a mostram os movimentos legais e ilegais, as pegadas marcadas com um X indicam que o corredor começou à frente da linha de partida. Na Figura 10.5b, as crianças explicam que cada participante tem três chances de começar na linha correta. Contudo, se o participante dá uma terceira largada falsa, indicada pela seta, ele está fora da competição.

Na Figura 10.5c, elas afirmam que as crianças pequenas têm até três dias para decidirem quando começarão sua corrida. A mão com o relógio indica que, em geral, os participantes têm cinco minutos para começar seu salto. Mas se uma criança é pequena e tímida, ela tem três dias. O sol e a lua realizam um ciclo por três dias inteiros. Se ela não começar sua corrida nesse período, deve ficar fora da competição por um ano, o que seria triste (ver ícone de olho chorando).

Os símbolos são usados e reutilizados, tais como o olho chorando nas Figuras 10.5b e 10.5c, o fundo para todos os pôsteres e o desenho da própria pista. A Figura 10.5d afirma que as crianças podem correr na maior velocidade possível, mas devem fazê-lo dentro das linhas de limites laterais da pista. Na Figura 10.5e, intitulada *toque do pé*, a regra afirma que o salto deve ser feito sempre com o pé direito e que não se pode começar o salto com um passo dentro da caixa de areia (ver as pegadas com um X para indicar saltos ilegais). A Figura 10.5f combina regras sobre a posição para o salto ("deve-se saltar como se se estivesse sentado, colocando os braços para a frente como se na direção de um carro") e regras sobre como medir o salto. O texto e os desenhos mostram que as pegadas são medidas, jamais com uma posição diagonal da fita métrica, mas mantendo-a sempre reta. E outro modo para a medição "pode às vezes ser mais longa e às vezes mais curta".

Figura 10.5 Seis pôsteres para regras do salto em distância.

As seis figuras do saltador foram fotocopiadas e depois usadas pelo comitê para a confecção dos pôsteres. Assim, esses ícones tornaram-se um tipo de morfema em figura, uma pequena unidade de significado. Olhe para o saltador na linha de partida, a figura do saltador de pé, ereto. Esse ícone aparece nas Figuras 10.5a, 10.5b e 10.5c. As regras declaradas no texto desses pôsteres (não mostradas, mas impressas nos pôsteres originais) lidam todas com condições anteriores à corrida em si mesma.

Ainda assim, o contexto para o ícone da figura ereta muda levemente, à medida que as crianças a colocam em diferentes locais. Na Figura 10.5a e 10.5b, a figura está fora da pista de corrida. Nesses dois pôsteres, o ícone tem um significado levemente diferente do significado na Figura 10.5c, onde ele está dentro da pista de corrida. Na Figura 10.5c o ícone é um retrato da ação sob discussão, assim como as pegadas. Contudo, nas Figuras 10.5a e 10.5b, a figura apresenta um estado mais declarativo, em vez de se referir ao procedimento. Isto é, o ícone nesses dois pôsteres diz: Este é um pôster sobre regras para a largada. Contudo, o ícone em si mesmo, na Figura 10.5a e 10.5b, não dá qualquer instrução sobre o procedimento, diferente da Figura 10.5c. O ícone na Figura 10.5c mostra onde o corredor deve começar, isto é, o ícone é colocado em um espaço em réplica e parte de seu significado é extraído de sua localização espacial. Essas variações de significado são transmitidas por uma protossintaxe, a relação de um símbolo com os outros símbolos.

Observe que as crianças apreciam a adequação etária dos diferentes tipos de símbolos. O entendimento é tornado claro por uma discussão que as crianças tiveram sobre o agrupamento de três símbolos no canto superior esquerdo. Uma vez que os pôsteres serão vistos por todas as crianças na Escola Diana, nosso comitê decidiu usar figuras para as crianças pequenas, setas e pegadas esquemáticas para as crianças de idade intermediária, e palavras e letras para as crianças com mais de cinco anos (ver Figura 10.6).

Figura 10.6 Três símbolos para uma audiência de múltiplas idades.

Portanto, o contexto da comunicação dá às crianças uma razão para usarem um determinado conceito através de uma variedade de símbolos, o que, por sua vez, aumenta a profundidade do conhecimento construído pelas quatro crianças autoras desses pôsteres.

As professoras frequentemente encorajam as crianças a inventarem símbolos individualmente e depois escolherem os melhores dentre os "candidatos". Elas elegem o conjunto de símbolos que melhor captura o significado pretendido. A prática de escolher alguns e eliminar outros símbolos faz com que as crianças falem no nível metassimbólico. Por exemplo, no caso das pegadas inventadas, as crianças escolheram as com setas por serem menos ambíguas e a desenhada em papel dobrado por mostrar tanto o movimento à frente quanto o salto (Figura 10.5e, o toque do pé enquanto salta). As críticas ao trabalho uns dos outros são comuns em outros projetos, tais como em um projeto de confecção de um mapa, em que um grupo de crianças de 5 anos debateu o uso de rabiscos por um dos membros para uma audiência de crianças de 3 anos *versus* a insistência de outros membros de que os ícones pictóricos seriam melhores mesmo para crianças de 3 anos (ver Cap. 9, neste volume).

Em resumo, a sequência do salto em distância foi elaborada pelo ciclo de fotografias (1.0), corrida real e saltos na rua (5.0), debate sobre questões de vantagem usando pequenos bonecos de madeira (7.0), fazendo grandes gráficos em pôsteres para o estudo pelos colegas da classe (8.0), culminando nas explicações verbais sobre o projeto (22.1). Portanto, vemos como um projeto comum pode emprestar integridade às várias atividades simbólicas e aprofundar o conhecimento sobre o mundo, bem como as próprias habilidades. Cada parte do ciclo relaciona-se com as demais e aprofunda detalhes e sutilezas, à medida que o ciclo avança.

Medindo a distância saltada

Os ciclos são interligados. Qualquer ciclo pode alternar-se com outro à medida que as crianças saem e retornam a um determinado problema. O problema de criar um meio confiável de medir o salto foi um dos ciclos mais interessantes do projeto. O ciclo de simbolização apresenta muitas reviravoltas e laços, demasiado complexos para este capítulo (ver o *videotape* de Forman-Gandini para uma análise aprofundada desta interessante parte do projeto do salto em distância). Alguns aspectos importantes são destacados a seguir.

As crianças sabiam que desejavam algo mais que a pegada na caixa de areia como um registro do salto. Elas queriam um registro tanto portátil quanto acurado. Sua primeira ideia foi usar um pedaço de barbante. Cada salto seria "medido" cortando-se o barbante na distância linear da pegada na caixa de areia até a linha de salto. Os barbantes seriam então esticados, com seus pontos de partida juntos, para verificar-se qual o mais longo. O barbante mais longo, portanto, seria um análogo do mais longo de qualquer conjunto de saltos.

Contudo, registros análogos são problemáticos e são, em certo sentido, locais. São locais no sentido de cederem um vencedor apenas quando um salto rival é fisicamente comparado com o do atual vencedor. Além disso, os registros análogos são apenas ordinais, em sua natureza. Isto é, não se pode dizer em que quantidade um salto excedeu outro. Com os barbantes, podemos apenas dizer que o salto de Augusto foi o mais longo, o de Silvia o segundo mais longo e assim por diante. Esses são os temas com os quais as crianças estavam lidando em seus esboços (3.0) e então, mais especificamente, em um pôster especial (18.0) e usando o cordão para medir (19.1).

As crianças percebem (19.2) que os cordões não são a representação cultural preferível para a distância. Não está claro por que decidiram usar a fita métrica, mas podemos especular que elas pelo menos recordaram por ouvir falar, por fotos e outras experiências, que medições com fita são o que se usa. Portanto, o que começa no item (19.2), ou seja, aprender a usar a fita métrica, continua por muitos dias, já que aprender a usá-la não foi um esforço menor do que aprender a lidar com anotação de valores de nosso sistema numérico.

Em (19.3) as crianças perceberam que os numerais pretos, escritos a cada 10 centímetros na fita métrica, repetiam-se. Isso, naturalmente, é verdade porque, digamos, o numeral "20" em preto ocorreria novamente a cada metro. Os numerais em vermelho, que representavam os metros, não ocorriam novamente. As crianças decidiram que havia algo errado com a fita métrica e quiseram cortá-la no primeiro numeral vermelho, porque o primeiro metro não apresentava problemas (ele não tinha numerais em preto repetidos). Em vez de arruinarem a fita métrica, elas se dispuseram a copiar em tiras de papel o primeiro metro da fita métrica de tecido. Enquanto faziam isso, colocaram lado a lado as tiras de 1 metro, para confirmarem que tinham o mesmo comprimento. Contudo, depois raciocinaram que essas tiras, individualmente, não seriam de grande ajuda, se alguém saltasse mais de 1 metro. E esses saltos maiores frequentemente ocorriam, na prática.

As crianças então estenderam as fitas, unindo as pontas, para poderem medir os saltos maiores. E ao fazerem isso, fizeram a importante descoberta de que as tiras de papel não eram diferentes da fita métrica. Isso significava, inversamente, que a fita métrica era, na verdade, uma série de tiras de um metro unidas. Portanto, os numerais em preto repetidos foram explicados da mesma forma que os numerais pretos "repetidos" que ocorriam nas três tiras de fitas métricas de papel que haviam copiado. *Voilá!*

Copiar a fita métrica de tecido, algo como copiar símbolo de símbolo, não foi um evento trivial. Por um lado, ao copiarem símbolos, às vezes muito literalmente, começaram o processo de regularização do artefato cultural. Por outro lado, tendo transformado aquele único objeto (fita de pano) em três objetos (fitas métricas de papel), as crianças começaram a concentrar-se em cada metro como sendo uma ponta. Isto é, a separação física de uma tira de um metro, juntada ponta a ponta com outra fita, tornava mais fácil considerar que o fim de um metro é o início do outro metro. Este é o conceito chave que faltava, quando preocuparam-se pela primeira vez acerca da repetição dos numerais em preto na fita de pano. Ao fazerem um símbolo de um símbolo, estavam mais aptas a entender o sistema original do símbolo: a fita métrica.

Neste exemplo de fazer uma réplica de papel da fita métrica, vemos uma outra técnica didática geral usada nessas escolas. As crianças são encorajadas a fazer símbolos de símbolos, o que as encoraja a assumir uma posição metassimbólica outro com o símbolo. Em outro projeto as crianças reinventaram os símbolos rodoviários, mas com o intuito de dar orientações a um cavaleiro de armadura sobre a localização do castelo da bruxa malvada. Em um outro projeto, as crianças fizeram figuras das mudanças na *piazza*, olhando fotografias da *piazza*, que apresentava modificações da manhã para a tarde. No ato de elaborar símbolos para símbolos, as crianças tornam-se mais conscientes de como ele carrega sua mensagem.

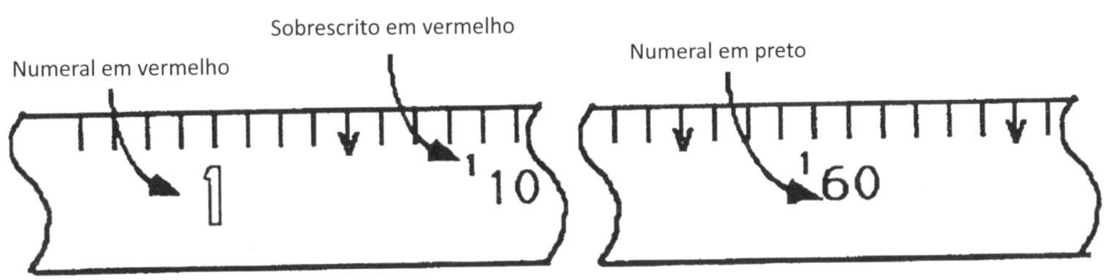

Figura 10.7 A fita métrica de tecido – grandes numerais em vermelho representam os metros.

As crianças, em vez de copiarem toda a fita, passaram a copiar apenas os numerais (19.4). Nesse ponto, elas estavam pensando mais sobre fazer um registro da distância saltada do que tentar entender a fita métrica em si. O ciclo de simbolização muda da confecção objetos (a fita métrica) para a confecção de um registro (os numerais). É uma mudança importante, e eventualmente levará as crianças a reconstruírem notações sobre valores básicos padronizados. Uma vez que embarcarem nesse novo objetivo, descobriremos que estão presas em uma armadilha, no meio do caminho, entre fazer figuras e fazer notações de números. Esses símbolos transitórios ocorrem durante as atividades 19.4 e 19.6.

As crianças inventaram um conjunto de marcas de contagem para ajudá-las a unir os números em preto na fita métrica com as pequenas marcas que representavam, na fita métrica, centímetros não numerados. O salto que estava sendo medido era de 1 metro e 65 centímetros.

Na fita métrica o numeral 60 estava impresso em preto e à esquerda estava colocado, em sobrescrito vermelho, o numeral 1. As crianças copiaram literalmente a marca imediatamente adjacente para a fita adesiva fixada no chão (*ver box anterior sobre a importância da cópia de símbolos*). A fixa adesiva, em si mesma, marcada no local onde o pé do saltador atingira primeiro. As crianças compreenderam que marcar um único risquinho no papel não transmitiria qualquer significado, embora a fita adesiva estivesse realmente próxima desta marquinha. Para sermos mais exatas, esta fita métrica possuía uma pequena seta a cada quinto risquinho que representava centímetros não numerados como um auxílio adicional para uma localização melhor dos risquinhos não numerados. As crianças copiaram também esta seta.

O numeral 60, mais os risquinhos, fizeram sentido para as crianças (observe que elas eram bastante casuais acerca do número exato de centímetros – ou risquinhos – não numerados, talvez porque, como uma criança disse, essas marcadas "não são suficientemente importantes para serem numeradas"). O numeral 60 servia para dizer onde as marcas de contagem estavam na fita, como uma espécie de vizinho próximo mais importante. Assim, seu sistema inventado era perfeitamente confiável, se desejássemos apenas localizar o ponto na fita métrica que corresponde às marcas feitas no chão.

Figura 10.8 Notações transitórias de marcas de contagem para valor numérico.

Esta invenção tornou óbvia para as crianças a necessidade de lidarem com valores numéricos padronizados. Nesta transição, o zero representa unidades, assim como as várias marcas de contagem depois dele. O sistema de símbolos usa tanto o sistema de numeral, parcialmente, quanto uma representação na forma de marcas de contagem (*risquinhos*), parcialmente, um híbrido análogo/digital de grande apelo intuitivo.

Duas crianças, Stephania e Lorenzo, ficaram insatisfeitas com o sistema híbrido, ao verem na régua de carpinteiro (19.5), uma ferramenta na qual todas as marcas de centímetros têm numerais impressos acima delas. Usando uma tesoura, aberta e mantida nesta posição, as crianças determinam que 10 unidades na fita métrica de tecido é sempre a mesma abertura que 10 unidades na régua de carpinteiro de madeira. Portanto, através de um tipo de raciocínio transdutivo, elas concluem que essas pequenas marcas pretas na fita métrica de tecido podem ser representadas como numerais. Nesse ponto, Stephania e Lorenzo tornam-se determinados a usar apenas numerais, sem marquinhas, para representarem o local onde a fita adesiva toca a fita métrica.

A professora lhes dá então a distância de "34 centímetros" e pede que encontrem este número na fita. Este número é menor que um metro, de modo que as crianças precisam encontrar o primeiro grupo de 34 centímetros. E este número não cai em um numeral preto impresso nem em nenhuma das setas. As afirmações seguintes vêm diretamente de um registro de observação sobre como as crianças solucionaram este problema.

Assim, as crianças olham para o primeiro número preto que possui um 3. Quando o encontram, elas percebem que este tem um zero ao lado, que é o número 30. Para eliminarem este zero, elas pretendem removê-lo, simplesmente tirá-lo do caminho por enquanto. Agora elas sentem-se confortáveis chamando 30 de "três". Então, elas contam as linhas pretas além de 30 dizendo: "um, dois, três, quatro, igual a trinta e quatro". Portanto, o três e o quatro juntos podem referir-se tanto a dezenas quanto a unidades. Três para centímetros e quatro para as marcas em preto.

A partir daí, as crianças fizeram sua primeira tentativa para o uso de um sistema numérico padronizado que junta símbolos para dezenas e unidades em um numeral com múltiplos dígitos. As unidades na primeira coluna podem não ser muito bem entendidas, como visto na necessidade das crianças para eliminarem o zero. Contudo, com esta profundidade de processamento, um entendimento completo pode estar muito próximo.

A construção da anotação de valores numéricos na verdade veio depois das regras para o uso de numerais vermelhos e pretos na fita métrica. Leia isto com o devido respeito, mas aprecie que essas regras ainda não significam que as crianças compreenderam os valores numéricos em si mesmos. O que as regras seguintes realmente indicam, entretanto, é o entendimento de uma lógica condicional: ignore o preto quando um salto tem um vermelho sobrescrito, atente para o preto quando ambos os vermelhos são iguais. A Figura 9 apresenta uma lista impressa das regras, à medida que as crianças as ditavam à professora.

A esperteza deste conjunto de regras está no uso da cor. Designando o local das "centenas" como vermelho (i.e., 2 é realmente 200 centímetros) e designando o preto como centímetros, elas podem copiar a fita literalmente, sem terem de lidar com um valor numérico monocromático. Em outras palavras, 135 é uma centena e trinta e cinco centímetros. Contudo, as regras cederiam uma leitura de 1 vermelho e 35 pretos. Esta codificação de cores indicaria uma forma mais qualitativa de numeração, algo como, 1 gigante e 35 anões. Não estamos certos quanto a se as crianças compreendem que a diferente entre 100 e 101 é a mesma que a diferença entre 10 e 11. Além disso, as regras não ajudam quando um salto cai em 34 ou em qualquer outro lugar sem um numeral preto impresso na fita. É por isto que Stephania e Lorenzo continuaram sua luta pelo entendimento, quanto confrontados com a régua de carpinteiro.

Para resumirmos este ciclo de simbolização, as crianças primeiro fazem marcas no chão. Para compararem as marcas, elas fazem cordões com o mesmo comprimento que o salto. Os cordões são análogos espaciais do salto, mas apresentam problemas, quando se deseja determinar a extensão de um determinado salto ou quanto um salto é mais longo que outro. A medição com fita, um outro sistema de símbolo, parece relevante, mas apresenta um problema: como traduzir as marcas na fita em um registro confiável. As crianças criam um símbolo híbrido de risquinhos e numerais, mas estão insatisfeitas com a combinação de numerais e risquinhos. Esta insatisfação vem de uma comparação de dois artefatos culturais, a fita métrica e a régua de carpinteiro. Ela também pode vir da consciência de que uma extensão pode ser declarada precisamente, ao invés de aproximadamente. Assim, duas crianças continuam em sua busca por um sistema numérico convencional, e em grande parte, têm sucesso. Os diferentes sistemas de símbolos são maravilhosamente inter-relacionados e criam o tipo de conflito construtivo que consideramos como sendo o poder desta abordagem multissimbólica à educação.

A fim de escrevermos a medida, escrevemos com a caneta vermelha o número em vermelho (esses são os metros) e. com a caneta preta os números em preto (esses são os centímetros).
Escrevemos todas as medições em um grande pedaço de papel.
Depois nós olhamos os números em vermelho, que são os mais importantes
Depois olhamos os números em preto.
O vencedor é aquele que tem o maior número em vermelho ou o maior número em preto ou se dois têm o mesmo número em vermelho, o vencedor é aquele que tem o maior número em preto.

Figura 10.9 As regras escritas para uso da fita métrica de pano.

Símbolos e sistemas de símbolos

Assim termina este conjunto particular de visões das complexidades do Projeto do Salto em Distância da Escola Diana. Desta documentação, podemos aprender muito acerca de como os sistemas de símbolos podem apoiar uns aos outros ou gerar um conflito construtivo. Enquanto essas crianças tentavam obter um entendimento mais coerente de tempo, distância e regras de igualdade, elas externalizaram suas teorias incipientes como ícones, gestos, fala, texto, pictogramas, diagramas e anotações. Esses símbolos estavam embutidos na coerência de um evento do mundo real que, por sua vez, ajudou a converter uma lista aleatória de símbolos em um sistema simbólico.

Uma lista de símbolos pode ser julgada pela facilidade de leitura de cada símbolo. Quando esses símbolos individuais são usados e repetidos em um dos ciclos discutidos acima, os símbolos criam algo novo, uma sintaxe de espécies. Assim, quando um relógio é combinado com símbolos de sol-lua (Figura 10.10), o relógio refere-se ao início de um evento. Quando, contudo, o símbolo do relógio de pulso é colocado entre cada fileira de saltadores em um pôster posterior (18.0), este símbolo do relógio refere-se ao intervalo entre cada tentativa. O significado central, o intervalo breve, é preservado, mas as relações sintáticas dão nuance ao símbolo. Vimos este mesmo uso de relações sintáticas com as setas, as pegadas e a transição dos numerais pretos e vermelhos para numerais monocromáticos. Os valores numéricos são essencialmente um sistema sintático.

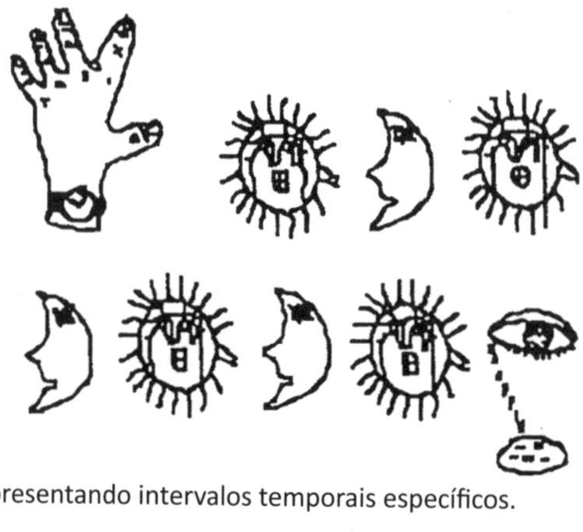

Figura 10.10 Símbolos representando intervalos temporais específicos.

"As Cem Linguagens da Criança" é o título escolhido pelos educadores em Reggio Emilia para referir-se à sua exposição itinerante. A adequação desse título tem sido interpretada diferentemente por educadores americanos. Para alguns, o título refere-se à sua apreciação da diversidade com a qual as crianças aprendem. Para este capítulo, o título foi interpretado como significando que todas as crianças aprendem melhor quando podem usar múltiplos sistemas simbólicos para o entendimento de relações complexas, particularmente quando essas relações complexas são parte de um projeto do mundo real que dá a essas relações uma gestalt holística. Este holismo garante que o sistema simbólico convergirá, finalmente, para um conhecimento aprofundado, ao invés de aumentar os fatos.

NOTAS

1. Desejo agradecer a Mary Scott, diretora do Cushman Hill Children's Center, por comentar sobre versões anteriores deste capítulo e a meus coeditores por me ajudarem a dizer menos do que eu desejava, mas não menos do que deveria.
2. Este projeto foi dirigido por Laura Rubizzi e sua coprofessora Paola Cagliari, e Vea Vecchi, a *atelierista*, que também documentou o projeto. Loris Malaguzzi foi, com frequência, nosso consultor.
3. Todos esses fatores são apresentados em uma fita de vídeo de duas horas entitulada "O Salto em Distância: Uso de Projetos do Pequeno Grupo na Educação Precoce – Reggio Emilia, Itália" – *The Long Jump: Using Small Group Projects in Early Education – Reggio Emilia, Italy* –, produzido por George Forman e Lella Gandini. Disponível através da Performanetics Press, 19 The Hollow, Amherst, MA, 01003.

"Um dinossauro de pescoço longo". Desenho feito por Valentina, Escola Anna Frank.

11

Desenvolvimento do currículo em Reggio Emilia – um projeto de currículo de longo prazo sobre dinossauros

Baji Rankin

Paolo (5.8): "Os dinossauros são enormes..."
Federico (6.0): "É quase como se esmagássemos uma formiga".
Paolo: "E os dinossauros nos esmagariam!"

Esse diálogo entre Paolo e Federico é um fragmento das muitas conversas que ocorreram durante um projeto sobre dinossauros em uma pré-escola de Reggio Emilia. Este capítulo descreve o desdobramento desse projeto, que ocorreu ao longo de quatro meses (44 sessões separadas), de meados de fevereiro a junho de 1990. Um grupo de crianças de 5 e 6 anos da Escola Anna Frank para crianças de 3 a 6 anos fez parte do projeto, orientado por sua *atelierista*, Roberta Badodi. Meu papel evoluiu gradualmente de observador a participante, enquanto documentava a experiência para Roberta e para mim mesmo em fitas de áudio, *slides* e em vídeo. Roberta usaria a documentação em seu trabalho com crianças, professores, pais e comunidade. Eu a usaria para entender melhor a abordagem de Reggio Emilia e para comunicá-la depois a audiências norte-americanas (RANKIN, 199-?).

Vivi em Reggio Emilia durante a maior parte de um ano escolar, um período de nove meses entre outubro de 1989 e junho de 1990. Viver em Reggio por um período tão extenso permitiu-me observar e participar de projetos, bem como do sistema geral de relacionamentos sociais da Escola Anna Frank, do sistema municipal de educação para a primeira infância e da cidade.

COMO TUDO COMEÇOU

Ouvi falar pela primeira vez sobre Reggio Emilia em 1982, quando conduzia minha tese para o CAGS (Certificado de Estudos Graduados Avançados) na Itália sobre a política relativa à educação infantil precoce (RANKIN, 1985). Impressionado pela profunda filosofia, ambientes estéticos, espírito de reciprocidade, tolerância ao conflito e integração entre teoria e prática, levei meu interesse avante durante os sete anos seguintes de trabalho e estudo nos Estados Unidos, chegando finalmente à decisão, em 1989, de retornar a Reggio e realizar minha dissertação doutoral sobre o desenvolvimento do currículo emergente.

Meus primeiros meses de investigação exploratória levaram a decidir estudar o curso de um único projeto. Apoiado pela administração de Reggio, iniciei meu trabalho com Roberta Badodi em meados de fevereiro. Ela estava prestes a começar um novo projeto com crianças e graciosamente aceitou minha presença, junto com todas as minhas dúvidas, comentários, câmeras fotográficas, fitas, e até mesmo convidou-me a participar ativamente. Ela recebeu minhas dúvidas e comentários como um estímulo bem-vindo para seu próprio crescimento profissional.

Uma receptividade similar estava aparente em todos os educadores com os quais trabalhei em Reggio Emilia, um exemplo de sua filosofia orientadora de reciprocidade, ou circularidade, colocada em ação. Carlina Rinaldi, pedagoga na Escola Anna Frank, foi um modelo particularmente forte dessa atitude. E de várias maneiras, todos os professores e a equipe demonstraram interesse em aprender comigo – alguém com uma bagagem cultural e um conjunto de experiências diferente das que tinham – assim como tentam aprender com todos os que visitam suas escolas.

O que, então, os educadores dos Estados Unidos podem aprender de meu relato sobre o desdobramento do projeto em Reggio Emilia, quando nossas culturas, sistemas de educação e realidades políticas são tão diferentes? Muitas pessoas nos Estados Unidos, ao tomarem conhecimento da abordagem de Reggio Emilia, fazem perguntas tanto grandes quanto pequenas. Como a abordagem de Reggio difere da educação progressista, da e educação aberta e dos movimentos que têm sido uma parte importante de nossa experiência nos Estados Unidos? Como a abordagem de Reggio Emilia compara-se aos conceitos por trás da "prática desenvolvimentalmente apropriada", como definida pelos parâmetros da *National Association for the Education of Young Children*? Como o currículo emergente de Reggio se compara ao que os educadores norte-americanos tentam implementar na "abordagem do projeto"? Mais especificamente, qual é o papel do professor quanto a orientar a aprendizagem das crianças; quanto o professor guia e estrutura sua atividade? Todas essas questões são consideradas em profundidade neste livro. Este capítulo, entretanto, é o único a oferecer observações empíricas sobre o desdobramento real ao longo do tempo de um projeto em particular. Meu objetivo é oferecer a espécie de informação que os leitores podem usar para melhor chegar às suas próprias conclusões no que se refere a essas importantes questões.

O projeto do dinossauro, como qualquer outro em Reggio, possui seu próprio momento e sequência de eventos únicos. Jamais poderia ser exatamente duplicado em Reggio Emilia ou em qualquer outro local. Roberta tomou numerosas decisões baseada no grupo particular de crianças com as quais trabalhava, suas preferências e capacidades e características diárias de atuação. Portanto, este relato não deve ser imaginado como a oferta de um modelo a ser copiado, mas ao invés disso, como uma descrição de um processo que ilustra princípios que podem ser aplicados em outras situações. Um princípio central é o de *reciprocidade* que envolve a orientação mútua do processo educacional pelo professor e aprendiz e responsividade em trajetos circulares de comunicação, carinho e controle (ver Malaguzzi, Cap. 3, neste volume). Uma metáfora usada pelos educadores em Reggio Emilia para descreverem este senso de reciprocidade é a de uma bola sendo lançada (ver Edwards, Cap., 9 neste volume). Como Tiziana Filippini disse em sua palestra de 1990 na *National Association for the Education of Young Children*:

> Nossas expectativas sobre a criança devem ser muito flexíveis e variadas. Nós devemos ser capazes de sentir perplexidade e prazer – como as crianças frequentemente fazem. Nós devemos ser capazes de pegar a bola que as crianças nos lançam, e jogá-la de volta a elas de uma forma que faz com que as crianças desejem continuar jogando conosco, desenvolvendo, talvez, outros jogos enquanto avançamos.

Os adultos envolvidos no projeto do dinossauro tentaram lançar a bola exatamente desta forma.

O DESDOBRAMENTO DO PROJETO

O contexto de início

Na Itália, assim como nos Estados Unidos, imagens de dinossauros são muito comuns. As crianças entram em contato e adquirem informações sobre dinossauros através de livros, de filmes, da televisão e de brinquedos. Com frequência, ficam fascinadas e excitadas, bem como preocupadas ou amedrontadas, pelas imagens que vêem daqueles dinossauros imensos, poderosos e agressivos.

As crianças em Reggio Emilia, exatamente como em outros locais, gostam de trazer coisas de casa para a escola. Na escola Anna Frank, desde o outono de 1989, professores de crianças de 5 a 6 anos perceberam que muitas estavam trazendo dinossauros de brinquedo para a escola. As brincadeiras das crianças ocasionalmente voltavam-se espontaneamente para os dinossauros. A professora percebeu isto, valorizando o interesse por dinossauros como uma oportunidade para entender mais sobre as crianças. Em harmonia com o princípio da reciprocidade, os professores decidiram começar uma jornada junto com as crianças e estudar dinossauros em profundidade.

Como é prática comum em Reggio Emilia, um grupo de crianças, ao invés de toda a classe, conduziu este projeto. Educadores em Reggio (ver Malaguzzi, Cap. 3, e Rinaldi, Cap. 5, neste volume) acreditam que o trabalho em um pequeno grupo ativa a aprendizagem e o maior intercâmbio de ideias. Todos beneficiam-se quando o trabalho do pequeno grupo é associado com a rotação sistemática (de modo que cada criança participa em pelo menos uma dessas experiências durante o ano), interação entre o grupo do projeto e toda a classe em pontos fundamentais (de modo que o conhecimento e os insights são compartilhados) e colaboração entre os adultos – pais, professores, *atelierista* e pedagoga (para lidar com as complexidade e problemas que surgem e crescem a partir de tudo o que é aprendido). No caso do projeto do dinossauro, os adultos decidiram trabalhar com as crianças mais interessadas em dinossauros. Essas crianças representavam o espectro da classe em termos de maturidade cognitiva e linguística, e estavam quase que igualmente divididas entre meninos e meninas.

Uma outra prática habitual em Reggio Emilia é a de, antes de as crianças se organizarem para o início de um projeto, os adultos envolvidos reunirem-se para a discussão das várias possibilidades, hipóteses e rumos potenciais que o projeto pode tomar. Isso é importante, como Carlina Rinaldi apontou em um encontro com Roberta e comigo, em 20 de abril de 1990.

> Se os adultos pensaram em 1.000 hipóteses, então é fácil aceitar que pode haver 1.001 ou 2.000 hipóteses. O desco-

nhecido é mais fácil de aceitar e os adultos são mais abertos a novas ideias quando eles próprios geraram muitas potencialidades. O problema vem de se ter apenas uma hipótese que então chama toda a atenção do adulto.

Assim, antes de iniciar o projeto com as crianças, Roberta e Carlina debateram muitas possibilidades e rumos potenciais. Elas também formularam algumas questões "provocadoras" para que Roberta usasse em uma primeira discussão com as crianças, para abrir o projeto e avaliar seu nível inicial de conhecimento sobre dinossauros. Os adultos haviam gostado da ideia do estudo sobre dinossauros pelas crianças, e agora desejavam devolvê-la às crianças de um modo que pudesse gerar observações, questões, sugestões, hipóteses e estabelecer a direção inicial do trabalho no projeto.

A colaboração contínua entre adultos durante todo o projeto é crítica para seu progresso. Neste caso, os adultos primeiramente envolvidos foram a *atelierista*, que trabalha exclusivamente na Escola Anna Frank, a pedagoga, Carlina, que trabalha com adultos em diversas pré-escolas e creches do município, e eu próprio (em muitos outros projetos, as professores da turma assumem papéis de liderança também, por exemplo, ver o Projeto do Salto à Distância, descrito por Forman no Cap. 10 deste volume). Assim, nós três nos encontramos para conversar e planejar juntos através de vários meios. Mantivemos reuniões formalmente marcadas. Realizamos frequentes chamadas telefônicas para Carlina durante muitas fases do projeto. Mantivemos conversas informais sempre que Carlina vinha à escola para outras finalidades. Roberta e eu conferenciamos continuamente – antes, durante e após os períodos de atividade. Roberta manteve frequentes discussões com as duas principais professoras da classe de crianças de 5 a 6 anos para informá-las e envolvê-las nos eventos.

O início

A fase inicial é uma parte essencial de qualquer projeto: o objetivo é ser franco e avaliar o conhecimento e interesse das crianças no que se refere ao tema. Os adultos desejam ajudar as crianças a estabelecer um contexto no qual essas possam descobrir suas próprias questões e problemas para explorar. O objetivo é ajudar cada indivíduo e o grupo como um todo a avançar a construção e coconstrução do conhecimento. Portanto, ao invés de apenas responderem àquelas questões que os adultos acham que lhes interessarão, as crianças são envolvidas já desde o início na definição de questões a serem exploradas.

A fase inicial também envolve o estabelecimento da comunidade do pequeno grupo. É colocada ênfase sobre a aprendizagem como um grupo e sobre o desenvolvimento de um senso de "nós". Os educadores de Reggio Emilia usam a expressão "*Io chi siamo*" ("O eu que nós somos") para expressarem a ideia de que é dentro deste espaço compartilhado do "nós" que cada criança pode oferecer seu melhor pensamento, levando a um intercâmbio rico e fértil no grupo e estimulando algo novo e inesperado, impossível de ser criado por uma única pessoa sozinha. O papel da professora neste processo é estimular cada criança a participar e crescer, tanto quanto possa, dentro do contexto da investigação no grupo. Isto é realizado dentro de uma compreensão de que o projeto pertence ao grupo; cada criança é uma parte, essencial mas apenas uma parte. A realidade do "nós", que os educadores de Reggio creem estar dentro de cada criança desde o nascimento, é valorizada e encorajada em todas as atividades da vida escolar. Neste sentido, o tema ou conteúdo real do projeto não é tão importante quanto o processo de as crianças pensarem, sentirem, trabalharem e progredirem junto a outras pessoas.

No começo do projeto do dinossauro, portanto, cerca de metade da classe de crianças de 5 e 6 anos juntou-se no atelier da Escola Anna Frank pela primeira vez. Roberta, estabelecendo o senso de "Io chi siamo"("Eu que *somos*"), explicou às crianças que essas estariam trabalhando com o tema de dinossauros por algum tempo. Ela encorajou todas as crianças a darem o melhor de si e apontou a oportunidade especial de trabalharem juntas. Ela iniciou primeiro uma investigação gráfica (pictórica) e depois uma investigação verbal. As crianças começaram a desenhar dinossauros, de qualquer forma que preferissem, sentadas em torno de uma grande mesa quadrada. Elas trabalharam juntas enquanto desenhavam e perguntavam umas às outras questões sobre seus desenhos e sobre outras coisas. Boas ideias espalharam-se de forma contagiosa pela mesa. Diversas vezes uma criança mudou seu desenho em virtude de comentários ou questões de um amigo. "Oh, isto não é um dinossauro. Os dinossauros têm quatro patas!"

Depois que as crianças terminaram seus desenhos, Roberta falou individualmente com cada criança sobre seus desenhos. Depois, ela juntou as crianças novamente para uma discussão em grupo e fez uma série de questões de final aberto, encorajando a discussão entre as crianças. Onde os dinossauros viviam? O que eles comiam? Como eles cuidavam de seus filhotes? Como os filhotes nasciam? Os dinossauros ainda vivem? Quais são as diferenças entre machos e fêmeas? Essas questões, derivadas em parte das brincadeiras e comentários anteriores das crianças. e em parte das questões compiladas pelos adultos, evocaram muito interesse e desejo de resposta.

As ideias discutidas pelas crianças tornaram-se os catalisadores para atividades e conversas posteriores que os adultos devolveram às crianças em outras ocasiões. O jogo estava em andamento. Este processo crítico foi facilitado (como é típico em Reggio Emilia) pela gravação de todas as principais conversas relacionadas ao projeto. As fitas foram transcritas por Roberta em casa e digitadas por mim mesmo e por pais voluntários, de modo que os adultos puderam estudar e refletir sobre o que as crianças haviam ou não dito, sobre os temas que incitavam maior interesse, sobre como as crianças interagiam, e assim por diante (observe, contudo, que em diferentes escolas e em diferentes ocasiões, o processo de transcrição e digitação será realizado por várias pessoas).

Os meninos no grupo do dinossauro – três em particular – começaram com muito interesse, e bom grau de conhecimento e que informaram aos outros. Aqui está um excerto da discussão:

Federico: "Não existem mais dinossauros... porque no meio de todos os animais que já haviam nascido, os dinossauros já existiam; portanto, os dinossauros já eram de duas espécies..."

Francesca: "Mas todos os dinossauros estão mortos. Eles os mataram e enterraram".

Michele: "Não, eles não os enterraram! Eles morreram por si mesmos."

Fabio: "Isto não é verdade [eles foram mortos] porque quem poderia ter matado os dinossauros? As pessoas primitivas estavam lá depois dos dinossauros, de jeito algum quando os dinossauros existiam. Os desenhos mostram que quando havia dinossauros havia pessoas primitivas, mas a realidade é que não havia pessoas primitivas quando os dinossauros existiam. As pessoas primitivas existiram depois dos dinossauros."

Federico: "Os homens vieram quando os dinossauros estavam mortos".

Fabio: "Quando havia dinossauros, existiam todos os pequenos animais que eram todos pequenos insetos quando os dinossauros desapareceram. Eles se tornaram grandes e então se transformaram nos macacos e em todos os outros animais... mas não são os elefantes que existem agora".

A afirmação de Francesca de que "eles enterraram os dinossauros" foi flagrantemente derrotada pelos três meninos, que possuíam mais informações e confiança do que ela sobre o tópico. Eles também concordavam entre si. Esse é um exemplo de conflito cognitivo no qual uma posição domina.

A investigação pictórica revelou diferenças intrigantes entre as formas de pensar de meninos e meninas. Os educadores em Reggio têm percebido que meninos e meninas com frequência abordam as situações diferentemente, e estão interessados em aprender mais sobre essas diferenças. Nessa situação específica o conhecimento dos meninos era mais acurado. Diversos meninos indicaram os dinossauros fêmeas, desenhando filhotinhos dentro da barriga da mãe. As meninas, por outro lado, representavam dinossauros fêmeas usando adornos como cabelos longos e desenhando filhotes próximos à mãe.

No dia seguinte, uma quinta-feira, o segundo dia da investigação, nem as discussões nem os desenhos eram tão ricos ou extensos quanto no primeiro dia. Depois disso, os adultos decidiram aguardar alguns dias antes de continuarem, para avaliar se as crianças estavam genuinamente interessadas o suficiente para avançarem com um projeto de longa duração. Tal projeto exige um profundo senso de investigação por parte das crianças, para a manutenção de seu esforço.

Entretanto, outra possível causa da menor energia no segundo dia pode ter sido a abordagem dos adultos. Reativar um grupo, mantendo a curiosidade de um dia para o outro, é uma tarefa muito importante e delicada. Havíamos optado por introduzir o tópico no segundo dia mais ou menos da mesma maneira que havíamos feito no primeiro. Contudo, talvez tivesse sido mais efetivo focalizar sobre um ou dois dos temas que haviam sido de maior interesse para as crianças no primeiro dia, por exemplo, o período de vida dos dinossauros, seu tamanho, sua origem e desaparecimento ou as diferenças entre fêmeas e machos. De qualquer modo, quando nos encontrados com as crianças na segunda-feira seguinte, seu interesse estava novamente alto quando lhes oferecemos argila para usarem na construção dos dinossauros.

Essas investigações iniciais revelaram os muitos interesses das crianças sobre o tópico dos dinossauros. Em parte, esse interesse refletia as questões que Roberta havia levantado com elas; entretanto, a atenção demonstrada pelas crianças a certas questões e intercâmbios posteriores demonstraram sua genuína curiosidade, bem como suas capacidades de construção cooperativa do conhecimento.

Os adultos usaram de muitas maneiras as conversas das crianças gravadas em fita durante todo o projeto. Referiram-se a conversas específicas enquanto falavam com as crianças. Usaram citações ao falarem com os pais. Ampliaram citações escritas como partes de murais a serem exibidos para toda a escola. Os pensamentos das crianças eram altamente valorizados, e todos sabiam disso – as crianças, os professores e os pais. Como Roberta afirmou (em uma apresentação formal a uma delegação suíça em 9 de maio de 1991):

> Uma contribuição determinante para a construção do conhecimento pelas crianças, acreditamos, é o envolvimento do adulto, não apenas porque o adulto legitima o conhecimento e curiosidade das crianças, mas também porque o adulo valoriza e apoia as investigações das crianças com incentivos e sugestões.

A necessidade de mais informações

Estava claro que o grupo precisava informações adicionais. Roberta iniciou uma discussão no dia seguinte, indagando às crianças onde poderiam obter mais informações sobre dinossauros, o que desencadeou uma explosão de excitação, enquanto as crianças recordavam possíveis fontes: televisão, cinema, lojas, revistas, jornais, livros de casa e da biblioteca, irmãos mais velhos, irmãs e outros parentes: "Meu avô sabe sobre dinossauros!", "Minha irmã!", "Meu irmão!", "Meu tio!", "Meu primo, porque ele já vai para a escola".

As crianças foram à biblioteca local no dia seguinte e encontraram muitos livros. Muitos foram estudados lá mesmo e outros foram trazidos à escola. Esses tornaram-se residentes de longa permanência no atelier (o local de trabalho para o projeto), permitindo que fossem consultados ou pesquisados pelas crianças para a obtenção de informações específicas. Elas consultaram os livros tanto em grupos quanto individualmente. Compararam seus próprios desenhos com os desenhos dos livros. Ao formularem uma pergunta, frequentemente pegavam um dos livros para ajudá-las a esclarecer o que estavam indagando.

As crianças convidaram amigos e parentes para irem à escola para compartilharem informações. A tarefa de escrever uma carta de convite a amigos e parentes gerou muito entusiasmo. A carta foi composta por todo o grupo para o projeto do dinossauro, e cada uma ofereceu ideias, enquanto Roberta agia como secretária, reiterando, de tempos em tempos, a finalidade da carta. Depois, revezando-se, duas crianças de cada vez escreveram o esboço final, copiando o modelo de Roberta, enquanto outras endereçavam envelopes, faziam desenhos que acompanhavam a carta e pôsteres sobre os eventos planejados. Os visitantes, que vieram à escola nas semanas seguintes, foram entusiasticamente recebidos. Entre eles estavam dois irmãos mais velhos, alunos que já haviam concluído sua educação na Escola Anna Frank, trazendo cadernos de anotações impressionantes e cheios de zelo com seu estudo no nível de terceira série sobre dinossauros; um pai, uma avó, e um especialista de uma sociedade local que trabalha com a preservação da natureza. As crianças prepararam perguntas com antecedência para cada visitante, de modo que cada criança tinha questões específicas para indagar. As discussões foram muito ricas para todos os participantes, especialmente para as crianças cujos parentes compareceram para auxiliar o grupo.

Durante esse período, as crianças também estavam construindo dinossauros com argila, pintando-os com têmpera e guache, e desenhando com giz. O uso diferencial de argila por meninas e meninos apresentou uma reemergência. Um grupo de quatro meninos construiu um grande dinossauro de argila, e esta atividade coletiva produziu conversas sobre fazerem um dinossauro realmente grande. As crianças então engajaram-se em jogos com sombras ante imagens de dinossauros projetadas nas paredes. Dessa forma, tiveram a oportunidade de experienciar diretamente as grandes dimensões dos dinossauros.

Como fazer um grande dinossauro

Nesse ponto, muitos tópicos capturavam o interesse do grupo, incluindo o tamanho e dimensões físicas dos dinossauros, sua origem e desaparecimento, seus hábitos diários, diferenças entre machos e fêmeas e como os filhotes eram criados. Entretanto, um tema sobressaía-se dentre os demais – o do tamanho dos dinossauros.

Para elaborar esse tema, Roberta perguntou às crianças o que elas poderiam fazer para construírem um dinossauro realmente grande. A discussão foi animada; muitas ideias foram apresentadas e muitas sugestões diferentes foram feitas sobre materiais e técnicas para a confecção do dinossauro. No meio dessa discussão, emergiu um importante ponto: a necessidade de se decidir que espécie de dinossauro fazer.

Francesco: Bem, eu acho que devemos é pensar em que tipo de dinossauro vamos fazer.

Roberta: É verdade. Conhecemos muitos dinossauros e talvez a primeira coisa a fazer seja entender qual desejamos fazer. Por que isso é tão importante para você, Francesco?

Francesco: Porque se não, todos faremos coisas diferentes de cada dinossauro diferente!

Giulia: Primeiro, precisamos decidir que dinossauro faremos. Precisamos dizer "Vamos fazer este dinossauro! Vamos fazer este dinossauro!"

Após muito debate, as crianças eventualmente decidiram realizar uma votação. O *Tyrannosaurus Rex* venceu por uma pequena margem o *Stegosaurus*. Com mais discussões no dia seguinte sobre o tipo de materiais que seriam usados e como usá-los, as crianças começaram a trabalhar, dividindo-se espontaneamente em grupos menores para o trabalho. Quatro meninas uniram-se para formar um grupo e quatro meninos formaram outro. Novamente, diferentes padrões foram vistos nos procedimentos de meninos e meninas.

Meninas. As meninas escolheram rapidamente um livro para olhar, selecionaram juntas facilmente um *Tyrannosaurus Rex* para fazer e logo começaram a procurar os materiais para a sua construção. Rumaram primeiro para os materiais pequenos, que poderiam usar para decorar o dinossauro. Apenas depois que Roberta falou-lhes e elas começaram a pensar e a buscar um material maior para a estrutura do corpo; Roberta trouxe ao atelier uma escada e encorajou-as a usá-la para a procura de materiais maiores nas prateleiras mais altas do atelier.

As meninas selecionaram o isopor como sua matéria-prima. Esse material revelou-se bastante fácil de trabalhar e fácil de manejar. Além disso, a forma e o tamanho dos pedaços de isopor frequentemente lhes sugeriam diferentes partes do dinossauro. Tiveram de pedir a ajuda de Roberta apenas em momentos específicos; esta fez algumas coisas que as meninas não poderiam fazer, tais como fixar pedaços de isopor de um modo estável com um pedaço de arame. O resultado foi um *Tyranossaurus Rex* satisfatório, tridimensional, com aproximadamente quatro pés de altura, altamente decorado, juntamente com uma amizade mais vigorosa entre essas meninas.

Meninos. Os quatro meninos, em contraste, tiveram mais dificuldade. Para começo de conversa, cada um escolheu um livro diferente, e levaram muito mais

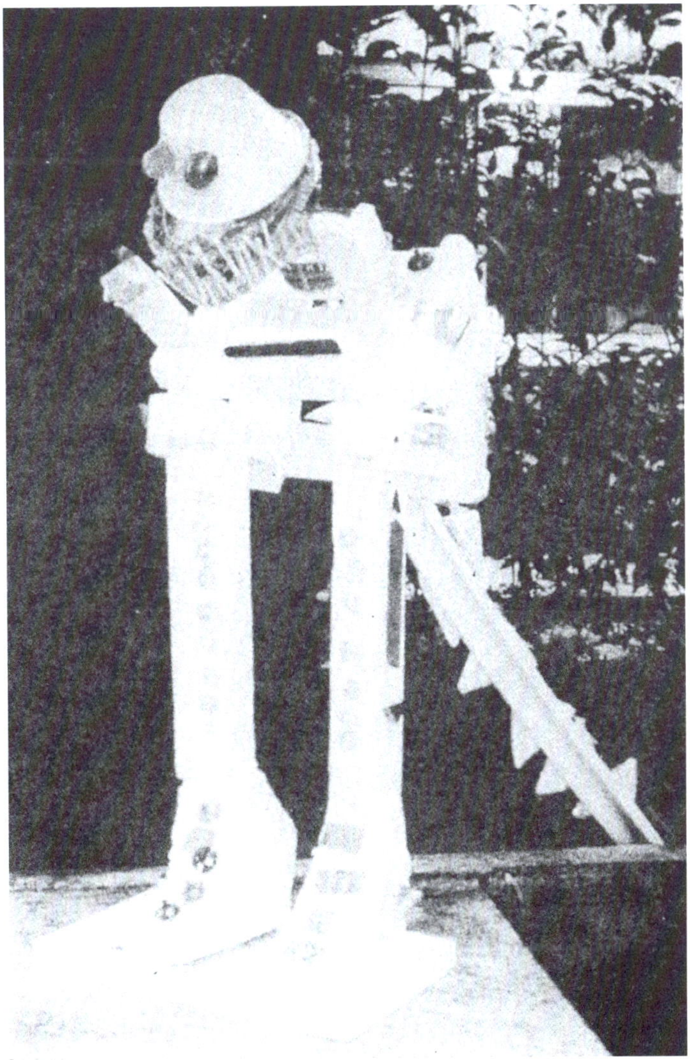

Figura 11.1 Quatro meninas constroem e decoram cooperativamente um *Tyrannosaurus Rex* feito de isopor.

tempo, que as meninas para escolherem a imagem a ser usada como modelo. Depois, escolheram arame e metal como seu material de construção. Talvez a rigidez do arame tenha lhes sugerido a dureza e os dentes afiados do *Tyrannosaurus Rex*. De qualquer modo, o uso deste material foi muito difícil. Tiveram de pedir a ajuda de Roberta durante a maior parte dos estágios da construção e seu trabalho avançou bastante lentamente. Enquanto as meninas pareciam ignorar as outras pessoas na sala, os meninos eram altamente distraídos e às vezes sentiam-se desencorajados ao ver que o dinossauro das meninas rapidamente tomava forma. Os meninos tiveram de voltar ao trabalho durante vários dias, para terminá-lo. Entretanto, ao final, mostraram-se muito satisfeitos com seu dinossauro.

Mensuração e desenho de um dinossauro em tamanho real

Ao lerem e relerem os textos das conversas das crianças e buscarem a próxima direção para o movimento, os adultos perceberam como o tema do tamanho e da dimensão continuava aparecendo. Decidiram desafiar as crianças a desenharem um dinossauro em tamanho real e a encontrarem algum modo de pendurá-lo, para que pudesse ser visto sobre os próprios pés. Devo admitir, como um participante nessas discussões, que considerei essa proposta impraticável. Como as crianças poderiam fazer algo tão difícil? Mas, depois, tornei-me cada vez mais excitado. Será que elas desejariam fazer isso? Poderiam fazê-lo? Sabia que precisariam estar altamente motivadas para superarem as dificuldades.

Roberta e eu marcamos os textos transcritos, para que ela pudesse lembrar às crianças do que haviam dito em sessões anteriores sobre o tamanho dos dinossauros. Roberta reuniu as crianças que continuavam mais curiosas e ativas em sua participação até aquele ponto. Decidimos que seis crianças – três meninas e três meninos – formariam um bom grupo para enfrentar o desafio de fazer um dinossauro em tamanho real. Embora os educadores em Reggio

Figura 11.2 Quatro meninos escolhem arame e metal para seu dinossauro. A rudeza do material torna difícil o processo de construção – mas recompensador, ao final.

Emilia tenham descoberto que cinco crianças ou menos é o ideal para que os processos cognitivos de aprendizagem no grupo sejam maximizados, desejávamos um grupo razoavelmente grande e um número equilibrado de meninas e meninos.

A sugestão de Roberta foi recebida com grande entusiasmo: estimulou uma discussão produtiva e multifacetada e levou naturalmente à proposta de um desenho em tamanho real. Observe seu papel ativo orientando e moldando, mas não controlando a discussão:

Roberta: Lendo novamente todas as coisas que vocês disseram, percebemos que há algo que vocês poderiam entender melhor. Tem a ver com as medidas reais dos dinossauros, as medidas de verdade. Temos falado muitas vezes e vocês disseram muitas coisas, mas, na verdade, ninguém falou exatamente sobre as medidas reais dos dinossauros, ninguém falou sobre isso realmente".

Federico: Na verdade, temos as medidas, a "*thing-a-ma-jig*" dos dinossauros. (Federico está referindo-se a um pôster de dinossauros na sala de aula, trazido por um dos alunos, que mostra a altura de um dinossauro em relação à altura de um homem) Só que, se existe mesmo um dinossauro assim tão alto, nossa, ele era bem alto! (Federico balança a cabeça; seus olhos arregalam-se e ele sorri, como que maravilhado, imaginando o quanto o dinossauro seria alto).

Roberta escuta cuidadosamente e então indaga: "Sobre o que vocês estão falando? O que vocês têm na sala?"

Federico: Isto é, nós temos um pôster grande de dinossauros. Tem um enorme *Tyrannosaurus Rex* atrás e um homem pequeno na frente.

Roberta: Ahhh...

Giulia: Nós também podemos olhar nos livros e pegar uma fita métrica e fazer um desenho tão grande como o dinossauro era.

Roberta: Certamente, o que Giulia disse é verdade.

Federico: Acho que as pernas são altas como o teto.

Roberta: De todos os dinossauros ou de alguns?

Tommi: Não, do *Tyrannosaurus Rex*, talvez

Federico: De alguns (Tommi e Federico continuam conversando entre eles).

Roberta: Bem, Giulia já mencionou algo importante. Se olhássemos o desenho de um dinossauro tão grande como... (Roberta faz uma pausa).

Giulia: Como este desenho.

Roberta: Como o de verdade, heim?

(Os três meninos falam entre si, muito rapidamente)

Federico: Talvez precisemos um pedaço de papel do tamanho desta mesa.

Roberta: Ou talvez muito maior

Federico: Tem de ser grande e comprido

Fabio: Ou você podia copiar um dinossauro que nós mesmos fizemos, que construímos.

Essa conversa animada continuou em muitas direções, envolvendo o tamanho provável do desenho, onde poderiam trabalhar, que espécie de dinossauro desenhar. Não houve necessidade de relermos textos de conversas anteriores. As crianças exploraram com interesse e perplexidade a proposta. As dificuldades enfrentadas pareciam ser os aspectos mais fascinantes, para as crianças.

Foram aos livros e começaram a procurar uma imagem de um dinossauro. Acharam um desenho simples de um *Diplodacus*, colocado em um retângulo claramente quadriculado, com unidades de 3 metros de altura para cada quadrado. O animal representado media 27 por 9 metros de comprimento (cerca de 81 X 27 pés). Próximo a ele estava a figura de um homem de pé (com 2 metros de altura), desenhado para oferecer a sensação do gigantesco tamanho do dinossauro.

O primeiro problema que as crianças desejavam abordar era descobrir o que eram 27 metros. Estavam familiarizadas com varetas de um metro, e levaram as duas varetas do atelier para o jardim. Seu primeiro problema, contudo, era que apenas possuíam as duas varetas de metro, quando precisavam 27. A ideia de usar uma vareta de um metro 27 vezes não lhes ocorreu. Em vez disso, foram em busca de 25 varetas adicionais, mas conseguiram descobrir apenas mais uma em outra sala de aula.

Nesse ponto, as crianças ficaram sem ação. O que poderiam fazer? Roberta sugeriu que voltassem ao atelier em busca de outro material para a medição. Lá, nas prateleiras, as crianças encontraram uma boa quantidade de bastões plásticos para pendurar pôsteres! As crianças e Roberta verificaram que mediam um metro cada. Contaram os bastões e encontraram mais que 27, mais do que o suficiente. A investigação podia continuar! Sugerindo que as crianças voltassem a procurar outros materiais, Roberta permitiu que a investigação prosseguisse. Sua intervenção – não a única que ela poderia ter feito – apoiou as crianças na busca por uma solução, mas não impôs a elas uma solução de um adulto.

A tentativa de estender todos os 27 bastões no jardim tornou evidente que o espaço era muito pequeno. Uma ideia, sugerida antes por uma das crianças, veio à tona novamente: usar o campo de esportes na frente da escola. Lá havia sem dúvida espaço suficiente. O problema seguinte dizia respeito a estender os bastões em linhas retas e formar o imenso retângulo.

Após tentativas, erros e correções, três lados do retângulo foram medidos: 27 bastões por 9 bastões por 9 bastões. No quarto lado, contudo, surgiu outro

Figura 11.3 Após encontrarem muito poucas varetas de um metro para medir a extensão de 27 metros, as crianças voltam ao atelier para encontrarem objetos que poderiam usar. Descobrem vários bastões plásticos, que Roberta mede: eles têm um metro de comprimento!

problema: no final das contas, os bastões plásticos não eram suficientes para completarem o retângulo. Duas das crianças voltaram à escola em busca de outros objetos e chegaram alguns minutos depois, vitoriosamente, com um rolo de papel higiênico! O retângulo podia ser completado, agora.

Sentar-se no gramado e olhar o que haviam feito e foi gratificante para as crianças. Entretanto, estava claro para elas que ainda havia muito o que fazer. Elena disse: "Vamos tentar isso em um pedaço pequeno de papel, como deve ser feito. Depois vamos fazer maior!" Todos concordaram que o próximo passo deveria ser em um papel menor.

As meninas. Antes de começar o trabalho no dia seguinte, Roberta telefonou a Carlina. Uma vez que dois dos meninos estavam doentes, julgamos que fazia sentido Roberta e eu continuarmos com as três meninas primeiro e depois trabalhar com os meninos em um outro dia. Carlina concordou e sugeriu que oferecêsse-mos às meninas a escolha dos papéis a usar – pautados, sem pauta e quadriculados. A escolha dos papéis foi um elemento crucial para elas porque, sem que percebessem, forçou-as a tornar sua hipótese mais concreta e, portanto, mais pública e acessível. A função de Roberta, então, foi a de permitir que as capacidades de solução de problemas das crianças florescessem como preferissem.

Frente às três alternativas de papel, duas meninas escolheram papel quadriculado e uma escolheu o papel sem pauta. As duas usando o papel quadriculado começaram a desenhar, enquanto a terceira focalizou-se em contar histórias. Após muita tentativa e erro, e pela interação com Roberta, as meninas tiveram a ideia de buscar nas prateleiras do atelier objetos que viessem em quantidades de

Figura 11.4 Sem bastões plásticos suficientes, duas crianças retornam à escola em busca de outros objetos que possam usar para fechar o retângulo. Retornam vitoriosamente com um rolo de papel higiênico.

pelo menos 27. Colocando esses objetos sobre o papel, elas poderiam recriar o retângulo que haviam feito lá fora, mas desde vez em papel, em menor escala. Nesse ponto, as três meninas começaram a usar papel quadriculado. Experimentaram com vários materiais. Após diversas tentativas, uma das meninas conseguiu, com 27 pequenos blocos retangulares que havia colocado ao longo de uma das bordas de seu papel. Então ela fez os outros três lados com os mesmos blocos. As outras duas meninas terminaram colaborando, contando os 27 quadrados no papel quadriculado, depois 9, 9 e 27, para fazerem o retângulo.

As meninas então interessaram-se pelas linhas horizontais vistas em um livro de referência para indicarem 3 unidades métricas de altura. Usando os quadrados em seu papel quadriculado, em um caso, e os pequenos blocos retangulares, em outro, contaram 3 e depois 6 medidas e foram capazes de desenhar as duas linhas horizontais que marcavam a altura. Foi uma imensa conquista nessa manhã em particular, para essas três meninas.

Os meninos. Quando os meninos tiveram sua vez, a importância da escolha do papel foi dramática. Federico imediatamente escolheu papel quadriculado e começou a contar 27 quadrados. Ele obviamente possuía alguma espécie de conhecimento de que o papel quadriculado seria mais apropriado. Tommi, por outro lado, escolheu papel sem pauta e começou a fazer pontos, 27 deles em uma carreira. Então fez mais 27 pontos, em uma fileira paralela à primeira mas mais alto no papel e, ao terminar, estava muito surpreso porque a linha de baixo era maior que a linha de cima.

A essa altura, Tommi estava curioso, ansioso e um pouco chateado. Algo não estava dando certo.

O papel da professora, nessas ocasiões, é importante. Roberta poderia ter feito algum comentário ou feito uma pergunta, mas, em vez disso, resolveu fazer uma pausa. Federico disse:

Federico: É porque, eu acho, aqui você juntou muitos deles. Tente contá-los...
(Tommi conta novamente seus pontos).

Federico: É, aqui você juntou muito os pontos porque, olha, eles estão todos amontoados aqui, e olhe como estão aqui (ele compara as linhas de cima e de baixo). Talvez você estivesse com muita pressa.

Embora esse incidente apresente similaridades com a tarefa de conservação da distância de Piaget, ela surge espontaneamente, a partir do trabalho em andamento das crianças. Como resultado, as duas crianças estavam muito motivadas para a solução desse problema. Enquanto contava os 27 pontos, demonstrou que sabia que contar era um modo de estabelecer equivalência para a extensão. Entretanto, ao completar a contagem, a discrepância óbvia entre a extensão das duas linhas confundiu-o. Ele ainda não compreendia como o número de unidades contadas aplica-se apenas quando as unidades têm igual extensão. Federico, cujo conceito de conservação de comprimento estava claramente estabelecido, foi capaz de articular a relação de distância entre os pontos e extensão geral. Foi facilmente capaz de coordenar dois relacionamentos e explicá-los a Tommi.

Depois dos comentários de Federico, Tommi pareceu indeciso e sem ação. Roberta sugeriu que ele poderia mudar de papel se desejasse, e ele agarrou esta oportunidade. Seu entusiasmo estava evidente, enquanto se levantava para pegar outro papel. Selecionou uma folha de papel sem pauta. Enquanto Federico e Roberta voltavam a seus respectivos trabalhos, Tommi ponderou. Olhou para Federico, que trabalhava no papel quadriculado; olhou para as três opções de papel à sua frente; lentamente, devolveu o papel branco, escolheu papel quadriculado e começou a contar os quadrados.

A intervenção de Roberta, uma sugestão tranquila, foi o suficiente para que Tommi voltasse a agir em sua exploração. Nas palavras de Loris Malaguzzi em entrevista de 21 de junho de 1990 (diretor fundador do sistema pré-escolar municipal de Reggio Emilia):

> A professora deve intervir tão pouco quanto possível, mas de um modo suficiente para recomeçar o intercâmbio ou dar confiança à criança. Portanto, as intervenções devem ser medidas, não sufocando ou subvertendo o que as crianças estão fazendo. Em vez disso, deve-se conduzir a criança pela mão, sempre deixando que ela permaneça sobre seus próprios pés.

Não foi tanto a capacidade intelectual de Federico que fez a diferença nessa situação, mas, em vez disso, a reciprocidade entre Tommi e Federico na apreensão conjunta do que sabiam e não sabiam. Tommi veio a apreciar o benefício das marcas uniformemente separadas oferecidas pelo papel quadriculado, e Federico desenvolveu sua capacidade para expressar-se acerca dessas ideias.

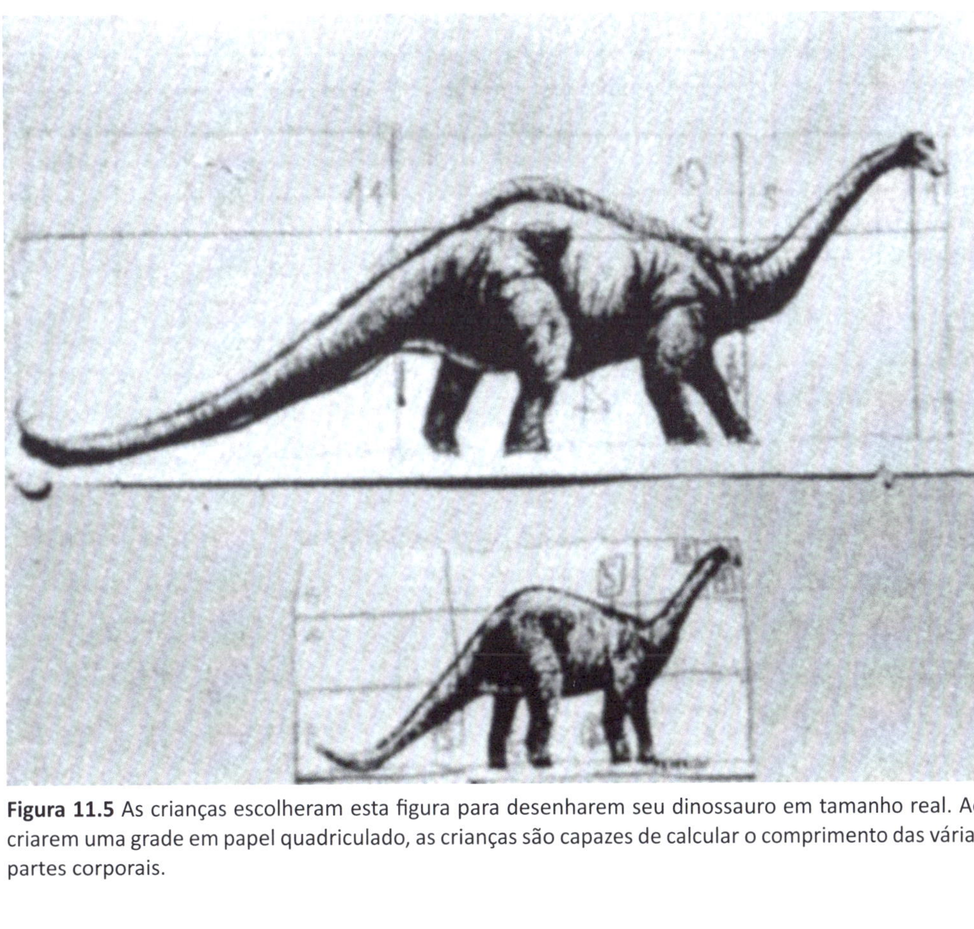

Figura 11.5 As crianças escolheram esta figura para desenharem seu dinossauro em tamanho real. Ao criarem uma grade em papel quadriculado, as crianças são capazes de calcular o comprimento das várias partes corporais.

Os dois meninos então colaram uma forma recortada do dinossauro, com 27 x 9 centímetros de comprimento que se ajustasse no retângulo de 27 x 9 quadrados no papel quadriculado. Estavam interessadas em saber o comprimento das partes do dinossauro, e contando os quadrados poderiam descobrir. "Vamos fazer de conta que um quadrado representa um metro", disse Federico. Eles contaram quadrados para descobrirem o comprimento de cada parte e então fizeram linhas verticais em seu desenho, marcando o comprimento da cauda, do corpo, do pescoço e da cabeça.

O Grupo dos Seis Juntos Novamente. No dia seguinte, os meninos e as meninas apresentaram uns aos outros e a Fabio, que estivera ausente da escola por alguns dias, o que haviam feito. Fizeram perguntas sobre o que havia sido feito pelos outros haviam feito. Esta não foi absolutamente uma discussão tranquila; houve excitação, descrença e um entendimento incompleto. Giulia resumiu isso bastante bem com o comentário, "Eu acho que os desenhos tanto das meninas quanto dos meninos são necessários".

Cada criança fez seu próprio plano, usando fotocópias de 27 x 9 centímetros de dinossauros. Os desenhos foram então levados para fora, para uso enquanto redesenhavam o retângulo no campo de esportes – muito mais fácil desta vez, embora ainda difícil – e enquanto começavam a pensar sobre como desenhar o dinossauro dentro dele. Tommi e Federico sugeriram que estendessem as linhas verticais, para que pudessem marcar o comprimento das partes do corpo como haviam feito no papel.

Giulia sugeriu a colocação das linhas horizontais que as meninas haviam desenhado em suas folhas, confirmando o que dissera anteriormente, que os desenhos tanto das meninas quanto dos meninos eram necessários. Com esta grade das linhas horizontais e verticais agora em seu lugar, foi possível marcar o contorno das costas do dinossauro, conectando os pontos cruciais sobre a grade com uma corda. As costas do dinossauro estavam visíveis; o dinossauro estava tomando forma.

Figura 11.6 A grade anteriormente feita no papel é agora reconstruída na rua: os contornos das costas do dinossauro começam a aparecer.

Um ponto interessante sobre essa manhã é o momento em que a atividade ocorreu. A discussão entre as seis crianças havia começado por volta das 9:30 e, na hora do almoço, ao meio-dia, as crianças ainda estavam no meio do trabalho no campo. Roberta disse às crianças para entrarem para alimentarem-se e que poderiam voltar logo depois, se assim desejassem. Todos voltaram. O trabalho depois do almoço representou um desvio dos horários habituais, mas isso é feito, de tempos em tempos. Foi uma situação vista como aceitável, pois as crianças estavam no meio de um problema. Na verdade, diversas vezes durante o projeto as crianças trabalharam até mesmo no horário da soneca.

Término do dinossauro em tamanho real

O grupo passou por diversas outras transições antes do desenho de fato do *Diplodacus* em tamanho real, incluindo a necessidade de mudarem as dimensões do dinossauro ao descobrirem que não podiam mais usar o campo de esportes. Em vez disso, as crianças tiveram de desenhar um Diplodacus de 13 x 6, para caber no jardim atrás da escola. O problema mudou da definição do espaço com base nas dimensões do dinossauro para o ajuste do dinossauro no espaço definido (ver RANKIN, 1992).

Alguns dias depois, as crianças foram ao jardim com novos desenhos. O grupo agora podia construir um retângulo de 13 x 6, a grade de linhas horizontais e verticais, a linha superior do corpo do dinossauro e, finalmente, o resto do corpo.

O trabalho mais árduo já terminara. Nos dias seguintes, a pintura do dinossauro em um imenso pedaço de plástico exigiu a participação da maioria das crianças da classe de 5 anos. Isso atraiu a atenção de todas as crianças e professores da escola, que vieram assistir ao progresso do dinossauro no jardim dos fundos.

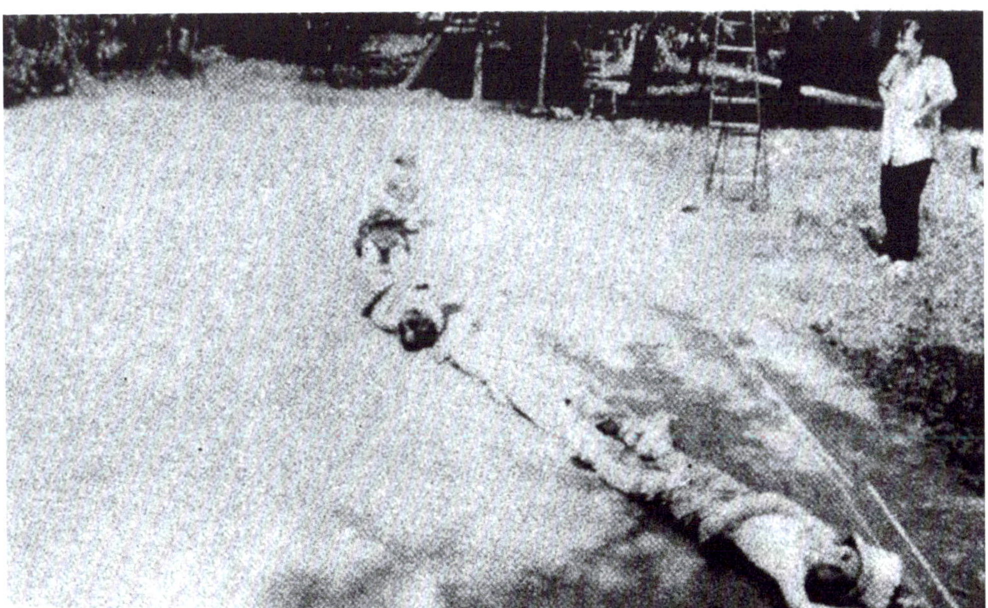

Figura 11.7 Quantas crianças você acha que cabem na cauda do dinossauro?

FASE DE CONCLUSÃO

As crianças no grupo do dinossauro estavam interessadas em dividir o que haviam aprendido e feito com o resto das crianças na escola. Roberta, como outros educadores em Reggio, valoriza essa espécie de intercâmbio e, na verdade, falou sobre isto com as crianças desde o início. Como explicou mais tarde (em sua palestra de maio de 1991):

> A releitura da experiência foi importante: as crianças identificaram os passos que, em sua opinião, foram os mais significativos. Foram capazes de transferir o conhecimento que haviam recém adquirido.

A organização das informações para a apresentação aos colegas esclarece e consolida o conhecimento obtido pelas crianças a partir de seu trabalho.

As crianças no grupo do dinossauro prepararam uma exposição para o resto da escola, apresentando as atividades realizadas e os passos pelos quais haviam chegado à sua conclusão. A preparação da exposição foi significativa. As crianças escolheram desenhos e esculturas, fizeram convites e pôsteres, pensaram em modos de apresentar sua experiência aos colegas. As outras sentiram-se excitadas pelo comparecimento à exposição e pareceram apreciá-la; en-

Figura 11.8 Em sua inauguração, o dinossauro ergue-se sobre suas próprias patas.

tretanto, achei que as crianças do grupo do dinossauro gostaram mais ainda, enquanto explicavam com animação o curso de suas aventuras.

Um festival inaugural também foi planejado para uma tarde de sexta-feira, no horário em que os pais usualmente pegam seus filhos. Os adultos conseguiram que o dinossauro fosse levantado e parasse sobre suas patas, por um conjunto de roldanas presas a uma cerca alta em torno de um dos campos esportivos. Isso gerou muita excitação e representou um momento culminante para o projeto – especialmente para as crianças no grupo do dinossauro –, enquanto mantinham sua criação erguida sobre suas patas.

Um encontro final do grupo do dinossauro veio como um resultado de uma carta que haviam escrito ao prefeito da cidade, pedindo um local permanente para a exposição (era demasiado grande para ficar na escola). As crianças encontraram-se com o prefeito, que elogiou-as por seu trabalho e disse que faria o possível para encontrar um local para pendurar o dinossauro.

RESUMO

Vimos um exemplo de um projeto levado avante em uma pré-escola da Reggio Emilia. Como qualquer outra experiência, seu desenvolvimento foi imprevisível e emergente. Ele desdobrou-se enquanto um grupo particular de adultos e crianças interagiam, colocando em movimento uma dinâmica única.

Embora não exista e não possa existir um modo correto de condução de um projeto, ainda assim existem algumas diretrizes e princípios gerais que considero válido revisarmos. Em primeiro lugar, estabeleça e mantenha a reciprocidade como um princípio operante central, com ênfase sobre o desenvolvimento de um sentimento de "nós", tanto entre os adultos quanto entre as crianças. Em segundo lugar, inicie o projeto com uma exploração gráfica e verbal. Em terceiro lugar, baseie o desenvolvimento do projeto nas questões, comentários e interesses das crianças envolvidas. A cooperação entre os adultos oferece o espaço necessário para que os adultos pensem juntos sobre isto. Em quarto lugar, ofereça bastante tempo para que as crianças surjam com suas próprias indagações e suas próprias soluções. Finamente, leve o conhecimento e a experiência das crianças a outras crianças na escola. Compartilhe a experiência do projeto com outros adultos.

Quantas dessas diretrizes são relevantes aqui nos Estados Unidos? Embora cada leitor precise responder isso para si mesmo, aqui está a minha opinião. Parece que nos Estados Unidos muitos professores valorizam coisas como a observação e a atenção às crianças como base para o planejamento, o trabalho em pequenos grupos, a ênfase tanto no lado cognitivo quanto no aspecto social das crianças, o encorajamento do envolvimento ativo em atividades significativas nas quais tenham poder de decisão. Portanto, existem muitas similaridades entre a abordagem de Reggio Emilia e a prática desenvolvimentalmente apropriada, como entendida nos Estados Unidos (ver New, Cap. 12, neste volume). O que parece mais diferente da educação precoce, nos Estados Unidos, é o fato de que, em Reggio Emilia, existe uma rede operativa de 35 escolas públicas para crianças de 0 a 6 anos. Os líderes desse sistema público trabalham junto com os professores e pais para promoção e estímulo ao crescimento e colocam em ação seus princípios comuns de reciprocidade, comunicação e interação. A rede de relacionamentos valida e apoia o desenvolvimento em uma direção coesa.

Como podemos aprender a partir disso nos Estados Unidos? Podemos construir sobre o que estamos fazendo atualmente de forma mais cooperativa. As pessoas interessadas podem encontrar-se e compartilhar o que está acontecendo em suas salas de aula. Podemos observar, registrar em fita, analisar e documentar o trabalho de crianças e então trocar nossa documentação de projetos e experiências com outros. Além de oferecer prazer e um entusiasmo constante, esse compartilhamento nos ajudará a levar nosso trabalho a um nível mais alto. Com um maior senso de "nós", podemos começar a construir um mundo melhor juntos, um mundo onde as necessidades e direitos das crianças são colocadas onde devem estar, no centro do palco.

REFERÊNCIAS

RANKIN, B. *An analysis of some aspects of schools and services for 0-6 year olds in Italy with particular attention to Lombardy and Emilia Romagna*. 1985. Thesis (CAGS) – Wheelock College, Boston, 1985.

RANKIN, B. *Collaboration as the basis for curriculum development for young children in Reggio Emilia, Italy*: an un-depth look at a long-term project related to dinosaurs. [199-?]. Dissertation – Boston University, Boston, [199-?].

RANKIN, B. Inviting children's creativity: a story of Reggio Emilia, Italy. *Child Care Information Exchange*, n. 85, p. 30-35, 1992.

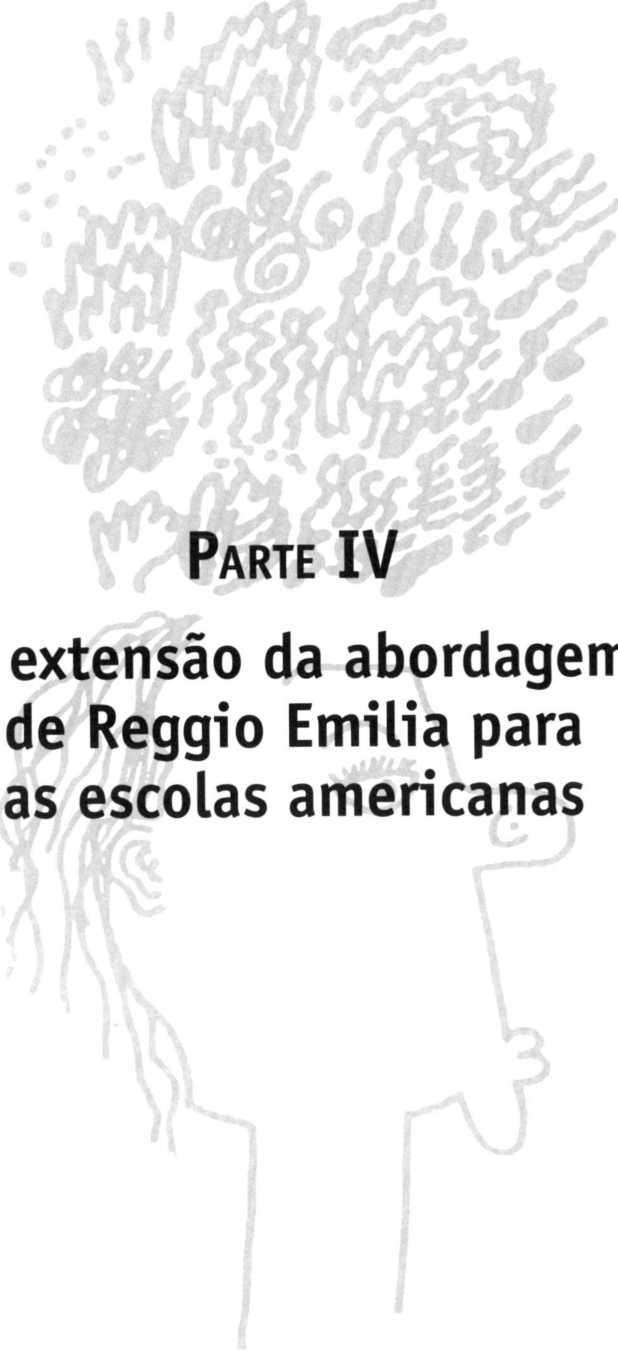

Parte IV

A extensão da abordagem de Reggio Emilia para as escolas americanas

"O Olho de uma bailarina". Desenho realizado por Carlotta, de 5 anos.

12

Variações culturais sobre a prática desenvolvimentalmente apropriada – desafios à teoria e à prática

Rebecca New

Como os capítulos anteriores atestam, existe muita coisa inspiradora em Reggio Emilia. O grau de cooperação e continuidade evidenciado através do apoio da comunidade, o desenvolvimento contínuo da equipe, o envolvimento dos pais, a organização da sala de aula e o planejamento e implementação do currículo criaram um ambiente para a primeira infância que parece ótimo tanto para os adultos quanto para as crianças (NEW, 1990). Ainda assim, mesmo enquanto ponderamos sobre os meios pelos quais esse contexto poderia ser implementado nos Estados Unidos, somos desafiados a refletir sobre nossos próprios valores e crenças, na medida em que influenciam nossa interpretação de nossos valores como educadores.

A finalidade deste capítulo é examinar certos aspectos da teoria adotada por Reggio Emilia e a prática observável que parece contrária às crenças americanas contemporâneas sobre o desenvolvimento infantil e a prática educacional desenvolvimentalmente apropriada. Um segundo objetivo é considerar a extensão em que as normas e os processos de desenvolvimento da criança são culturalmente determinados, desse modo levando a uma discussão mais ampla do que é particularmente americano acerca de nossas noções de infância e de uma pedagogia apropriada à primeira infância.

O interesse atual em Reggio Emilia é apoiado por um corpo crescente de literatura sobre o desenvolvimento infantil e as práticas de educação precoce em diversas sociedades no mundo inteiro. As pesquisas transculturais sobre padrões de cuidados e educação infantil precoce tem o potencial de fazer importantes contribuições para nosso conhecimento sobre crianças e seu desenvolvimento. O conhecimento sobre as crenças, objetivos e práticas de outros países com relação aos cuidados infantis e ao desenvolvimento pode:

- melhorar nosso entendimento sobre o desenvolvimento infantil normal e expandir nossa concepção sobre a faixa de comportamento normal em crianças pequenas;
- refutar crenças atualmente mantidas com relação aos processos de desenvolvimento infantil; e

- aumentar nosso entendimento sobre a influência do contexto desenvolvimental – particularmente aquelas características associadas com a cultura – sobre resultados do desenvolvimento infantil (HARKNESS, 1980; LEVINE, 1980; LEWIS, 1986; ROGOFF; MORELLI, 1989).

Cumulativamente, os estudos transculturais contribuem para um melhor entendimento dos processos desenvolvimentais, oferecendo um ímpeto poderoso para o exame mais atento dos princípios teóricos que orientam as interpretações educacionais da prática desenvolvimentalmente apropriada. Por exemplo, estudos japoneses realizados por várias décadas desafiam as ideias americanas sobre a instrução direta, o tamanho da turma e razão alunos-professor (STIGLER; PERRY, 1988), e sobre as estratégias de manejo da sala de aula (TOBIN; WU; DAVIDSON, 1989), bem como os objetivos gerais da educação (STEVENSON; AZUMA; HAKUTA, 1989). Esses estudos, ao exporem sistemas divergentes de crenças, levam a um melhor entendimento sobre a relação entre valores culturais, metas e expectativas de pais e professores, práticas educacionais e a criança. Assim, um dos valores primários para se familiarizar com Reggio Emilia – como com todas as pesquisas comparativas nos primeiros anos da infância – é forçar-nos a refletir sobre nossas próprias crenças e práticas.

A ABORDAGEM DE REGGIO EMILIA

As características da abordagem de Reggio Emilia que desafiam crenças e práticas tipicamente adotadas por educadores americanos ajustam-se em três categorias largamente definidas: (a) características organizacionais e estruturais do ambiente de sala de aula; (b) interpretações gerais do papel do professor em relação com as crianças, outros professor e pais; e (c) estratégias específicas desenvolvidas para a promoção das linguagens simbólicas entre crianças de variadas idades e competências.

Ambiente em sala de aula

Os visitantes americanos às salas de aulas de Reggio Emilia sentem-se atônitos pelo apelo impressionante do ambiente físico. O senso de apreciação estética e atenção a detalhes, sem mencionarmos a exibição abundante do trabalho das crianças, de longe ultrapassam as expectativas sobre como deve ser uma instalação de cuidados infantis com boa qualidade (GANDINI, 1984). Não existe uma interpretação simplista das preferências estéticas das crianças, tais como as que aparecem tipicamente em *cartoons*, nem existe uma crença nas cores primárias para alegrar uma sala de aula. Em vez disso, há um esforço orquestrado para responder-se a aspectos do ambiente que dão prazer estético às crianças – por exemplo, o uso frequente de espelhos, luz e espaços translúcidos para salientar imagens. Outros aspectos do espaço físico são arranjados de modo a chamar a atenção para aspectos mundanos da vida diária – até mesmo as escovas de dentes são arranjadas de uma forma colorida nos banheiros. As crianças não apenas são levadas a uma inspeção e apreciação mais atentas de seu mundo físico, mas o ambiente também apoia seus interesses e esforços. Seus trabalhos (desenhos, transcrições verbais, confecção de símbolos) são incorporados nas salas de aula e corredores da escola, por meio de grandes e espantosas exibições, e reflete a atenção *séria* que os adultos dão às ideias e as atividades das crianças (KATZ, 1990).

Figura 12.1 Banheiro na Escola Diana.

Outras características do ambiente em sala de aula desafiam noções americanas de um arranjo apropriado para crianças pequenas. O tamanho da classe e a razão entre crianças-professor (2 professores em uma classe de 12 bebês, 18 crianças que começam a caminhar ou 28 pré-escolares) são maiores do que aquelas sugeridas por pesquisas (PHILLIPS, 1987) ou recomendadas pelos educadores para a primeira infância nos Estados Unidos (BREDEKEMP, 1987). Contudo, quando os professores de Reggio Emilia são indagados se gostariam de ter uma equipe maior, a resposta típica é "gostaríamos de ter mais espaço!". Existe uma crença firmemente mantida de que muitos adultos evitam que as crianças tenham a oportunidade de usar e aprender umas com as outras – um julgamento não muito diferente daquele expressado por professores japoneses (TOBIN; WU; DAVIDSON, 1989); essa crença incidentalmente encontra algum apoio nas pesquisas atuais sobre creches, que observam um aumento da competência social das crianças em grandes classes, bem como daquelas em classes com um número maior de crianças por professor (CLARKE-STEWART, 1987).

Um segundo aspecto da sala de aula, incompatível com o modo americano de pensar, é a organização do grupo. Os professores permanecem juntos com as mesmas crianças por três anos, vindo a conhecerem uns aos outros quase como membros de uma grande família. Embora os benefícios desse arranjo pareçam óbvios dentro de Reggio Emilia (e, na verdade, essa estratégia seja comum em todas as pré-escolas e escolas elementares da Itália), os professores e pais americanos estão menos propensos a ver esse arranjo como prático ou desejável. Os profissionais americanos que trabalham com crianças pequenas são aconselhados a adquirir conhecimentos relacionados à idade (isto é, "especificamente relativos ao desenvolvimento do bebê", "específicos ao grupo etário na fase de locomoção", "[...] qualificados para o trabalho com crianças de 4 a 5 anos até a preparação para o nível de ingresso na escola elementar... e experiência supervisionada com este grupo etário" (BREDEKAMP, 1987)) dentro do período mais amplo da primeira infância. Minha experiência também tem mostrado que os pais americanos expressam reservas quanto a seus filhos passarem muito tempo com qualquer determinado professor. Portanto, embora reconheçamos que a mudança anual de professores, de colegas e de sala de aula de ano para ano seja altamente estressante para crianças pequenas, as recomendações a professores e pais americanos são geralmente voltadas para a redução do estresse, em vez de oferecer às crianças uma experiência mais contínua (GLICKSMAN; HILLS, 1981).

As crianças em Reggio Emilia não apenas conhecem umas às outras bastante bem ao longo de três anos juntas, mas também adquirem um forte senso de afiliação ao grupo. Na verdade, muito de sua atividade em Reggio Emilia está dentro do contexto de um grupo, e frequentemente é medido pelo que poderia ser descrito como parâmetros de grupo. A explicação de Reggio Emilia para a forte orientação grupal é simples: uma criança não pode desenvolver um bom senso de individualidade isolada de outras pessoas: as crianças adquirem uma identidade no contexto de seu grupo (Sergio Spaggiari, comunicação pessoal, junho de 1986). Portanto, as crianças passam muito tempo movendo-se entre pequenos grupos (geralmente quatro em um grupo) e a classe maior. À medida que compartilham e debatem suas ideias, são encorajadas a ouvir e avaliar criticamente os pensamentos umas das outras, em vez de "serem boazinhas e cuidarem de seus próprios narizes". Essa "educação social" – na qual têm frequentes oportunidades para ouvir múltiplos pontos de vista bem como para expressar e esclarecer suas próprias perspectivas – não é vista como algo que cancela as diferenças individuais, mas como um meio de identificá-las. Portanto, os aspectos únicos dos interesses e das habilidades de uma criança são identificados dentro do contexto do grupo, e é também dentro desse arranjo que eles tendem mais a ser expressados.

As crianças em Reggio Emilia são encorajadas a discordar, debater e resolver seus problemas entre elas mesmas. Frequentemente criticam e depois tentam con-sertar os esforços umas das outras, desenhando diretamente nas folhas dos colegas. Enquanto grande parte desse tipo de atividade reflete o valor depositado nas intenções comunicativas das crianças e uma crença no intercâmbio do grupo como facilitador do desenvolvimento de conceitos, esse desvio autorizado desafia os padrões americanos de comportamento social apropriado.

Certamente, os professores pré-escolares americanos reconhecem a alta prioridade dada às relações sociais das crianças e o desenvolvimento social de cada uma delas. Assim, os professores nos Estados Unidos tentam auxiliar o ingresso das crianças em grupos de brincadeiras, encorajar seus esforços para a transmissão de sentimentos complexos ("Diga-lhe como você se sente, quando ele pega seu caminhãozinho") e salientam os comportamentos pró-sociais das crianças, tais como ser amigável, cooperativo ou útil (EDWARDS, 1986). Contudo, a maior parte dessas estratégias visam apoiar a competência social da criança de modo a promover o indivíduo, em vez do grupo. Portanto, existe pouca tolerância para decisões, uma vez que "por favor" e "obrigado" tenham sido ditos. Maior quantidade de brinquedos semelhantes e materiais preferidos são vistos como algo melhor do que permitir que as crianças negociem o uso de objetos valorizados e limitados. Certamente, a forte orientação para as opiniões e nas necessidades de outros, demonstrada nas salas de aula de Reggio Emilia, é contrária aos valores americanos de independência e individualidade e inconsistentes com nossas noções de autoestima e respeito por outros. Quando os esforços de trabalho cooperativo estendem-se para áreas que se aproximam da investigação acadêmica, os professores americanos têm preocupações adicionais. As pesquisas nesse país têm observado que muitos professores relutam em "sacrificar" habilidades acadêmicas ou o conteúdo a fim de ensinarem habilidades sociais consideradas necessárias para que as crianças sejam membros produtivos do grupo (SLAVIN, 1985; WHITWORTH, 1988).

O efeito acumulado desses valores e crenças culturais é tornar os professores americanos um tanto ambivalentes sobre o papel que o grupo exerce sobre o desenvolvimento individual de uma criança. Assim, os profissionais são aconselhados no sentido de que "[...] crianças de 3 anos não se sentem confortáveis com muita participação no grupo" e expectativas para que participem em atividades de todo o grupo são consideradas inapropriadas (BREDEKAMP, 1987, p. 48); é "apropriado" para crianças de 4 a 5 anos "[...] trabalhar individualmente ou em grupos pequenos e informais na maior parte do tempo" (BREDEKAMP, 1987,p. 54).

A noção de "tempo", como interpretado nas salas de aula de Reggio Emilia, desafia a noção de estrutura dos professores americanos, bem como suas interpretações de planejamento adequado do currículo. Na superfície, as rotinas de sala de aula em Reggio Emilia parecem similares, em muitos aspectos, àquela típica de programas pré-escolares norte-americanos. Existe um horário para reunião de grupo pela manhã, seguido por um longo tempo destinado às atividades (tanto jogos livres como o trabalho em projetos); existe o horário para atividades ao ar livre, almoço, lanche e horários de descanso, bem como momentos para ver livros e compartilhamento de outras experiências em grupo. Contudo, dentro dessa rotina razoavelmente previsível, há um grau de flexibilidade e lentidão de ritmo que frustrariam muitos educadores americanos. Até mesmo o aspecto da espera é visto diferentemente. Enquanto as situações nas quais as crianças pequenas devem esperar, como ter a refeição servida, são vistas como desenvolvimentalmente inapropriadas nos Estados Unidos (BREDEKAMP, 1987), os professores em Reggio Emilia consideram que a experiência é uma lição preciosa em termos de socialização.

Outras diferenças na interpretação do tempo incluem as múltiplas oportunidades dadas às crianças em Reggio Emilia para a repetição de atividades, a fim de refletirem *e melhorarem* seus níveis anteriores da habilidade e entendimento (p. ex., desenhar um autorretrato três vezes em algumas semanas). Talvez a diferença mais extrema nas interpretações de um horário bem planejado seja com respeito aos projetos a longo prazo que caracterizam o currículo em Reggio Emilia. Com uma firme convicção nas capacidades das crianças pequenas para concentrarem-se e permanecer envolvidas com tópicos de interesse por extensos períodos, não existe um tempo previsto para o encerramento de um projeto, uma vez iniciado. Em vez disso, os professores e alunos trabalham juntos, por tanto tempo quanto o interesse possa ser mantido, sugerindo que o curto alcance de atenção frequentemente atribuído a crianças pequenas poderia ser mais aptamente atribuído aos professores americanos.

Outros aspectos da abordagem de Reggio Emilia à educação precoce que conflitam com as visões americanas de educação infantil centralizam-se nas interpretações do papel do professor.

O papel do professor

Os professores em Reggio Emilia têm múltiplos relacionamentos – com os pais, com crianças e uns com os outros – e os capítulos anteriores descreveram a natureza multifacetada do papel do professor. As crenças que cercam essas interpretações merecem uma elaboração adicional.

Relacionamento entre professor-aluno. A ideia dos professores sobre as crianças como competentes é uma suposição básica, sobre a qual a abordagem de Reggio Emilia é construída. O currículo resultante poderia ser descrito como centrado na criança *e* (frequentemente) dirigido ao professor. Esses termos não são vistos como uma dicotomia, mas como parte do relacionamento recíproco natural que tem muito a oferecer, em contraste com uma abordagem que vê a atividade iniciada pela criança como crucial. Portanto, os professores de Reggio Emilia trabalham junto às crianças em seus projetos, sempre prontos a mudar o curso de investigação na direção sugerida enquanto as crianças descobrem suas próprias fontes de indagações. Enquanto reconhecendo claramente o conteúdo potencial bem como conceitos que podem ser adquiridos por meio de exemplos, os professores podem introduzir uma situação que exige mensuração a fim de promoverem conceitos numéricos – o interesse sobre como as crianças procedem na tarefa de aprender é igualmente alto.

Este relacionamento de final aberto entre o professor e as crianças é um negócio arriscado, na visão americana. Talvez o desafio mais óbvio ao nosso modo de pensar sobre o relacionamento entre professor e aluno seja a maneira como são tomadas as decisões quanto ao currículo. Em Reggio Emilia, não existe um conjunto predeterminado de conhecimentos a ser oferecido nem conceitos a serem adquiridos, exceto uma aquisição contínua de estratégias para a solução de problemas e a capacidade para transmitir conceitos através de uma variedade de sistemas simbólicos. Uma vez que os professores frequentemente seguem o rumo ditado pelas crianças na busca de direções para a investigação, eles dispõem-se a usar indicações oferecidas pelas crianças para o desenvolvimento do currículo que não seriam bem-recebidas em muitas salas de aula norte-americana. Portanto, bonecas *Barbie*, *videogames* e figuras heroicas de desenho animado podem exercer um papel proeminente no desenho e direção dos projetos em Reggio Emilia, que se focalizam sobre o mundano (sombras e quebra-cabeças), o tabu (papéis de ambos os gêneros, jogos de guerra) e o profundo (morte, amor).

Os professores americanos, em contraste, lutam por competir com as Tartarugas Ninja, chegando a banir não apenas os brinquedos e jogos associados a eles mas também, em alguns casos, os esforços das crianças para falarem sobre essas figuras ou desenharem os personagens. Embora os educadores para a primeira infância estejam começando a reconhecer a futilidade dessas ações e a importância de facilitar interpretações mais criativas de dramas baseados nos meios de comunicação (CARLSSON-PAIGE; LEVINE, 1990), os professores americanos continuam sentindo-se desconfortáveis ao responderem o que consideram como sendo interesses controversos das crianças. Em vez disso, os educadores americanos empregam um filtro altamente seletivo através do qual as sugestões das crianças são analisadas, mesmo quando descrevem entusiasticamente seus programas como "centrados na criança". Portanto, as "unidades" do currículo ou temas de estudo focalizam-se em tópicos inócuos frequentemente muito distantes dos interesses e paixões reais das crianças.

Relações entre professores. Em Reggio Emilia, o conceito de adultos como aprendizes durante a vida toda tem vastas implicações para a forma como os adultos trabalham juntos no contexto escolar. Originalmente instituído para compensar o escasso treinamento pré-ocupacional para professores necessário na Itália, o treinamento em serviço é visto como integral à natureza e como sucesso da abordagem de Reggio Emilia à educação precoce. Através do uso de uma moldura construtivista para guiar metas e atividades para o desenvolvimento da equipe, os professores buscam ativamente múltiplas perspectivas, trocando pontos de vista uns com os outros e também com os pais. Embora esta cooperação soe similar às atividades de desenvolvimento do professor nos Estados Unidos, alguns aspectos desses intercâmbios poderiam ser vistos como ameaçadores e/ou não profissionais por muitos professores norte-americanos. A visão dos adultos como aprendizes, em Reggio Emilia, permite que os professores reconheçam suas incertezas enquanto constroem por si mesmos um entendimento sobre o desenvolvimento infantil. Além disso, essa atitude inclui uma tolerância ao debate que excede de longe as noções americanas de conversas produtivas. Ao comentarem sobre a satisfação de trabalharem juntas por mais de 17 anos na mesma escola, duas professoras de Reggio Emilia reconheceram melancolicamente que essa familiaridade apresenta sua própria problemática: "Não discutimos tanto quanto antes". Essa prioridade sobre o treinamento contínuo em serviço infere um maior valor sobre os limites da educação anterior ao ingresso no trabalho que a maioria dos educadores admitiria e desafia os conceitos americanos de competência, bem como os critérios para programas de qualidade para a primeira infância (PHILLIPS, 1987).

Relacionamentos entre professores e pais. A parceria entre casa-escola é facilitada e reforçada por um entendimento compartilhado sobre o papel do professor. Os adultos identificam prontamente suas respectivas áreas de conhecimento; os pais reconhecem a capacidade dos professores de focalizarem as observações em torno de temas cognitivos e sociais, particularmente a posição da criança dentro do grupo. O papel dos pais, por outro lado, focaliza-se sobre os aspectos de privados das crianças, baseando-se em sua conscientização sociocultural do lugar que ocupam na família, bem como na sociedade maior.

Essa parceria provavelmente seria apreciada também nos Estados Unidos. Contudo, os professores em Reggio desejam mais do que um *entendimento* mútuo entre eles próprios e os pais de seus alunos; defendem uma participação ativa e contínua. Como observado por um educador: "Não desejamos estar envolvidos por dois anos – desejamos seis anos!" Os professores de Reggio Emilia não veem a si mesmos no papel de educadores dos pais; em vez disso, aprendem junto com as famílias. Portanto, eles compartilham os cuidados e educação das crianças com uma expectativa de que esses relacionamentos são "e *devem ser* complicados" (MALAGUZZI, 1989, p. 11, grifo nosso).

Os benefícios de uma multiplicidade de papéis para os adultos têm sido observados em diversas culturas. As crianças também beneficiam-se, na medida em que sua educação e as experiências de vida em sua "grande" família reforçam uma à outra (SNOW et al., 1991) e ocasionalmente tornam-se uma coisa só (GREENFIELD, 1981). Contudo, não existe ainda um equivalente para a *gestão social* na cultura americana. Sem essas estruturas de apoio para o engajamento em profundas discussões sobre temas sérios e controvertidos, os professores americanos queixam-se do pai ou mãe excessivamente curiosos, ou daquele que tem um excesso de boas ideias ou, mais especialmente, daquele que questiona a adequação da prática em sala de aula.

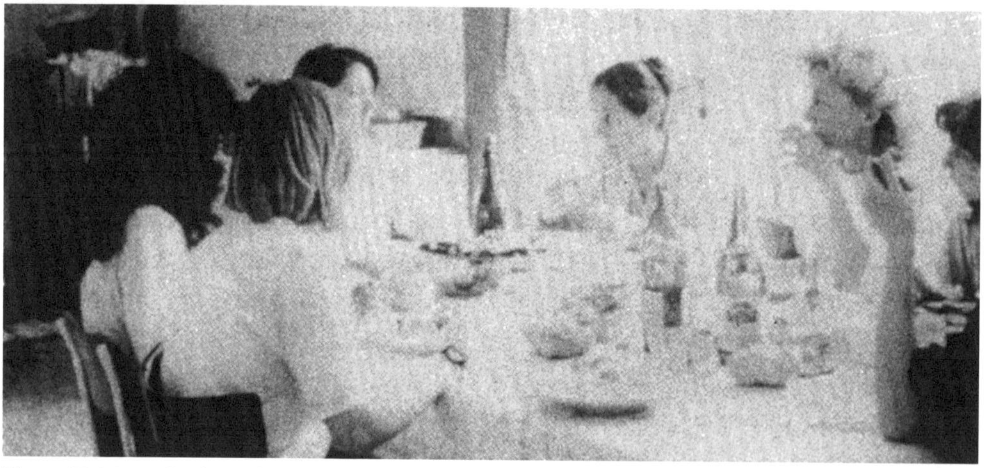

Figura 12.2 Reunião de professoras, como é comum na hora do almoço, na escola.

Estratégias de ensino

Talvez o aspecto mais excitante e desafiador da abordagem de Reggio Emilia aos cuidados e educação de crianças pequenas seja a ênfase sobre as linguagens simbólicas das crianças como um meio de extraírem sentido de seu mundo. Contudo, muitas estratégias de ensino que acompanham essa ênfase vão contra as expectativas americanas para a prática desenvolvimentalmente apropriada.

Há um enfoque orquestrado, entre os professores de Reggio, sobre o que poderia ser chamado de *produto* dos esforços das crianças como representantes do entendimento atual da criança sobre um conceito ou experiência. As conversas dos professores com as crianças envolvem a intenção, bem como o resultado das atividades, e as crianças são frequentemente encorajadas a continuar seus esforços até sentirem a satisfação por terem se expressado adequadamente. Essa satisfação frequentemente é obtida após a incorporação de *feedback* de outros na revisão do produto. É uma estratégia dramaticamente diferente daquela recomendada na prática americana, de salientar o *processo* dos esforços da criança (SCHIRRMACHER, 1986), com os adultos frequentemente ignorando as queixas delas de que o produto final "não ficou bom".

As crianças não apenas são encorajadas a refazer suas imagens se não conseguem transmitir a finalidade desejada, mas – como notado anteriormente – várias atividades de representação (como desenhar um autorretrato) são repetidas durante todo o ano, oferecendo oportunidade de refletir sobre as interpretações e percepções, modificar crenças mantidas anteriormente, e aumentar as habilidades de observação e de representação. Ainda assim, o desenvolvimento do que poderia ser chamado de talento artístico é visto, na maioria das salas de aulas norte-americanas, como prerrogativa de uns poucos selecionados; a crença de que todas as crianças têm este potencial criativo não é algo unânime.

Os professores em Reggio Emilia não apenas oferecem oportunidades para a repetição e reflexão, com relação às representações simbólicas das crianças, mas fazem elogios e comparações e as estimulam a refinar suas habilidades. Observei enquanto uma educadora elogiava generosamente a representação do espaço tridimensional por uma criança; posteriormente, ela foi indagada sobre os efeitos de ter ignorado uma segunda criança que trabalhava na mesma mesa. Sua resposta foi que o elogio arbitrário foi intencional; esperava chamar a atenção para estratégias de confecção de perspectiva que a criança estava usando em seus desenhos como um meio de provocar a criança menos habilidosa a modelar e aprender com seu companheiro mais competente.

Esses objetivos e estratégias para o reforço da excelência nas habilidades de representação das crianças contrastam dramaticamente com a reticência do professores americanos em apoiar o desenvolvimento de habilidades nas artes, bem como com as recomendações atuais para evitar elogios, em favor de um encorajamento menos crítico dos esforços criativos das crianças (HITZ; DRISCOLL, 1988). Portanto, apesar das pesquisas e interpretações teóricas recentes sobre o valor de apoiar-se e melhorar os esforços das crianças na representação simbólica (FORMAN; LANDRY, 1992; GARDNER, 1982), os professores americanos raramente consideram o desenvolvimento das habilidades de representação gráfica das crianças como sendo uma área de interesse muito menos de sua responsabilidade. Na verdade, textos clássicos os alertam de que esforços diretos para melhorar as representações das crianças são tanto fúteis quanto desencorajadores (LOWENFELD, 1968).

Uma dimensão final da crença dos professores em Reggio Emilia na importância dos muitos modos de autoexpressão e exploração, pelas crianças, é a tolerância e obtenção de exibições emocionais. As crianças não apenas podem apresentar um aumento em suas emoções – em termos tanto de ruídos quanto de nível de atividade – dentro dos limites de seus próprios jogos dramáticos, mas na verdade planejam atividades e experiências sabendo que podem preocupar ou assustar algumas crianças. Por exemplo, as professoras providenciaram, com uma companhia de teatro, um show de marionetes utilizando uma criatura assustadoramente exagerada, como o lobo na história do Chapeuzinho Vermelho, prevendo que algumas crianças sentiriam medo ao ponto de chegarem às lágrimas. Ao serem perguntadas por que ofereceriam propositadamente tal experiência, a explicação, simples, foi de que as crianças precisam ter oportunidades, dentro da segurança do grupo, para entenderem e aprenderem a lidar com os seus próprios sentimentos e com os sentimentos de outros. A preocupação americana relativa a evitar que crianças pequenas tenham emoções negativas contrasta acentuadamente com essa prática.

Figura 12.3 Três autorretratos por Francesco, desenhados em 21 de março, 30 de março e 12 de abril.

CONCLUSÃO

Existe muito a ser ponderado acerca das crenças e práticas de Reggio Emilia; neste aspecto, salientamos o fato de que parte daquilo que nos atrai está em uma contradição direta com aquilo que adotamos em muitas salas de aulas norte-americanas. Como um resultado, somos desafiados a reconsiderar a relação (e as consequências) entre nossos valores e crenças e nossas metas e estratégias de ensino.

Certamente, as salas de aulas de Reggio Emilia têm revelado *o que as crianças podem fazer* quando trabalham juntas em projetos de interesse, utilizando suas múltiplas linguagens simbólicas para a transmissão de ideias e conhecimentos para si mesmos e umas para as outras. As práticas de Reggio Emilia também *mudaram algumas crenças firmemente mantidas* (p. ex., o papel do professor no desenvolvimento das habilidades artísticas das crianças, a importância de baixas razões de alunos-professores, a importância do treinamento de professores antes de ingressarem no mercado de trabalho), algumas mais facilmente dissipadas que outras. À medida que formos levados pelo exemplo de Reggio Emilia a examinar os resultados desenvolvimentais dessas características dentro do contexto de programas de alta qualidade, em vez de programas fracos, certamente aumentaremos nosso entendimento sobre as *contribuições do ambiente* para o desenvolvimento e educação na primeira infância.

Apesar das diferenças culturais existentes, descritas neste capítulo, diversas tendências na educação contemporânea norte-americana sugerem uma afinidade com Reggio Emilia. Implicações da teoria construtivista para a educação precoce estão sendo seriamente exploradas em vários níveis (DEVRIES; KOHLBERG, 1990), com um crescente reconhecimento sobre a importância dos processos interativos das crianças para seu desenvolvimento cognitivo e social (CORSARO; EDER, 1990; HICKMANN, 1988) e sobre os direitos das crianças a um *feedback* significativo (BEANE, 1991). Não importando se como um resultado da autoconsciência amparada pelas referências japonesas a nossos papéis como "conselheiros matrimoniais" (TOBIN; WU; DAVIDSON, 1989) ou como uma interpretação mais teórica da criança como um construtor social (FORMAN; CAZDEN, 1988; ROGOFF, 1990), os professores norte-americanos também estão começando a observar mais e a invadir menos as interações sociais que ocorrem entre as crianças (PALEY, 1990).

Figura 12.4 Crianças exploram suas sombras.

Mesmo enquanto os educadores continuam cautelosos acerca de usurparem o papel dos pais, especialmente nas áreas sociais e de cuidados de saúde, uma vasta maioria de pais e professores atualmente considera necessário que as escolas envolvam-se no ensino de tópicos anteriormente considerados tabus, como sexualidade (TEACHING ..., 1988). Existem também numerosos e eloquentes defensores da ideia de que pais e professores trabalhem juntos para determinarem o currículo, particularmente em contextos caracterizados por populações culturalmente diversas (DELPITT, 1988; GREENBERG, 1990; HAUSER-CRAM et al. 1991).

Mais encorajador é o corpo recente de trabalhos defendendo que os professores sejam tratados como epistemologistas, beneficiando-se das mesmas oportunidades para exploração, descoberta e construção do conhecimento recomendadas para crianças pequenas (FOSNOT, 1989). Enquanto outros defendem a construção de uma cultura profissional nas escolas (LIEBERMAN, 1988), que reconheça a importância de professores tratados como pensadores (MURRAY, 1986), as pesquisas sobre a cooperação entre professores apontam para sua utilidade como uma estratégia para uma melhora educacional, bem como para a reforma do ensino (ELLIS, 1990).

A questão, implicada pelo título deste capítulo, permanece. O que *é* uma prática desenvolvimentalmente apropriada? O material apresentado neste volume sugere que essa interpretação é altamente dependente das visões mantidas por professores e outros adultos sobre o desenvolvimento; e que variações nas práticas podem refletir diferenças culturais tanto nas crenças quanto nas expectativas para suas crianças (EDWARDS; GANDINI, 1989). Enquanto continuamos nosso caso de amor com Reggio Emilia, portanto, poderíamos começar uma exploração acerca do que é americano, em nossas noções de práticas educacionais corretas. Existem muitos rituais, rotinas e responsabilidades aparentemente sagrados associados com contextos para a primeira infância nos Estados Unidos, variando do calendário onipresente de "hora de formar o círculo" e horários para a limpeza até os imperativos de planos de lição, guias para o currículo e baixas razões de aluno-professor. Através de nossa tentativa de entender os valores e crenças associados com essas e outras práticas, podemos descobrir que estamos trabalhando na direção de conjuntos de competências diferentes daqueles valorizados pelos professores em Reggio Emilia. Então, e apenas então, estaremos em posição para avaliar sensatamente e aproveitar seletivamente as vantagens do que Reggio Emilia tem a nos oferecer.

David Hawkins (1990, p. 3) propõe o termo *evolução* para descrevermos o "[...] compromisso de esforço e investigação duradouro" necessário para a melhora da escolarização americana. Esse conceito vai além dos conceitos tradicionais de reforma e captura a essência da abordagem de Reggio Emilia à educação precoce. Faríamos bem em começar a seguir o exemplo neste ponto.

REFERÊNCIAS

BEANE, J. A. Enhancing children's self-esteem: illusion and possibility. *Early Education and Development*, v. 2, n. 2, p. 153-160, 1991.

BREDEKAMP, S. (Ed.). *Developmentally appropriate practice in early childhood programs serving children from birth through age 8*. Washington: National Association for the Education of Young Children, 1987.

CARLSSON-PAIGE, N.; LEVIN, D.E. *Who's calling the shots:* how to respond effectively to chil-

dren's fascination with war play and war toys. Philadelphia: New Society Publishers, 1990.
CLARKE-STEWART, A.K. Predicting child development from child care forms and features: The Chicago study. In: PHILLIPS,D.A. (Ed.). *Quality in child care:*what does research tell us? Washington: National Association for the Education of Young Children, 1987.
CORSARO, W. A.; EDER, D. Children's peer cultures. *Annual Review of Sociology*, v. 16, p. 197-220, 1990.
DELPITT, L. The silenced dialogue: power and pedagogy in educating other people's children. *Harvard Education Review*, v. 58, n. 3, p. 280-298, 1988.
DEVRIES, R.; KOHLBERG, L. *Constructivist early education*: overview and comparison with other programs. Washington: National Association for the Education of Young Children, 1990.
EDWARDS, C.P. *Promoting social and moral development in young children*. New York: Teachers College Press, Columbia University, 1986.
EDWARDS, C.P.; GANDINI, L. Teachers' expectations about the timing of developmental skills: a cross-cultural study. *Young Children,*v. 44, p. 15-19, 1989.
ELLIS, N.E. Collaborative interaction for improvement of teaching. *Teaching and Teacher Education*, v. 6, n. 3, p. 267-277, 1990.
FORMAN, E.A.; CAZDEN, C.B. Exploring Vygotskian perspectives in education: the cognitive value of peer interaction. In: WERTSCH,J.V. (Ed.).*Culture, communication and cognition:* Vygotskian perspectives. New York: Cambridge University, 1988.
FORMAN, G.; LANDRY, C. Research on early science education. In: SEEFELDT,C. (Ed.).*The early childhood curriculum:* a review of current research. New York: Teachers College Press, Columbia University, 1992.
FOSNOT, C.T. *Enquiring teachers, enquiring learners*: a constructivist approach for teaching. New York: Teachers College, Columbia University, 1989.
GANDINI, L. Not just anywhere: making child care centers into "particular" places. *Beginnings*, p. 17-20, 1984.
GARDNER, H. *Art, mind, & brain:*a cognitive approach to creativity. New York: Basic Books, 1982.
GLICKSMAN, K.; HILL, T. *Easing the child's transition between home, child care center and school:* a guide for early childhood educators. Trenton: New Jersey Department of Education, 1981.
GREENBERG, P. *The devil has slippery shoes*: a biased biography of the Child Department Group of Mississippi. Washington: Youth Policy Institute, 1990.
GREENFIELD, P.M. Child care in cross-cultural perspectives: implications for the future organization of child care in the United States. *Psychology of Women Quarterly*, v. 6, n. 1, p. 41-54, 1981.
HARKNESS, S. The cultural context of child development. In: SUPER,C.M.; HARKNESS,S. (Ed.). *Anthropological perspectives on child development*: new directions in child development. San Francisco: Jossey-Bass, 1980.
HAWKINS, D. The roots of literacy. *Daedalus,*v. 119, n. 2, p. 1-14, 1990.
HAUSER-CRAM, P. et al. *Early education in the public schools*: lessons from a comprehensive birth-to-kindergarten program. San Francisco: Jossey Bass, 1991.
HICKMANN, M.E. The implications of discourse skills in Vygotsky's developmental theory. In: WERTSCH,J.V. (Ed.).*Culture, communication and cognition*: Vygotskian perspectives. New York: Cambridge University Press, 1988.
HITZ, R.; DRISCOLL, A. Praise or encouragement? New insights into praise: implications for early childhood teachers. *Young Children*, v. 43, n. 5, p. 6-11, 1988.
KATZ, L. Impressions of Reggio Emilia preschools. *Young Children*, v. 45, n. 6, p. 4-10, 1990.
LEVINE, R.A. Anthropology and child development. In: SUPER,C.M.; HARKNESS,S. (Ed.). *Anthropological perspectives on child development*: new directions in child development. San Francisco: Jossey Bass, 1980.
LEWIS, C. Children's social development in Japan: research directions. In: STEVENSON, H.;AZUMA, H.;HAKUTA,K. (Ed.).*Child development and education in Japan.* New York: W.H. Freeman and Co, 1986.
LIEBERMAN, A. (Ed.). *Building a professional culture in schools.* New York: Teachers College Press, Columbia University, 1988.
LOWENFELD, V. On the importance of early art expression. In:BRITTAIN,W.L. (Ed.).*Viktor Lowenfeld speaks on art and creativity*. Washington: National Association for the Education of Young Children, 1968.

MALAGUZZI, L. *A historical outline, data, and information*. Reggio Emilia: Center for Education Research, 1989.
MURRAY, F. Goals for the reform of teacher education: an executive summary of the Holmes Group report. *Phi Delta Kappan*, v. 68, n. 1, p. 28-32, 1986.
NEW, R. Excellent early education: a city in Italy has it. *Young Children*, v. 45, p. 4-10, 1990.
PALEY, V.G. *The boy who would be a helicopter*. Cambridge: Harvard University Press, 1990.
PHILLIPS, D.A. (Ed.). *Quality in child care:* what does research tell us? Washington: National Association for the Education of Young Children, 1987.
ROGOFF, B.; MORELLI, G. Perspectives on children's development from cultural psychology. *American Psychologist,*v. 44, n. 2, p. 343-348, 1989.
SCHIRRMACHER, R. Talking with young children about their art. *Young Children*, v. 41, n. 5, p. 3-7, 1986.
SLAVIN, R. (Ed.). *Learning to cooperate, cooperating to learn*. New York: Plenum Press, 1985.
SNOW, C. et al. *Families and schools:* effects on literacy. Cambridge: Harvard University Press, 1991.
STEVENSON, H.; AZUMA, H.; HAKUTA, K. (Ed.). *Child development and education in Japan*. New York: W.H. Freeman and Co., 1986.
STIGLER, J.W.; PERRY, M. Mathematics learning in Japanese, Chinese, and American classrooms. In: SAXE, G.; GEARHART,M. (Ed.). *Children's mathematics, new directions for child development*. San Francisco: Jossey-Bass, 1988. v. 41.
TEACHING children about sex. *The Harvard Education Letter,*v. 5, n. 5, p. 1-6, 1988.
TOBIN, J.; WU, D.Y.H.; DAVIDSON, D.H. *Preschool in three cultures*. New Haven: Yale University, 1989.
WHITWORTH, R. Cooperative learning and other disasters. In:GOLUB,J. (Ed.). *Focus on collaborative learning*. Urbana: National Council of Teachers of English, 1988.

13

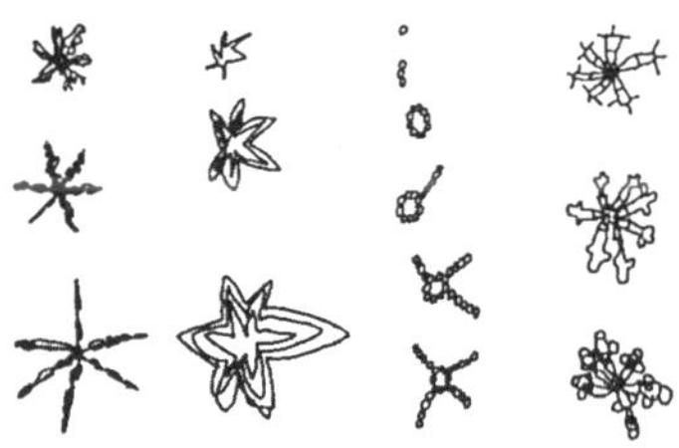

"Flocos de neve"

A cidade na neve – aplicação da abordagem multissimbólica em Massachusetts

George Forman, Moonja Lee, Lynda Wrisley e Joan Langley

ORIGENS DO PROJETO

Vínculos com Reggio Emilia

No outono de 1988, quatro professores da Marks Meadow Elementary School, uma escola pública em Amherst, decidiram iniciar um projeto de longa duração, baseado em nosso entendimento sobre a abordagem multissimbólica usada em Reggio Emilia. Diversos membros da Faculdade de Educaçao da Universidade de Massachusetts visitaram as pré-escolas de Reggio, e logo receberíamos uma visita de três educadores de lá. Marks Meadow tornou-se uma espécie de escola-irmã durante esse período, com diversas visitas de intercâmbio.

O primeiro de dois projetos executado em Marks Meadow baseou-se estreitamente no projeto realizado em Reggio Emilia chamado A Cidade na Chuva. Esse projeto está bem-documentado na exposição itinerante *As Cem Linguagens da Criança*. Basicamente, A Cidade na Chuva foi um estudo de como a cidade e seus habitantes mudam quando chove. O projeto começou de um modo que se tornou um padrão em Reggio Emilia, uma espécie de discussão verbal sobre as ideias das crianças: de onde vem a chuva; como a chuva soa quando atinge diferentes superfícies; o que é construído na cidade em razão da chuva; como a chuva pode ter bons usos; e assim por diante.

Portanto, enquanto esperavam pela primeira chuva, as crianças desenharam suas ideias em uma grande folha de papel. Algumas desenharam suas teorias sobre a origem da chuva: "O demônio faz chover", disse uma criança de 5 anos. Uma outra insistiu que "a chuva é feita por grandes máquinas no céu e ela vai para as nuvens, e quando as nuvens estão muito cheias, a chuva cai". Esses desenhos eram as teorias iniciais das crianças sobre o ciclo da chuva, e serviram como uma plataforma a partir da qual discutimos e expandimos o entendimento das crianças (ver FORMAN, 1989).

O projeto em Reggio Emilia continuou por muitas semanas, incluindo atividades como gravações em áudio dos sons da chuva em diferentes superfícies e uma representação gráfica posterior desses sons, um passeio à cidade, pleno de dúvidas que haviam sido levantadas nas discussões e desenhos em sala de aula, desenho de máquinas que podiam fazer chuva, desenho de um sistema que poderia trazer a água da chuva do céu para canos no chão, levando-a até as casas, uso de uma sequência de fotografias que mostram um céu em transformação e desenho posterior dessas mudanças no papel, desenho de uma cidade antes e durante um temporal, e desenho de muitos exemplos mais de aprendizagem multissimbólica.

Adaptação do projeto para Amherst

Os professores da Marks Meadow Elementary School sentiram-se bastante atraídos pela ideia básica de usarmos a natureza como tema. Nossa versão da Nova Inglaterra foi A Cidade na Neve. Uma estação de neve aproximava-se e discutimos acerca de como modificar o projeto de Reggio sobre a chuva para um projeto sobre a neve, dirigido a crianças dos 5 aos 7 anos. As quatro classes envolvidas eram as seguintes: as crianças mais novas, de 5 anos, da classe de maternal de Lynda Wrisley; uma outra turma de maternal cuja professora era Cindy Weinberg; um grupo de crianças de 6 anos, tendo Sharon Edwards como professora; e uma classe de crianças de 7 anos, cuja professora era Joan Langley. Coletivamente, essas quatro classes ocupavam o que em Marks Meadow é chamado de Centro de Aprendizagem Inicial. As classes possuíam entre 19 e 22 alunos cada uma. A professora titular possuía uma auxiliar ou estagiária. A equipe de documentação era formada por George Forman e Moonja Lee. Nós nos reuníamos por algumas horas todas as quartas-feiras para planejarmos o projeto e para estudarmos a documentação. O projeto durou vários meses.

Observe que a faixa etária estende-se até 7 e até mesmo 8 anos no caso de algumas crianças, ao final do projeto. Em nenhum momento sentimos que as atividades de instrução eram demasiadamente elementares para elas. Na verdade, este capítulo tecerá comentários sobre como a abordagem multissimbólica é apropriada para todas as idades. Além disso, diferentemente do pequeno grupo de quatro crianças do Projeto do Salto em Distância (Cap. 10, neste volume), o projeto da Cidade na Neve foi executado, mais tipicamente, como uma série de atividades de toda a classe.

SEQUÊNCIA DE ATIVIDADES

Consistente com o método de execução de projetos em Reggio Emilia, o projeto de "Cidade na Neve" mesclou objetivos planejados com objetivos emergentes, com os últimos sendo extraídos de descobertas dos professores, feitas durante o curso do projeto. Pelo bem da discussão, a sequência real, como evoluiu, é apresentada aqui de antemão. Esses segmentos são indexados, como feito no capítulo sobre o salto em distância, de modo que o leitor terá um guia fácil para a ordem cronológica real dos eventos.

1.0 *Discussão verbal:* As crianças discutem as recordações sobre nevascas, como muda o *playground*, como afeta as caminhadas, o que se pode fazer na neve e como a cidade lida com imensas quantidades de neve.

2.0 *Desenhos iniciais de cenas de neve:* As crianças desenharam cenas de esquiadores, casas cobertas de neve, até mesmo crianças caindo em um lago através de rachaduras no gelo.

As figuras também foram incluídas em discussões posteriores.

3.0 *Neve simulada:* Percebemos que um conceito importante deste projeto era a relação entre forma e função, por exemplo, se a forma de determinado telhado funciona como uma proteção adequada contra a neve. Portanto, decidimos usar uma versão simbólica de neve caindo, peneirando farinha de trigo em uma cidade em miniatura de blocos de madeira. Isso simula com bastante adequação o que ocorreria em uma nevasca real, com as bordas mais altas sendo revestidas de "neve" e as áreas cobertas sendo protegidas. Também usávamos bem nosso tempo, enquanto aguardávamos a primeira neve, que veio, sem grandes surpresas para nós, mais tarde que o normal.

4.0 *Mural da cidade:* Durante este período sem neve, a classe de Cindy Weinberg fez uma pintura da paisagem da cidade na neve, do tamanho da parede. A paisagem, cheia de prédios comerciais, lojas de animais, caminhões de bombeiros, a maior parte recortada de papel colorido e colada no mural que cobre toda a parede, permaneceu sem neve por várias semanas. As crianças pensaram sobre como acrescentariam a espessa tinta branca para representarem os resultados de uma nevasca e a realizaram. Outras classes realizaram essa mesma atividade em uma escala menor.

5.0 *Experiência de campo da "primeira neve":* Nevou em janeiro de 1989. As crianças saíram para a neve cheias de indagações, levantadas nas atividades anteriores.

6.0 *Segundo desenho da nevasca:* Após a nevasca simulada e a experiência real de campo, as crianças novamente fizeram desenhos da neve sobre a cidade. Esses novos desenhos mostraram maior preocupação com a colocação exata da neve nas bordas e superfícies protuberantes.

7.0 *Desenho dos sons da neve:* As crianças interessaram-se pelo silêncio da neve e também pelos sons especiais de passos, pés correndo e pás tirando a neve. Esses três sons foram gravados e as crianças tentaram fazer representações gráficas deles.

8.0 *Desenho de flocos individuais de neve.* A partir das observações com microscópios (5.01), e olhando para grandes fotografias ampliadas de flocos de neve no começo deste segmento (8.0), as crianças interessaram-se pela beleza do floco de neve. Portanto, puseram-se a desenhar flocos individuais. Para isso, foi usada uma ampla variedade de materiais, incluindo giz branco sobre papel preto, pedaços de papel colorido, macarrão e parquês.

9.0 *Comparecimento a uma sessão de vídeo sobre o crescimento de um floco de neve:* Por uma incrível coincidência, tínhamos um videoteipe de três minutos disponível, que mostrava o crescimento de um floco de neve em fotografia tomada a intervalos de tempo. As crianças assistiram a esse vídeo diversas vezes, sabendo que depois desenhariam o que estavam vendo.

10.0 *Desenho do crescimento de um floco de neve:* As crianças receberam longas folhas de papel e foram solicitadas a dividir o papel em quatro painéis. Depois, puseram-se a desenhar o que haviam entendido sobre o crescimento de um floco de neve, do momento 1 até o momento 4.

11.0 *Desenho da transformação da água em gelo:* O trabalho sobre a estrutura física da neve levou a discussões sobre a diferença entre cristais de gelo e cristais de neve. Após um período introdutório de discussões e de redação de listas de atributos, as crianças congelaram água, verificando seu progresso a cada hora. Terminaram sua tarefa desenhando a transformação, em três etapas.

12.0 *Desenho de nuvens e máquinas de fazer neve:* Algumas das crianças, durante (11.0) acreditavam que a neve derretida seria retransformada em flocos de neve no *freezer.* Portanto, todas as classes discutiram acerca de como a neve é feita, tanto naturalmente quanto artificialmente. Enquanto algumas crianças desenhavam nuvens que formavam a neve, outras decidiram inventar suas próprias máquinas de fabricar neve. Esses desenhos foram alguns dos mais interessantes no projeto, porque revelaram as teorias das crianças sobre o processo de transformação da água em neve.

CICLOS DE SIMBOLIZAÇÃO

O conceito de ciclos de simbolização foi introduzido pela primeira vez no Capítulo 10 sobre o Projeto do Salto em Distância em Reggio. A equipe de Marks Meadow usou este conceito como um guia para melhorar a reflexão das crianças quanto elas desenharam e voltaram a desenhar suas suposições, ideias e teorias atuais. As crianças estavam usando a simbolização não apenas para representar o que já sabiam, mas também para refletirem e questionarem o que dizem que sabem. Elas, em essência, representam seu conhecimento a fim de melhorarem sua coerência. O desenho, nesse sentido, é feito com o intuito de aprender, em vez de comunicar, o que é conhecido.

Primeiro ciclo: discussão

O mais apropriado é que os professores iniciem as crianças em um projeto com seu sistema simbólico mais fluente, a fala (1.0). As ideias fluem sem serem impedidas pelas demandas das habilidades técnicas. Crianças de 5 a 7 anos de idade já sabem falar. O que não sabem muito bem, contudo, é como refletir sobre suas palavras, explicar sua lógica ou verificar as evidências. É aí que os ciclos subsequentes e o sistema de símbolos entram em ação.

Segundo ciclo: desenhos iniciais e discussão adicional

Os desenhos iniciais são determinados em parte pela discussão e em parte pela continuação das ideias que se revelam à medida que as crianças desenham. É a fonte combinada dessas ideias que torna o desenho poderoso. As crianças falam sobre nevascas e obtêm novas ideias do que veem emergindo no papel. Podemos esperar que essas duas fontes criem pequenas discrepâncias. As discrepâncias são o mecanismo por trás do questionamento e a solução subsequente de problemas.

Observe por um momento a Figura 13.1. A criança desenhou a neve profunda no chão e no teto da casa, mas nenhuma neve do capô do carro. O automóvel sem neve resultou de um hábito ao desenhar. A criança geralmente desenha automóveis assim, de modo que é como este termina sendo mostrado em seu desenho. Mas na discussão em grupo que ocorre a seguir, inconsistências como essas são notadas. A artista agora explica a discrepância dizendo que o automóvel recém chegou na frente da casa. Não devemos considerar isso como a racionalização de um erro. Na verdade, a criança provavelmente pensou pela primeira vez que um automóvel sem neve seria um modo de imaginar quanto tempo um automóvel ficou estacionado em algum outro local.

Outras discrepâncias foram observadas entre os dois desenhos (ver as diferenças entre as Figuras 13.1a e 13.1b). A criança que desenhou a cabana de ripas (Figura 13.1b) viera da África e jamais vira neve. Em seu desenho, a neve não podia ser muito diferenciada da chuva. As crianças discutiram essas diferenças e a criança da África sentiu-se excitada e ansiosa por descobrir exatamente o que a neve real faz com os objetos na rua.

Figura 13.1a A criança da Nova Inglaterra relembra a neve.

Figura 13.1b A criança da África imagina a neve.

Terceiro ciclo: simulação

Os desenhos e as discussões agora haviam convencido as crianças de que a neve era mais complicada do que supunham inicialmente. Os desenhos, em particular, levam as crianças a uma análise mais atenta da dinâmica da neve que cai: onde cairá, onde ficará. Contudo, uma vez que não tínhamos neve, não tínhamos como confirmar nossos palpites. Portanto, o terceiro ciclo foi incluído para que as crianças tivessem alguma confirmação física de suas teorias.

Antes de a professora peneirar a farinha sobre a cidade em miniatura de blocos de madeira, as crianças predisseram onde achavam que a "neve" poderia cair, onde aderiria e onde não cairia. Um aluno do maternal disse, referindo-se a um telhado curvo, "Ela vai cair no alto da parte curvada, mas não ficará ali (apontando para a parte mais vertical do telhado curvo)". Uma outra criança ofereceu sua opinião de que a neve não cairia sobre o carrinho de brinquedo.

A professora, Lynda Wrisley, então peneirou a farinha uniformemente sobre toda a cidade em miniatura, enquanto as crianças observavam atentamente (Figura 13.2). A estratégia de ensino de predizer-e-depois-observar melhorou seu interesse e maximizou a oportunidade para que uma observação fosse mais do que uma ocorrência interessante, mas também uma evidência relevante para uma hipótese.

As crianças alegraram-se com suas previsões corretas (ver Figura 13.3) e ficaram agradavelmente surpresas com o inesperado. Um menino disse, em referência a uma fina camada de farinha na ponta inferior de um bloco triangular: "Eu achei que não cairia neve aqui!" Mais de uma criança comentou que dois triângulos idênticos mostravam quantidades perceptivelmente diferentes de neve em

Figura 13.2 A farinha é peneirada sobre a cidade em miniatura.

suas faces voltadas para cima. Através de uma descoberta mais ou menos orientada, aprenderam que essa diferença era causada por diferenças nas texturas entre os dois blocos de madeira: um era liso e o outro áspero.

Portanto, o ciclo de simulação acrescenta confirmação física para os palpites e teorias definidos nos dois ciclos anteriores. Agora, as crianças estão melhor preparadas para a neve real, que viria logo, esperávamos. Em uma classe, a classe de maternal de Cindy Weinberg, as crianças realizaram uma outra atividade antes de a neve realmente chegar – um grande mural cobrindo toda a parede do fundo da sala.

Figura 13.3 O carro, uma vez removido, mostra onde a neve não caiu.

Quarto ciclo: uso do desenho como referência

As crianças na classe de Cindy Weinberg passaram vários dias cobrindo um grande mural com desenhos e recortes de casas, automóveis, caminhões, pessoas, árvores, ruas e prédios (4.0). Depois, aguardaram e pensaram sobre esse desenho como o local onde a neve um dia cairá. Portanto, o próprio desenho era a referência, o "objeto real", por assim dizer. Após uma semana olhando para a cena urbana completa, as crianças agora voltavam com tinta branca, para acrescentar a neve. Ainda assim, diferentemente da farinha peneirada sobre blocos de madeira, o desenho não daria confirmação física às crianças. Saber que podiam fazer o que quisessem, uma vez que o material permitia isso, o que fez com que as crianças falassem ainda mais sobre o modo de acrescentar a tinta branca. Poderíamos presumir corretamente que, contrastando a simulação com o desenho, as crianças refletiriam mais ao desenharem o modo como acham que o sistema comporta-se. Isto é, a simulação confirma que o sistema não é caprichoso ou tendencioso, e a liberdade para dizer qualquer coisa no desenho coloca mais responsabilidade sobre o pensamento para imaginar o que realmente ocorreria. Com a simulação, apenas, as crianças poderiam apresentar uma tendência para dizer: "Eu não sei" e apenas esperar que a professora peneirasse a farinha. Portanto, é útil realizar-se esses dois ciclos: simulação e desenho como referência.

A Figura 13.4 mostra como uma criança acrescentou tinta branca (neve) a uma casa. A tinta branca envolveu toda a casa, incluindo as paredes verticais, ao invés de pousar apenas nas superfícies mais altas da casa. Talvez devêssemos ter realizado outro ciclo pela simulação, para gerar uma discussão sobre diferenças em suas previsões na simulação e seus desenhos no quarto ciclo. Como você verá, o passeio, talvez em combinação com a simulação, sensibilizou as crianças para as diferenças funcionais entre superfícies verticais e horizontais. Observe, contudo, que esta criança havia sido sensibilizada para um caso intermediário, o telhado inclinado. Ela desenhara alguma neve sobre o telhado, ele próprio desenhado em perspectiva. Sentimos que a conscientização de que o telhado possui uma relação horizontal com o céu foi uma grande descoberta para diversas crianças.

Figura 13.4 A neve envolve a casa em todos os lados.

Quinto ciclo: a experiência

A neve finalmente chegou. As crianças estavam preparadas para buscar respostas às questões levantadas na discussão verbal (1.0), durante seus desenhos iniciais (2.0), durante a simulação com farinha (3.0) e enquanto acrescentavam tinta ao mural (4.0). Saíram na neve para inspecionar a queda da neve na gangorra, o modo como tornava mais lenta a descida no escorregador e a estrutura de cristal de um floco individual congelado no tecido do casaco de uma professora.

Gostaríamos de alertar a nós mesmos e a outros sobre o uso da palavra "experiência". Nem todas são igualmente didáticas. Novamente, baseamo-nos na distinção entre a ocorrência de um evento e um evento que serve de evidência para uma teoria, resposta para uma questão ou satisfação da curiosidade. Os ciclos anteriores de simbolização tornam a experiência de campo mais um caso de evidência que um menos reflexivo de ocorrência. Na verdade, são as atividades que ocorrem sem interferência que tornam as atividades que sofrem interferência mais educacionais.

Sexto ciclo: os desenhos após a experiência

O que dissemos sobre a importância das representações antes da experiência de campo também pode ser dito para representações subsequentes. Naturalmente, as crianças fazem descobertas no campo, mas sua excitação e movimentos físicos fazem com que a síntese de suas descobertas em algum nível superior seja difícil para elas. Durante essa rodada de desenhos após a experiência (6.0) as crianças aprenderam que suas descobertas são compartilhadas (ou debatidas), e então tentaram representar as revisões de seu conhecimento.

Como mostrado na Figura 13.5, torna-se claro que as mesmas crianças que desenharam a paisagem urbana no mural não mais estão colocando neve nas paredes verticais dos prédios. Também estão conscientes de que a neve cairá em qualquer borda tão larga quanto um floco individual. Essa atenção à dinâmica da neve que cai como um pó que cai do céu em superfícies horizontais, ampliou e aprofundou o interesse e a curiosidade das crianças e possibilitou o surgimento das atividades (7.0) a (12.0).

Sétimo ciclo: ampliação

Em vez de indagarem o que ocorre quando a neve faz contato com os objetos, começaram a indagar o que ocorre quando um objeto entra em contato com a neve. Por exemplo, que som uma pá faz, ao remover a neve? As professoras decidiram ajudar as crianças a pensarem sobre essas questões *desenhando* os sons.

As professoras trouxeram à classe várias fitas de áudio desses sons; as crianças discutiram o que esses sons poderiam ser: todas concordaram e então tentaram fazer representações gráficas desses sons. Fazer uma representação gráfica (desenho) de uma experiência não visual (som) é chamado de *representação transmodal*. A representação gráfica dos sons encoraja a criança a pensar de modos mais criativos sobre o som. Isso é verdadeiro porque a representação transmodal possui poucos lugares-comuns e porque a atividade é claramente metafórica. Além disso, as crianças escutam os sons através de seus olhos e, assim, escutam diferentes aspectos, tais como intervalos de silêncio, tons contínuos e outros atributos com analogias espaciais. As crianças frequentemen-

Figura 13.5 Ênfase sobre o depósito da neve.

te ouvem os atributos menos formais e mais baseados no conteúdo quando estão se preparando para oferecer uma descrição verbal. Isto é, o gráfico transmodal colhe os atributos de continuidade e descontinuidade, como pode ser visto na Figura 13.6, quando a descrição verbal orientará a criança para a origem do ruído ou outros ruídos similares, por exemplo, "sons de neve sendo tirada com a pá que parecem madeira sendo serrada". Assim, a representação transmodal possui uma nuance metassimbólica, comparada com o relato verbal.

Oitavo ciclo: aprofundamento

As crianças já fizeram muitos comentários sobre a neve como um material feito de partículas. Isso levou, naturalmente, a atividades que se focalizavam sobre as partículas da neve, o floco individual. As atividades (8.0), (9.0) e (10.0) lidaram com o aspecto e o crescimento do floco individual. Essas três atividades representam uma espécie de espiral, com os ciclos de simbolização, porque as crianças estão usando a representação, dentro deste tópico em especial: o crescimento de uma estrutura cristalina. A espiral é uma recapitulação desta sequência do ciclo, mas ao mesmo tempo é um avanço, porque essas atividades aprofundam a visão da neve pelas crianças.

As crianças desenharam suas representações de flocos de neve (8.0), assistiram um vídeo em câmera lenta (9.0) sobre a formação de um floco de neve e então apresentaram elas mesmas esses estágios do crescimento (10.0). A Figura 13.7 mostra quatro teorias do crescimento dos flocos de neve, por quatro crianças diferentes, que haviam assistido ao mesmo vídeo. Observe que as quatro crianças, da esquerda para a direita, veem o crescimento como um processo de (a) aumento, (d) formação de camadas, (c) acréscimo de unidades e finalmente (d) crescimento por diferenciação das partes.

A espiral de ciclos deixou claro, para nós, que até mesmo a melhor apresentação em vídeo (9.0) não apresenta os fatos já prontos. As crianças ainda precisam reconstruir esses fatos, em um conjunto de relações que lhes faça sentido. O desenho de suas teorias no papel ajuda cada criança a ver os pensamentos das outras crianças e a retrabalhar seus próprios pensamentos durante as pequenas discussões em grupo. O vídeo sem o ciclo de representação teria deixado sem expressão essas diversas teorias e, portanto, não ofereceria um conflito construtivo entre os alunos. O vídeo, apenas, também poderia encorajar a passividade mental e a aceitação da superficialidade que ocorre quando não pedimos que as crianças comuniquem seu pensamento a outros.

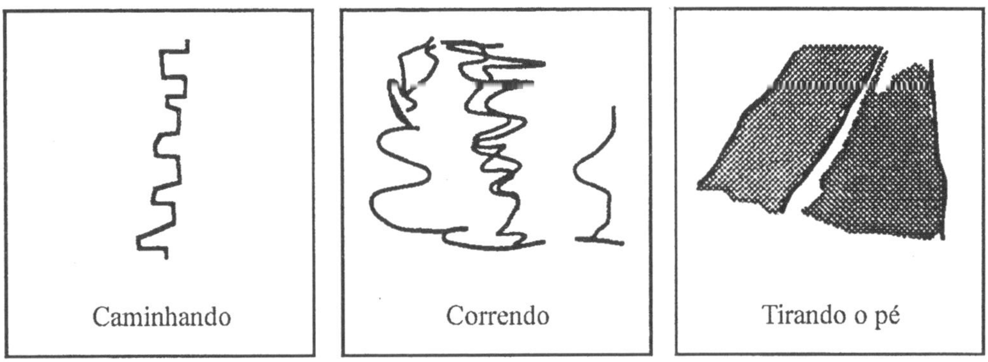

Figura 13.6 A representação gráfica de sons da neve, por uma criança.

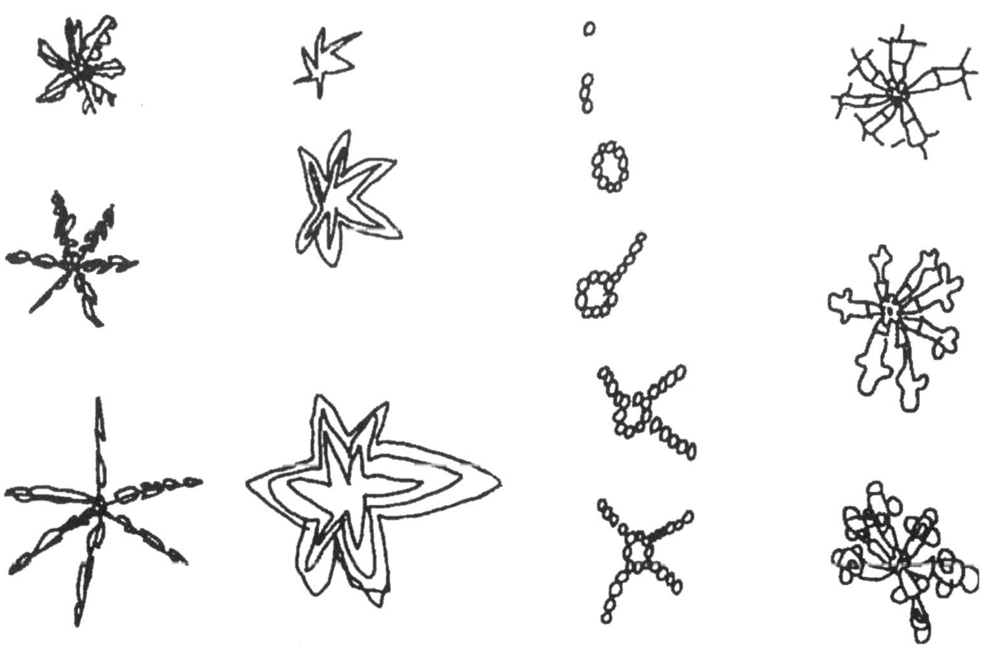

Figura 13.7 Quatro versões de um floco de neve em formação.

Ciclos finais: mais ampliação e aprofundamento

As atividades que se seguiram, e que poderiam ter continuado indefinidamente, seguiram ampliando e aprofundando o interesse e o entendimento das crianças. Desenharam a transformação do gelo em água e realizaram experimentos empíricos (11.0). Fizeram desenhos de nuvens e máquinas de fazer neve (12.0) e observaram esses sistemas ao ar livre, em rampas de esqui. As máquinas de fazer neve eram bastante fascinantes, e na verdade levaram a outro projeto, máquinas simples, realizado no ano seguinte.

O QUE A EQUIPE APRENDEU

Recursos para o sucesso

Nossa própria reflexão sobre esse projeto continua. A equipe do projeto aprendeu vários princípios importantes. Falando-se em termos amplos, aprendemos que a abordagem multissimbólica, pelo menos a versão que apresentamos aqui, pode ser implementada no currículo de uma sala de aula norte-americana. Deve ser notado, contudo, que embora esse sistema escolar ofereça tempo para que todos os professores planejem e reflitam, muito do planejamento especial para a Cidade na Neve foi realizado pelos professores durante seu tempo livre. Estamos ainda trabalhando para darmos aos professores mais recursos para o ensino de projetos. A documentação do pensamento e interpretação subsequente das crianças é básica para o sucesso desse enfoque. Além dessa apreciação pela documentação, desenvolvemos um conjunto de importantes princípios de ensino.

Representação e re-representação

É importante que as crianças voltem a um primeiro esboço de uma representação após terem tido uma experiência prática ou simulada. A representação, como parte de nosso ciclo de simbolização, ajuda a criança a consolidar o conhecimento ou melhorar a definição de suas concepções incorretas. Ambos os objetivos são elogiáveis.

Uso de símbolos já prontos como catalisadores

A professora pode servir como um recurso, para ajudar a criança a ingressar no sistema em estudo. As fotografias dos flocos de neve e o vídeo sobre a formação do floco de neve foram símbolos já prontos. Esses símbolos prontos são complexos. Portanto, sua reprodução exige um pensamento em alto nível sobre o referente e sobre os processos de referência.

A professora não ensina desenho diretamente, focalizando-se sobre detalhes gráficos. Em vez disso, pede que as crianças reflitam sobre o significado desses símbolos já prontos, para que reinventem as regras geométricas de estrutura ou dinâmica das partículas que formam agrupamentos. Os símbolos já prontos servem como uma moldura, uma delimitação do sistema. São indicadores de padrões latentes, que poderia ser interessante vir a conhecer. Contudo, um padrão precisa ser construído pela criança para ser conhecido, não existem no símbolo já pronto. Eles existem na ordem cognitiva que a criança traz para o arranjo de estímulos. O desenho apresenta uma janela para esta ordem cognitiva, para a criança, para a professora e para outras crianças com as quais o aluno está se comunicando.

Meios abertos *versus* simulação

A instrução é um processo de duas etapas: a etapa de gerar questões é seguida por uma etapa de teste dessas questões. Se as professoras usam apenas a arte gráfica para estimular a imaginação, o valor didático da arte foi truncado. Portanto, valorizamos os meios que possuem consequências: os meios que não são tão abertos ao ponto de poder acontecer qualquer coisa. É por isso que mudamos para o peneiramento da farinha e usamos o vídeo do floco em formação.

Representações como uma plataforma para questões

Uma vez desenhada, a representação gráfica torna-se uma plataforma sobre a qual as crianças e a professora podem encenar suas interpretações. A sutileza está no modo de afirmar o pensamento da criança, desafiando-a ao mesmo tempo a pensar mais profundamente (ver FORMAN, 1989).

Tomemos o caso de uma criança que desenhou uma máquina de fazer neve elegante, mas supérflua, uma máquina que fazia neve a partir de um amplo suprimento de neve já existente (Figura 13.8). A máquina sugaria a neve, derretendo-a, cortando-a e cuspindo a "neve" (o gelo picado). A plataforma apropriada para a instrução, neste caso, é lidar com a criança em seu nível. Questionaríamos a criança a partir de uma perspectiva superior, sobre máquinas em geral. Não a levaríamos a considerar imediatamente o trabalho como a produção de algo pronto a partir de uma matéria bruta. Pediríamos que oferecesse uma apresentação verbal do processo *como foi desenhado*, esperando ouvi-la descrever tanto a natureza da neve que entra quanto a da neve que sai. A partir de suas próprias reflexões, sobre suas próprias descrições verbais, poderíamos muito bem vir a saber que ele inventou uma máquina movida a neve, não uma máquina de fazer neve. A falta de lógica da redundância de "neve para dentro/neve para fora" estaria em um nível superior e seria conquistada posteriormente; e o fato de que gelo picado não é realmente neve também poderia eventualmente vir à sua consciência. Questões mais amplas sobre a finalidade e produtos exatos frequentemente vieram à tona durante as discussões no pequeno grupo, entre quatro a cinco crianças.

Construindo a partir do conhecimento intuitivo

É um princípio difícil de implementar, pois pressupõe que as professoras têm tempo suficiente para aprender o que seus estudantes sabem e têm tempo para atualizar continuamente a transição do conhecimento intuitivo para estruturas de conhecimento mais objetivas. Contudo, o Projeto Cidade na Neve tornou perfeitamente claro que saber o que as crianças acreditam é essencial para um projeto bem-sucedido.

Construir a partir do conhecimento intuitivo de uma criança é importante por duas razões. Uma é a motivação. Quando as crianças têm algumas teorias intuitivas sobre o processo, significa que estão interessadas no assunto, foram além de uma atitude de "simplesmente é assim". O uso dessas teorias iniciais valida-as como pontos de desvio para a instrução e isto, por sua vez, aumenta a motivação das crianças.

A outra razão para construir-se sobre o conhecimento intuitivo das crianças envolve a continuidade da instrução. Muito já foi escrito sobre o valor da educação desenvolvimental, mas infelizmente essas

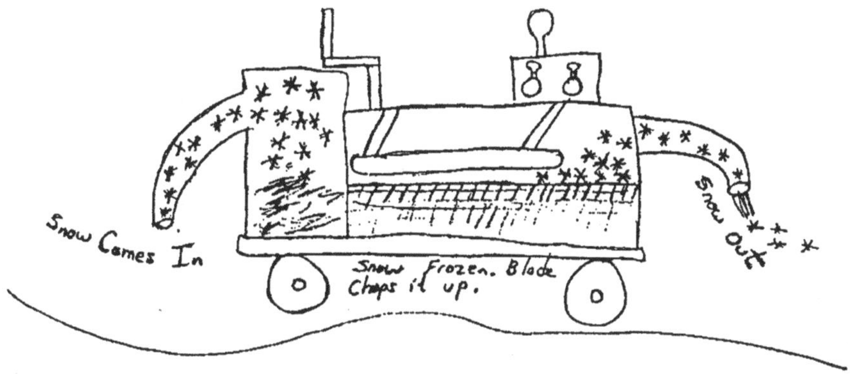

Figura 13.8 A neve entra, é derretida, congelada e picada.

diretrizes têm sido consideradas muito literalmente. O desenvolvimento da criança precisa ser calibrado por estágios gerais, ao invés de por etapas de aprendizagem específica ao domínio. Esse projeto, este capítulo, e na verdade todo este livro, falam mais quanto ao uso de fases específicas ao domínio de entendimento de um sistema de conteúdo. Por exemplo, observe novamente as várias teorias relativas à formação de um floco de neve. A teoria da formação como um simples caso de crescimento é mais elementar que a teoria que observa a transformação de um elemento unitário. A abordagem de projeto, combinada com documentação do pensamento das crianças, ajuda no sentido de que cada professor venha a conhecer as fases desenvolvimentais dentro de um domínio de conteúdo. Podemos deixar que os estágios gerais ocupem-se de si mesmos.

Mudança de padrões estáticos para sistemas dinâmicos

Como é consistente com a literatura existente sobre a aprendizagem precoce (ver FORMAN; HILL, 1984), ensinar as crianças a fazer boas perguntas exige que lhes sejam apresentados ambientes ricos para a solução de problemas. Um ambiente rico em solução de problemas é mais causal que descritivo. Elas tentam imaginar como algo ocorre, em vez de tentarem descrever algo. Embora a inspeção atenta possa ser um passo inicial para o entendimento, não deve ser isolada da busca pela causa.

A mudança de padrões estáticos para sistemas dinâmicos pode ser uma mudança na atitude mental que as crianças têm enquanto estudam padrões. O padrão tem sido descrito tipicamente com atributos estáticos (simétricos, planos, lineares, diferenciados, homogêneos). Contudo, o estudo de padrões dinâmicos, isto é, a relação entre forma e função, apresenta-se à criança com um ambiente rico em solução de problemas. Questões, tais como o que, se este padrão fosse mudado por esta causa, se tornaria relevante pela primeira vez: O que ocorreria, se as moléculas de água fossem quadradas, em vez de em forma de "V"? "Como então os flocos seriam formados?"

Necessidade de documentação cuidadosa

A documentação e o tempo para seu estudo são essenciais para um projeto bem-sucedido. É talvez a mais alta prioridade em Reggio Emilia, com grande ênfase sendo colocada sobre o tempo para o estudo da documentação. A equipe do projeto, como um pedido para a melhora da educação em geral, recomenda que todas as escolas encontrem modos de oferecer "documentadores" para os professores. Se realizada adequadamente, a boa documentação pode servir a todos os professores simultaneamente, indo da avaliação individual, ao planejamento do currículo e à prestação de contas da instrução.

A necessidade de projetos em longo prazo

Ficamos impressionados com nosso próprio compromisso de continuar este tema por um logo período. Em retrospecto, percebemos que o tema estava sempre mudando em sua forma específica. As crianças não sentiam que estavam continuamente retrabalhando o mesmo conceito. A natureza de longo prazo deste projeto foi mantida em nossa duradoura discussão de como as atividades anteriores relacionavam-se especificamente às atividades atuais, como se relacionavam em termos específicos ao conteúdo, por exemplo, como a neve relaciona-se com os flocos de neve, como os flocos de neve relacionam-se com o gelo e como o refrigerador relaciona-se com a nuvem de neve ou máquinas de fazer neve. Precisamos de um longo tempo, vários meses, para executarmos este projeto. Se tivéssemos nos apressado, não teríamos sido capazes de usar os objetivos emergentes enquanto ocorriam, porque não teríamos tido a reflexão e o tempo de planejamento necessários para a definição desses objetivos emergentes. Além disso, fazer um projeto a partir apenas de um objetivo é perder uma grande oportunidade para ajudar as crianças a construírem sistemas integrais a partir de subsistemas.

REFERÊNCIAS

FORMAN, G. Helping children ask good questions. In: NEUGENBAUER, B. (Ed.). *The wonder of it:* exploring how the word works. Redmond: Exchange, 1989.

FORMAN, G.; HILL, F. *Constructive play:* applying Piaget in the Preschool. Menlo Park: Addison-Wesley Publishers, 1984.

14

"Um monstro monstruoso". Desenho de uma criança de 3 anos da Escola Villetta

Conexões – uso da abordagem de projeto com crianças de 2 e 3 anos em uma escola-laboratório universitária[1]

Debbie LeeKeenan e John Nimmo

INTRODUÇÃO

Nosso primeiro encontro com a exposição "As Cem Linguagens da Criança" deixou-nos impressionados e excitados com o trabalho espetacular com projetos das crianças e professores em Reggio Emilia. Juntamente com muitos outros professores, imaginamos inicialmente como poderíamos começar a usar a arte de modo tão sofisticado no trabalho em nossa própria sala de aula. Desde então, entretanto, compreendemos que nossa prática em sala de aula seria melhor servida focalizando-se na pedagogia por trás desses produtos visuais, em vez de na beleza nas paredes da exposição. Qual era o processo subjacente a essa nova visão para as crianças? O trabalho em Reggio Emilia nos fez perceber que existiam muitas possibilidades adicionais para as crianças que ainda não havíamos explorado em nossas salas de aula. Imaginamos se nossas expectativas quanto a elas não seriam demasiadamente limitadas. De-sejávamos reexaminar nossos valores e prioridades. Uma vez que estávamos intimamente envolvidos na educação tanto de crianças quanto de professores antes de seu ingresso no ensino, sentíamos que havia muito a aprender e a examinar na filosofia educacional e abordagem ao currículo de Reggio Emilia. Estávamos ansiosos por observar algumas dessas influências e ver se poderíamos adaptá-las e aplicá-las a nosso ambiente na Escola-Laboratório de Desenvolvimento Humano, na Universidade de Massachusetts, em Amherst.

Neste capítulo, faremos várias coisas: (a) esclareceremos alguns dos aspectos da abordagem de Reggio Emilia que mais nos influenciaram; (b) descreveremos três projetos que implementamos em nossa sala de aula; e (c) apresentaremos algumas diretrizes para a criação de projetos com uma abordagem que chamamos de "planejamento do currículo pela formação de conexões".

INFLUÊNCIAS DE REGGIO EMILIA

Em Reggio Emilia, os projetos envolvem uma espiral de experiências de exploração e discussão em grupo, seguida por representação e expressão, através do uso de muitos meios simbólicos, por exemplo, palavras, movimentos, canções, desenhos, construção com blocos, jogo de sombras e até mesmo fazer caretas na frente do espelho. A arte e a estética são vistas como uma parte central da maneira como as crianças percebem e representam seu mundo. A arte não é vista como uma parte separada do currículo, mas em vez disso é vista como uma parte integral da aprendizagem cognitiva/simbólica plena da criança em desenvolvimento. O trabalho das crianças não é casualmente criado, mas é o resultado de uma exploração guiada de temas e eventos relevantes para a vida das crianças e da comunidade mais ampla (GANDINI, 1984; GANDINI; EDWARDS, 1988; NEW, 1990).

A abordagem de Reggio usa um modelo orgânico ou emergente de planejamento e implementação do currículo. É diferente da abordagem temática típica usada em muitas pré-escolas, frequentemente predeterminada e apresentada pelo professor com meses de antecedência. Neste caso, o uso de temas pode ser meramente uma espécie de "decoração" externa na sala de aula onde os materiais e os objetos são frequentemente sobrepostos às crianças e à sala para ajudarem a dar alguma estrutura e ordenar o currículo, tal como um tema de outono com folhas, abóboras e maçãs. O tempo de duração do tema é preestabelecida pelo calendário ou professor mesmo antes de o projeto ser iniciado. Como um contraste, na abordagem de projeto como implementada em Reggio Emilia não existem limitações de tempo. Os projetos evoluem em seu próprio ritmo orgânico, criando um senso de aventura tanto para as crianças quanto para os professores. O resultado final dessas aventuras conjuntas raramente é claro desde o início. Existe um envolvimento ativo das crianças desde o início – até mesmo para ajudar a sugerir o tema para o projeto. Neste modelo emergente, o professor começa com observações cuidadosas dos interesses e questões das crianças, que então são desenvolvidos em experiências concretas de aprendizagem. Através da documentação, reflexão, repetição e revisão, as crianças são guiadas para experiências mais profun-

Figura 14.1 Crianças de 3 anos brincando com bola, feito por alunos da Escola Villetta.

das. A abordagem de projeto está baseada em um modelo integrado, ligando as experiências das crianças, construindo conexões e relacionamentos dentro do mundo das crianças que as ajudam a extrair um sentido do ambiente.

Nos projetos em Reggio, vimos uma forte conexão entre o processo e o produto. Foi particularmente interessante, para nós, o trabalho com crianças de 2 e 3 anos. Uma vez que crianças desta idade tendem a estar imersas no momento imediato e no processo, em vez de no produto de sua atividade, com frequência os professores, quando desenvolvendo o currículo, tendem a colocar pouca ênfase sobre o planejamento em longo prazo e sobre o desenvolvimento de amplas conexões extensas entre diferentes atividades. Contudo, através das ideias de Reggio, vimos um modo de preencher esta lacuna. O produto e o processo parecem mesclar-se. Qualquer peça de trabalho muda através de transições múltiplas enquanto as ideias são exploradas, discutidas e revisadas e novas crianças entram na aventura de oferecer novas elaborações. Através da análise de grupo do produto, o produto pode tornar-se um ponto de partida, do qual iniciamos algo novo.

Finalmente, a cooperação por crianças, professor e pais é uma outra ideia importante que nos influenciou. Trabalhar juntos em um projeto é uma oportunidade para dividir e comentar ideias, e portanto, avançar para uma compreensão mais profunda. A negociação e o conflito são aspectos importantes neste processo coletivo, engajando emoções e pensamentos. O uso da representação e documentação de formas incomuns (p. ex., fotografias, música/movimento, desenhos, esculturas com argila, gravações em vídeo, gravações em áudio, redação de histórias) torna-se um modo central para as crianças perceberem umas às outras e eventualmente comunicarem ideias em esforços compartilhados.

"PROJETOS DE ESTUDOS EM PROFUNDIDADE"

Nos últimos dois anos, conduzimos "projetos de estudos em profundidade" em nosso Programa para Crianças de Dois Anos na Escola-Laboratório do Desenvolvimento Humano. À medida que descrevermos os projetos que criamos em nossa sala de aula, será importante compreender a dinâmica de nosso programa, que nos permitiu implementar os projetos. O Programa para Crianças de Dois Anos não apenas oferece uma classe pré-escolar modelo para crianças e pais, mas também é um espaço inicial de treinamento para a preparação de professores para a educação precoce na Escola de Educação da Universidade de Massachusetts. Nesta classe existem 18 crianças e uma equipe de 9 professores estagiários que são responsáveis pela operação de todos os aspectos da sala de aulas, do planejamento do currículo à manutenção de conferências com os pais. Não existe um professor encarregado, mas em vez disto, um facilitador da faculdade e um assistente graduado em ensino que guiam o trabalho dos professores na sala de aula e permanecem neste local em todos os momentos. Os estagiários mantêm uma reunião pós-sessão a cada dia, depois que todas as crianças vão embora, para processarem e avaliarem os eventos do dia. Esses encontros diários tornam-se um momento crucial para avaliarmos nossos projetos de estudos em profundidade em uma base contínua.

Um "projeto de estudos em profundidade", como o definimos, é um projeto que começa com uma semente de uma ideia que evolui por um longo período de tempo (dois a quatro meses) para um estudo longo e complexo. Este modelo orgânico de currículo começa com a observação cuidadosa dos interesses, questões e ideias das crianças e depois desenvolve essas ideias em experiências concretas de aprendizagem. Após a reflexão sobre a experiência, novas ideias são geradas e novas atividades são desenhadas.

Enquanto um projeto de estudo em profundidade pode durar vários meses, é importante notar que o projeto não é a única coisa que as crianças estão fazendo na sala de aula. Ocasionalmente, todo o grupo pode estar envolvido em uma atividade de um projeto, mas em outros momentos isso pode ocorrer apenas com um pequeno grupo de seis, quatro ou até mesmo duas crianças envolvidas em determinado evento de projeto. Trabalhar com grupos pequenos simplifica o processo de colaboração entre crianças pequenas, já que elas precisam apenas perceber e responder às palavras e ações dos poucos integrantes do grupo. Também percebemos que esses pequenos agrupamentos oferecem a oportunidade para "experiências de ponta", com maior profundidade que posteriormente serviam para enriquecer as brincadeiras no grupo maior. Para os professores, especialmente nossos professores novatos, os grupos menores aliviavam a tarefa difícil de observar e responder às palavras e ações das crianças.

Escolher um tópico para o projeto é o primeiro passo. A descrição seguinte de como criar e desenvolver um projeto de estudo em profundidade é extraída de um artigo anterior sobre nosso trabalho na Escola-Laboratório (LEEKEENAN; EDWARDS, 1992). Ele deve ser algo concreto, próximo à experiência pessoal das crianças, interessante e importante para elas e "denso" em significados potenciais (emocionais e intelectuais), de modo a ser rico em possibilidades para a atividade variada durante diferentes partes do dia e para manter o interesse a longo prazo. Uma vez que um tópico para o projeto tenha sido selecionado, existem quatro componentes básicos que podem ser repetidos mais de uma vez durante o estudo. É importante notar que esses diferentes componentes não são apresentados em um plano sequencial específico. Diferentes componentes podem ser necessários, para provocar ainda mais as questões das crianças ou para gerar um novo subgrupo de estudo.

- *Exploração:* O projeto é introduzido com uma *provocação*, um evento ou atividade estimulante que faz com que as crianças pensem sobre o tópico. O evento inicial deve evocar muitas imagens e sentimentos e ser inspirador. Durante este período de exploração, tanto as crianças quanto os professores devem estar abertos a novas ideias. Os professores, em particular, devem ser capazes de ser energizados por uma perspectiva nova e fresca. Devem não apenas perceber cuidadosamente as reações, questões, comentários e ideias das crianças, mas ser capazes de "brincar" e aprender junto com as crianças enquanto exploram essas novas experiências no projeto.
- *Organização:* As ideias e questões das crianças são desenvolvidas em atividades de aprendizagem para provocar uma exploração adicional que ajuda a focalizar e expor novas ideias. As ideias das crianças são documentadas através de desenhos, construção, fotografias, redação e

fitas em vídeo. Através da reflexão e repetição, as crianças são levadas a experiências mais profundas sobre o mesmo tópico (DYSON, 1990; THOMPSON, 1990).

- *Discussão/representação*: Durante todo o projeto, as soluções, respostas e reações das crianças às atividades são compartilhadas entre as crianças e observadas pelos professores. As ideias atuais das crianças são comparadas e contrastadas com suas ideias iniciais e com as ideias de seus professores. As atividades de cada dia elaboram os eventos do dia anterior.
- *Experiência conclusiva:* Finalmente, uma experiência culminante ocorre. Esta é uma espécie de celebração, um meio simbólico de reconhecer o que foi conquistado e aprendido pelo grupo durante o curso deste projeto. Com frequência, o evento culminante pode tornar-se uma mola propulsora para novos projetos e ideias, um exemplo de mescla de processo e produto. Depois, os professores conduzem uma avaliação com as crianças e com outros membros da equipe. Consideram o que as crianças aprenderam e conquistaram e o que eles próprios aprenderam e conquistaram.

EXEMPLOS DE TRÊS PROJETOS

Projeto sobre a água – primavera de 1989

O primeiro projeto de estudo em profundidade que implementamos ocorreu na primavera de 1989. A temperatura estava mais amena e as crianças estavam interessadas em sair à rua e brincar com água. A água é um elemento básico na vida diária das crianças – banham-se nela, lavam-se, bebem-na, brincam com ela, veem-na em todos os lugares à sua volta, tanto em casa quanto na natureza. Antes de introduzirmos oficialmente o projeto às crianças, começamos fazendo com que os estagiários debatessem sobre o que era interessante na água para eles como adultos e o que julgavam que as crianças gostariam de saber e experienciar sobre a água. Sentiam que as crianças estariam interessadas em "como a água é, como flui, o que afunda ou flutua nela". Essas ideias iniciais tornaram-se um ponto de partida para o ingresso dos professores no projeto. Contradizendo nossas expectativas, contudo, logo descobrimos que as crianças estavam muito mais interessadas na cor da água (disseram "a água é branca" ao tentarem descrever sua limpidez) e no fato de a água poder ser absorvida pelos objetos (as crianças disseram: "A esponja comeu a água").

Percebemos que o foco das questões e comentários das crianças poderiam ser nossas únicas diretrizes para o projeto. Por exemplo, quando uma crianças interessou-se em saber como o jornal absorvia a água e comentou que este tornava-se mais pesado, conseguimos trabalhar usando esta observação, introduzindo esponjas em outras atividades com a água. Em uma outra ocasião, o comentário de uma criança de que a "água derrete a areia" foi um ponto de partida para que os professores oferecessem experiências acerca de como a água alterava outros materiais, tais como gelatina e farinha de milho. Colocamos ênfase sobre a descoberta e obtenção de questões e pensamentos das crianças, em vez de nos limitarmos às expectativas e ideias estereotipadas dos professores.

Durante o curso do projeto, certas ideias cruciais começaram a emergir das crianças, tornando-se a fonte para atividades que se desenvolveram. Por exemplo, a observação das muitas funções da água levou a atividades como lavar bonecas, animais e pratos; pintar com água sobre papel, quadro-negro e calçadas e, finalmente, cozinhar com água para fazer limonada e sopa. Uma outra ideia na qual as crianças interessaram-se dizia respeito à temperatura da água. Experiências com água quente, água fria e gelo levaram uma criança a comentar, enquanto olhava um cubo de gelo desmanchando-se em um copo de papel: "A água vem de dentro do gelo" (neste exemplo, a criança estava interessada em saber se o gelo derrete-se de dentro para fora ou de fora para dentro. Foi planejada uma atividade de continuidade usando-se bisnagas d'água cheias de água quente para esculpir uma cabana no gelo). O interesse acerca de como a água evapora levou a atividades tais como a colocação de um ventilador na frente do quadro-negro molhado para secá-lo, e lavar e pendurar roupas em um varal para secá-las. O interesse pelo reflexo da água levou os professores a providenciarem espelhos e folhas de alumínio para que as crianças usassem na mesa de água (uma criança tornou-se muito excitada com o reflexo do sol no teto acima da mesa de água. Ele saltava para cima e para baixo apontando para o ponto dançante de luz no teto. A folha de alumínio permitiu-lhe experienciar um senso de controle sobre os reflexos da água). A atividade culminante foi o Dia da Água, ao ar livre, no qual a água estava envolvida em cada atividade de escolha, indo desde lavar o triciclo até transportar água pelo escorregador.

Ao final deste projeto de três meses, as crianças de 2 anos estavam usando um novo vocabulário significativamente em suas brincadeiras cotidianas (p. ex., sabão, limpar, absorver, fluir, evaporar) (LEEKEENAN; EDWARDS, 1992). Presumimos que a ampliação do vocabulário e a conscientização no uso da linguagem revela um aprofundamento ou ampliação do conhecimento. Em parte, nossa atenção para o modo como as crianças engajavam-se com os materiais levou-nos a oferecer desafios apropriados a seu pensamento. Por exemplo, a fascinação das crianças com a cor da água levou-nos a oferecer experiências que lhes permitiam explorar suas próprias ideias. Muitas crianças disseram que "a água é branca". Para explorarmos ainda mais este pensamento, as crianças receberam tinta branca e água limpa para fazerem pinturas. Para os professores, o projeto ofereceu um modo concreto para observar e avaliar a aprendizagem das crianças sobre a água. Através da observação das ações, palavras e questões das crianças, os professores puderam sentir as mudanças no entendimento, a evolução de novas ideias e questões pelas crianças sobre a água.

Projeto da Casa – outono de 1989

No semestre seguinte, no outono de 1989, iniciamos um outro projeto, que se relacionava a casas. As crianças estavam interessadas em construção e no uso de ferramentas para o trabalho com madeira. Elas frequentemente construíam estruturas com blocos e manipulavam ferramentas tais como martelos. Começamos com um debate inicial de ideias, como fizéramos no semestre anterior. Criamos diversas "redes" de currículo de atividades potenciais sobre casas, pelas quais as crianças poderiam interessar-se. Em uma rede, a ideia central divide-se em muitas direções, com cada uma dessas ramificações oferecendo ideias adicionais conectadas. A rede incluiu diversas atividades, como a construção com caixas de papelão, comparação de diferentes tipos de casas, observação de ninhos de animais e transporte.

Este projeto jamais decolou realmente, e ao avaliarmos por que ele não funcionou aprendemos algumas coisas importantes. Enquanto o currículo em rede frequentemente provoca mais ideias criativas, também descobrimos que ele é potencialmente enganador. A multiplicidade de atividades mudou o foco de atenção dos professores-estudantes para o preenchimento de "buracos" nos horários do dia, afastando-os do que era interessante, relevante ou conectado ao mundo das crianças. Além disso, percebemos que as redes levavam os professores-estudantes a atividades de estilo mais temático, frequentemente baseadas em suas percepções adultas do que é importante "saber" sobre casas.

Um outro fator para a falta de sucesso do projeto foi a prontidão desenvolvimental das crianças. Como é comum durante o semestre do outono, o grupo de crianças pequenas, de 2 anos, não conhecia o programa. Nós, como é comum, passamos algum tempo lidando com temas de separação e adaptação à escola, bem como com o desenvolvimento de familiaridade com o grupo. As crianças ainda não conheciam os interesses e estilos de personalidade das outras. Ainda não possuíam a capacidade para comunicarem-se umas com as outras sobre suas ideias, pelo menos não tanto quanto seis meses depois. Além disso, descobrimos que elas precisam de muito tempo, no início do ano, para um "período de exploração" de seu novo ambiente e materiais, antes que os projetos possam emergir. As crianças não podem ser pressionadas pa-ra saírem deste período de exploração antes de estarem prontas. De outro modo, podem meramente imitar os professores, para satisfazerem suas expectativas.

Olhando para trás, também acreditamos que houve uma falta de resposta emocional suficiente pelas crianças a este tópico particular. Em geral, particularmente quando trabalhando com crianças muito jovens, um tópico precisa ser emocionalmente significativo, concreto e parte da experiência imediata das crianças. O tema das casas e dos diferentes tipos de casas para pessoas e animais não pareceu ser altamente engajador, para nossos alunos.

Olhando uns aos outros – primavera de 1990

No semestre seguinte, na primavera de 1990, com o mesmo grupo de crianças e com um novo grupo de estagiários, começamos nosso terceiro projeto, chamado "Olhando Uns aos Outros", que se desenvolveu a partir do crescente interesse das crianças pelas relações com companheiros. Este projeto também pretendia integrar elementos do currículo contra preconceitos em nosso trabalho, focalizando-se sobre similaridades e diferenças dentro do grupo (DERMAN-SPARKS; A.B.C. TASK FORCE, 1989). Como nos outros projetos, começamos debatendo aquilo em que nós, como *adultos*, estávamos interessados em relação uns aos outros, e então pensando sobre aquilo em que as *crianças* estavam interessadas umas em relação às outras.

O evento que introduziu o projeto às crianças envolveu máscaras de rosto preparadas a partir de uma fotografia em cores de 5 x 7 polegadas do rosto de cada criança, laminadas e montadas em uma vareta (adaptado de Forman & Hill, 1984). Esses "fantoches de rostos" foram muito excitantes para e permitiram que se com-

Figura 14.2 Projeto "Olhando uns aos outros".

parassem umas com as outras indiretamente e então interagissem de um modo não ameaçador. Nesses dias, e nos dias subsequentes, trocaram de máscaras umas com as outras, desenharam nelas e as usaram como artefatos cenográficos em jogos dramáticos. Usos incomuns e inesperados das fotografias ofereceram continuidade e conexão para o projeto, e se tornaram um meio central de levar o tema deste projeto avante. As fotografias laminadas das crianças foram, em diferentes ocasiões, escondidas na mesa de areia e no meio da massa de modelar, congeladas em cubos de gelo, fixadas com adesivos embaixo de blocos, fixada com adesivo na cabeça de bonecas e assim por diante. Usamos fotografias para fazer livros uns sobre os outros. Foram feitas fotocópias das fotos das crianças e dadas para que usassem em diferentes atividades de colorir e colar durante várias semanas.

Neste projeto, usamos mais representação e documentação do que nos projetos anteriores. Percebemos a importância da documentação: ela reforça a memória e ajuda a guiar o pensamento das crianças, particularmente com crianças tão jovens quanto as nossas. Em uma atividade na qual as fotografias foram escondidas na caixa de areia, uma das crianças descobriu que sua foto mostrava-a usando um vestido favorito que ela usara no jogo dramático na semana anterior. Mei-Lan insistiu excitadamente em encontrar o vestido real na sala de aula e reviver sua experiência naquele papel. Além das fotografias, tam-

Figura 14.3 Projeto "Olhando uns aos outros".

bém pudemos observar os jogos dramáticos, a expressão verbal e os movimentos corporais como espécies de documentação e modos de entendermos as reações das crianças a certas atividades.

Fazer conexões com os pais também foi uma prioridade. Particularmente no trabalho com crianças pequenas, descobrimos que o *input* dos pais é essencial para o oferecimento de *insights* sobre o que as crianças estavam pensando e sobre como estavam respondendo aos temas de nossos projetos. No início, pedimos que os pais respondessem questionários, para oferecerem *input* inicial. Indagamos: "O que interessa mais a seu filho/filha em relação a outras pessoas? Por *quem* ele se interessa? *O que,* nessas pessoas, interessa-o? *Como* ele demonstra isto? Liste quaisquer comentários específicos ou questões que seu filho tenha feito sobre outras pessoas". Os dados foram usados para ajudar a moldar a direção do projeto. Por exemplo, dois pais comentaram sobre o aguçado interesse de seus filhos pelo modo como comparavam-se em altura e força com outros. Esses relatos confirmaram nossas próprias observações, e começamos a introduzir o uso de uma variedade de espelhos, tais como espelhos suspensos e espelhos flexíveis, em diferentes atividades. Outros pais ofereceram a observação de que seu filho ou filha havia começado a definir outros no grupo, por exemplo, "Shelly é tímida", "Jason é engraçado" e "Marta tem um corte de cabelo legal". Nossa resposta foi a de começar a encorajar as crianças para que elaborassem seus pensamentos sobre outros através de atividades com fotos e fantoches de rostos.

Cartas semanais foram então enviadas aos pais sobre o projeto, com informações sobre os tipos de atividades que estavam sendo executadas em sala de aula, observações sobre a resposta das crianças às atividades e sugestões para atividades de seguimento que poderiam ser realizadas em casa. Os pais foram encorajados a contribuir com informações, fotografias, livros, objetos e materiais para a classe sobre o projeto e encorajados a falar com a criança em casa sobre o projeto. A documentação (p. ex., livretos, fotos, desenhos) foi passada da escola para a casa das crianças e dessas para a escola. Os pais foram convidados a participar em atividades especiais de projetos na escola.

Ao final deste projeto, as crianças não apenas haviam se tornado mais conscientes umas sobre as outras, mas estavam mais aptas a articular acuradamente suas similaridades e diferenças (LEEKEENAN; EDWARDS, 1992).Por exemplo, estavam particularmente interessadas pelos outros idiomas além do inglês, falados em nossa sala de aula. Quando uma criança, Bill, conscientizou-se que falava inglês, enquanto alguns de seus colegas falavam chinês ou coreano, ele começou a inventar sua própria língua (inventada)! Esta anedota tornou-se uma oportunidade para que os professores respeitassem o modo como uma criança vê o mundo à sua volta. Bill não fez apenas uma "coisa engraçadinha". Essa era sua reconstrução ou representação de como via outras crianças falando uma língua com a qual não estava familiarizado. Os professores precisam respeitar e aprofundar esses *insights* criativos das crianças.

PLANEJAMENTO DO CURRÍCULO PELA FORMAÇÃO DE CONEXÕES

Nesta seção, gostaríamos de descrever o que aprendemos sobre a realização de projetos em profundidade auxiliados pelo princípio orientador de "fazer conexões". Malaguzzi, o pai fundador do sistema de Reggio, afirma: "Desde o começo, a curiosidade e a aprendizagem recusam coisas simples e isoladas: elas adoram descobrir as dimensões e relações das situações complexas" (MALAGUZZI, 1987, p. 19). Em Reggio, o processo de aprendizagem envolve fazer conexões e relacionamentos entre sentimentos, ideias, palavras e ações. Ele envolve a construção de conexões e relações entre criança, pai ou mãe, professor e comunidade.

A abordagem de projeto tornou-se um modo de fazermos conexões durante todo o currículo e sala de aula através da integração e continuidade de ideias e atividades. Ela deu à classe um senso de comunidade e integridade de uma forma orgânica e significativa que se desenvolveu à medida que os projetos avançavam. Abaixo, salientamos vários tipos específicos de conexões que fizemos e damos exemplos, baseados nos projetos descritos acima.

Fazendo conexões através do ambiente da sala de aula

Ao colocar-se materiais relacionados em diversas áreas de uma sala de aula, as crianças podem fazer conexões em seu ambiente. Por exemplo, encontrar fotografias de crianças escondidas na caixa de areia, sob blocos e na massa de modelar dá às crianças múltiplas oportunidades para discutirem sobre seus companheiros. Crianças pequenas precisam da repetição de ideias, de atividades e materiais concretos, a fim de absorverem e processarem conceitos. O uso de materiais relacionados por toda a sala de aula permite a continuidade do foco de uma para outra área. Também oferece um novo contexto para o pensamento das crianças – ver um objeto familiar em um novo contexto constrói novas associações.

Fazendo conexões ao longo do tempo: conectando o ontem com o hoje... e com o futuro

Atividades em múltiplas etapas, extensões e variações das atividades de um para outro dia ajudam as crianças a ligarem os eventos e experiências e fornecem um reforço para a memória. Por exemplo, em uma atividade, gravamos em vídeo enquanto um bebê era banhado por sua mãe em nossa mesa de água e posteriormente reproduzimos a fita para crianças na mesma área, mas oferecemos bonecas, sabonete e toalhas para que as crianças lavassem seus "bebês" na mesa de água. Um outro modo de fazer conexões ao longo do tempo é conectar uma parte do dia a outra. Por exemplo, preparamos lanches durante o período de brincadeiras livres com as crianças e, posteriormente, o comemos na hora do lanche. Contornamos os corpos uns dos outros no papel, no chão, com *crayons* e pincéis atômicos e então, em um outro dia, fizemos o mesmo na parede de cimento, com giz. A repetição em um novo ambiente oferece às crianças uma variação da experiência original que encoraja-as a pensar sobre a tarefa de novas maneiras. Por exemplo, fazer este contorno do corpo na rua fez com que as crianças pensassem sobre como a luz lança sombras em seus desenhos, e também permite que comparem um traçado vertical com outro, horizontal.

Fazer conexões ao longo do tempo também cria uma história da classe. A criação de um livro de recortes da classe, com fotografias desenhos e comentários sobre eventos passados dá às crianças um senso de permanência. Mostrar fotografias das crianças do ano anterior brincando na classe aos alunos deste ano diz-lhes que esta classe estava aqui antes deles, e estará aqui depois que passarem para outra sala. Também pode dar às crianças mais "possibilidades" com as quais podem identificar-se – quem foram, quem são e quem estão se tornando.

Conexão de experiências externas com experiências escolares

A construção de fortes conexões entre casa-escola deve ser parte de qualquer programa de qualidade para a primeira infância. Mas, nesse contexto, as experiências externas podem significar a casa, a família, a vizinhança ou a cultura. Em nosso bairro do *campus* universitário, o lago de patos é um ponto central para a comunidade em geral. Portanto, uma visita ao lago de patos foi um ponto inicial lógico para nosso Projeto da Água, fazendo uma conexão com o fato de que o lago de patos era um local significativo para as crianças, que já haviam visitado muitas vezes antes. No Projeto Olhando uns aos Outros, percebemos que as crianças estavam interessadas não apenas umas nas outras, mas também que mães e pais pertenciam a quais crianças. Portanto, filmamos a "hora da chegada" certa manhã, com os pais deixando as crianças, depois reproduzimos a fita, deixando que as crianças discutissem quem era quem. Outros exemplos de conexões com a casa envolveram trazer coisas para a escola e levar coisas da escola para casa. Como mencionado anteriormente, a importância do *input* parental nesta idade é crucial para o entendimento da criança, já que a casa é tão central em sua vida. As experiências externas também podem ser usadas para estender-se projetos e desenvolver novas variações para outras ideias e atividades.

Conectando as crianças umas com as outras, compartilhando emoções, interesses e experiências

Compartilhar, discutir e oferecer oportunidades para que haja *feedback* entre as crianças e seus companheiros são maneiras importantes de construir-se ideias, bem como de construir-se o senso de coletividade em um grupo. Projetos cooperativos, tais como um mural do grupo sobre a vida submarina, ao qual as crianças acrescentaram suas contribuições por um certo período, são exemplos expansivos. A cada dia elas acrescentavam novos materiais ao mural – peixes de papel, plantas de tecido, algas feitas de lã, cascalho e areia, conchas ou outros desenhos e palavras. Uma camada de vinil claro foi colocada no alto, de modo que as crianças pudessem ter alguma noção de profundidade do oceano. Outros projetos cooperativos incluíram um pôster feito pela classe, onde comentários das crianças sobre as fotografias umas das outras foram escritos para que todos vissem. Compartilhar os fantoches dos rostos de cada uma foi um outro modo de as crianças dividirem emoções e sentimentos. Os fantoches eram altamente pessoais e emocionalmente significativos para as crianças individualmente, e frequentemente um adulto fazia-se necessário para facilitar a conexão entre as crianças de um modo sensível. O interesse das crianças em conectarem-se umas com as outras também estava evidente em seu entusiasmo por abraços. Incorporamos rapidamente esse ritual de cumprimento em uma atividade de grupo chamada "abraços musicais".

Conectando os interesses dos professores com os interesses das crianças

Passamos muito tempo atentando para os interesses das crianças neste capítulo, mas os professores também são uma parte integral da classe. As crianças pequenas, em particular, são muito interessadas pelas vidas de seus professores, quase mais do que pela vida de seus colegas. Querem saber o que seus professores fazem fora da escola, onde dormem, o quê comem, onde fazem compras, etc. Portanto, é relevante tentar conectar a vida e os interesses dos professores com os interesses e experiências das crianças, desde que os professores não imponham suas ideias e seus interesses. Fazer com que os professores-estudantes (estagiários) debatam sobre cada tópico do projeto foi um modo de fazê-los sentirem-se como se fossem parte de uma classe. Os professores têm sentimentos e ideias que podem ser os mesmos ou diferentes dos das crianças. Fazer com que os professores tragam fotografias de casa e as compartilhem com as crianças foi um outro modo de trazerem suas vidas para a classe. Em meados de março a universidade teve um breve período de férias, durante o qual muitos universitários foram à Flórida. Durante o Projeto da Água, uma professora planejou um Dia na Praia, na área de jogos dramáticos, com areia, água e trajes de banho, etc., para coincidir com seu interesse de ir à Flórida.

Conectando eventos, ideias e sentimentos por meio de representação e documentação

São muitas as finalidades da representação: oferecer às crianças um modo de refletir e interpretar suas experiências, evocar recordações, criar um senso de história e comunicar ideias aos outros. Algumas formas de representação são mais relevantes para as crianças, outras, para os professores e pais. Seguindo a prática de Reggio Emilia, usamos muito mais documentação fotográfica em nossos projetos que o habitual nas pré-escolas. Isso serviu para validar a autoestima das crianças e, mais importante, ofereceu um modo sistemático de as crianças revisitarem suas experiências (com ideias e emoções pertinentes) e depois reconstituí-las e reinterpretá-las de modo mais profundo. Dada a pouca idade de nossos alunos, esse elemento concreto era absolutamente essencial para a memória, para manter o clima do projeto ao longo do tempo. Os tipos de documentação incluíam desenhos, pinturas, construções, histórias, poemas ou redações, que eram transformados em quadros ou livros exibidos na sala de aula. Também incluíam fotografias, fitas de vídeo e *slides* feitos por professores e mostrados às crianças. A documentação também beneficiou os adultos. Registros informais e anotações feitas pelos professores foram usados para a preparação de pequenas citações escritas (de coisas que as crianças diziam ou faziam, relativas ao projeto) e penduradas nas paredes para lembrar os professores os *insights* das crianças. Esses métodos de documentação não apenas permitiram que o tema do projeto "permeasse as salas de aula", mas também preservaram e comunicaram ideias – como também o currículo – aos pais e a outros membros da equipe.

Para crianças de 2 ou 3 anos, entretanto, descobrimos que precisávamos ir além dos registros típicos para permitirmos que representassem suas ideias de diferentes maneiras. Sentimos que elas estão em uma transição entre a exploração sensorial de seu mundo concreto e a comunicação e interpretação de seu mundo através da representação. Os professores precisam pensar ampla e criativamente para oferecerem às crianças muitas oportunidades de representarem e interpretarem suas experiências. Por exemplo, deixe que as crianças, em vez dos professores, tirem fotografias, de modo que essas possam refletir mais acuradamente a perspectiva que elas têm do mundo. Use ferramentas, como marionetes, jogos dramáticos ou quadros de feltro onde figuras possam ser manipuladas, com as quais as crianças sentem-se confortáveis e habilidosas, como um modo de representar suas ideias e pensamentos. São tipos de representações que documentam as brincadeiras das crianças, criando histórias que podem ser recontadas. No Projeto Olhando Uns aos Outros, as crianças usaram fotografias umas das outras, que foram penduradas em um varal de roupas como lembretes para a encenação de histórias sobre os colegas ou sobre si mesmas. Um outro tipo de representação no Projeto da Água estimulou as crianças a criar seu próprio Lago de Patos com varetas, ramos, lama, terra, folhas e patos de plástico em uma grande bacia cheia de água, após uma visita ao lago de patos do campus.

CONCLUSÃO

Aprendemos muito como professores de professores e professores de crianças, na criação desses projetos de estudo em profundidade, em nosso Programa para Crianças de Dois Anos. Entretanto, embora admiremos imensamente o trabalho realizado em Reggio Emilia, perguntamo-nos se há obstáculos, aqui nos Estados Unidos, que nos impedem de implementar plenamente tal como são implementados em Reggio. Até que ponto o sucesso da abordagem de Reggio se deve ao alto valor colocado sobre arte e a estética, na cultura italiana? Na avaliação de nossos projetos por nossos professores, eles imaginaram de que maneira as exigências externas quanto ao currículo, que frequentemente são impostas aos professores, poderiam evitar que tivessem o tempo e a liberdade para realmente irem mais devagar e envolverem-se em estudos complexos, e evitar que eles, como David Hawkins diz, não "cobrissem" o currículo, mas o "descobrissem". Outros professores estavam preocupados com a falta de espaço físico e de poder do professor para documentar e executar os projetos em uma sala de aula típica com 20 crianças e uma professora.

Ao refletirmos, contudo, percebemos que nossa intenção jamais foi a de transplantar ou duplicar exatamente o que é feito em Reggio Emilia para nossas classes. Em vez disso, Reggio Emilia tornou-se um modo de inspirar novas "possibilidades", não apenas para as crianças, mas para nós, professores. Enquanto adaptamos ideias encontramos novas soluções que se ajustam às nossas próprias necessidades, ideias, contexto e percepção das crianças. Para os estagiários em nosso programa, importantes *insights* surgiram na medida em que afastaram sua atenção das facilidades de um currículo preestabelecido para aproximarem-se dos mundos experienciados pelas crianças. Tratar as palavras e as ações das crianças como fonte de inspiração dos currículos é muitas vezes mais difícil do que simplesmente elaborar "atividades criativas".

No geral, descobrimos que a abordagem de projetos oferece ricos *insights* para o desenho do currículo para crianças muito jovens. Vimos tanto o conteúdo quanto o processo como críticos para a aprendizagem constante e cheia de prazer. Por meio da documentação cuidadosa e detalhada, aumentamos a capacidade das crianças de refletirem sobre suas próprias ideias e sobre as ideias de outros e de fazerem conexões ao longo do tempo. Guiando-nos pelos interesses e dúvidas das crianças, juntamo-nos a elas em seu desejo de entender um mundo repleto de complexidade e de aventuras.

NOTA

1. Este capítulo é uma elaboração e extensão de um artigo anterior, *Using the Project Approach with Toddlers*, feito por Debbie LeeKeenan e Carolyn Edwards, em *Young Children*, v. 47, n. 4, p. 31-35, 1992.

REFERÊNCIAS

DERMAN-SPARKS, L.; A.B.C. TASK FORCE. *Anti-bias curriculum*: tools for empowering young children. Washington: National Association for the Education of Young Children, 1989.

DYSON, A. Symbol makers, symbol weavers: how children link play, pictures, and print. *Young Children*, v. 45, n. 2, p. 50-57, 1990.

FORMAN, G.; HILL, F. *Constructive play:* applying Piaget in the preschool. Menlo Park: Addison-Wesley, 1984.

GANDINI, L. Not just anywhere: making child care centers into "particular" places.

Beginnings: The Magazine for Teachers of Young Children, v. 1, p. 17-20, 1984.
GANDINI, L.; EDWARDS, C. Early childhood integration of the visual arts. *Gifted International,* v. 2, p. 14-18, 1988.
LEEKEENAN, D.; EDWARDS, C. Using the project approach with toddlers. *Young Children,* v. 47, n. 4, p. 31-35, 1992.
MALAGUZZI, L. The hundred languages of children. In: *The hundred languages of children:* narrative of the possible. (Catalog from the Exhibit of the same name.) Emilia Romagna Department of Education, 1987.
NEW, R. Excellent early education: a city in Italy has it. *Young Children,* v. 45, n. 6, p. 4-10, 1990.
THOMPSON, C. "I make a mark": the significance of talk in young children's artistic development. *Early Childhood Research Quarterly,* v. 5, n. 2, p. 215-232, 1990.

"Elefantes", desenho realizado por criança da Escola Michelangelo.

15

Um outro modo de ver as coisas – ainda estamos aprendendo

Baji Rankin, Nora Cannon, Pat Corsaro, Betsy Damian, Eunice Perry, Diane Rollo e Irene Rochwarg

> "Essas crianças devem ter algum dom, para realizarem este tipo de trabalho. Isto não poderia acontecer em minha escola!"
> "Os professores devem fazer uma grande parte do trabalho pelas crianças. Isto simplesmente não poderia acontecer, se deixássemos as crianças fazerem tudo sozinhas!"

Esses e outros comentários similares são frequentemente ouvidos quando as pessoas experienciam pela primeira vez a abordagem educacional de Reggio Emilia. Neste capítulo, como educadores do Intercâmbio Educacional para a Primeira Infância (*ECEE – Early Childhood Educational Exchange*), que visitaram as escolas em Reggio Emilia e organizaram a exposição *As Cem Linguagens da Criança*, em Boston, em 1989, compartilhamos nossas experiências no trabalho com as crianças, com os pais, com os professores e uns com os outros, lutando para aplicar a inspiração, os princípios e as ideias de Reggio Emilia.

Não pretendemos duplicar a experiência de Reggio; seria tolo e impossível fazê-lo. Contudo, desejamos usar certos princípios e ideias sugeridos pela experiência de Reggio. Por exemplo, assim como a abordagem de Reggio baseia-se em ouvir as crianças e observar seu trabalho, podemos guiar-nos constantemente por nossas observações das crianças. Nosso ponto forte consiste no fato de que estamos trabalhando em uma variedade de contextos e papéis, os quais incluem professores em uma creche urbana, professores de jardim de infância em uma grande escola pública urbana, especialista em educação artística em uma escola pública, especialista em artes em uma creche de subúrbio, diretor de uma pré-escola laboratório em uma universidade e instrutor de um curso universitário sobre o planejamento do currículo.

Embora trabalhemos em situações separadas, o ECEE oferece um sentido de comunidade entre nós, um fórum no qual podemos falar sobre nossas ideias em desenvolvimento. Esta comunidade é essencial para nosso crescimento individual e grupal. Embora isso já fosse verdade antes de irmos a Reggio, as visitas reforçaram e intensificaram a importância de nossa interação e comunicação contínuas. Seguem, então, algumas de nossas histórias.

Figura 15.1 Jogando amarelinha, Escola Diana.

A HISTÓRIA DE DIANE

Melhorando a participação dos pais no ambiente da classe

Baji: *Diane, o que você considerou mais impressionante acerca da experiência de Reggio Emilia?*

Diane: Os fatores que me impressionaram, basicamente, foram a ordem e a estética em sala de aula, o relacionamento especial entre os pais e a escola e, mais importante, a ênfase sobre ouvir as crianças como um guia para o planejamento do currículo. Ver as escolas de Reggio Emilia trouxe-nos novas ideias e novas maneiras de refletir sobre as crianças.

Com demasiada frequência em nossa sociedade materialista, nossas salas de aula e lares tornam-se abarrotadas de bens e objetos. Parece que subestimamos a beleza da simplicidade e superestimulamos nós mesmos e nossas crianças. As salas de aula de Reggio, em contraste, são belas de um modo simples. Elas contêm uma variedade de materiais, expostos e organizados de uma forma articulada. São materiais ricos, relacionados à cultura e à vida familiar das crianças, por exemplo, fotos de família, comidas regionais e lembranças pessoais de casa. Animar as salas de aula com símbolos da vida em família é vital também aqui nos Estados Unidos, considerando as experiências culturais e socioeconômicas tão diversas das crianças.

Baji: *Conte-me sobre algumas das mudanças que você fez em sua creche, após visitar Reggio Emilia.*

Diane: As salas de aulas em Reggio são abertas, arejadas e muito claras, com pinceladas de cores. Minha creche, em contraste, está localizada em um prédio antigo e escuro. A primeira mudança que fiz foi pintar as paredes amarelas e enfadonhas da sala de aula de branco, dado uma aparência mais aberta e espaçosa a um espaço pequeno. No espírito de Reggio, voltei-me aos pais para ajudarem a pintar as salas de aulas. Foi importante os pais terem participado desde o início, sentirem que a escola pertence a eles e saberem que realmente têm voz no ambiente escolar de seus filhos. O comparecimento à festa para a pintura foi impressionante.

Acredito, assim como os educadores em Reggio Emilia, que quando os pais participam diretamente na experiência da classe, um relacionamento mais vigoroso entre eles e os professores desenvolve-se. Encontrei-me com os pais no início do ano escolar de 1990-1991 e discutimos ideias do currículo para o ano seguinte. Um relatório mensal foi desenhado, para mantermos os pais informados sobre experiências em andamento na sala de aula. O relatório também deu a eles pais uma lista de atividades possíveis para suas crianças, como um modo de estendermos as experiências de sala de aula para a casa dos alunos. Os pais sentiram que possuíam um melhor entendimento do que ocorria no ambiente escolar e tiveram uma chance de participar nesta experiência. A implementação de um programa que fazia os pais sentirem-se como participantes, ao invés de estranhos, resolveu muitos conflitos e tensões entre professores e pais e aumentou o envolvimento destes.

Em Reggio Emilia, todos os materiais na sala de aula são exibidos de forma estética. Os materiais de arte são colocados organizadamente nas prateleiras, em recipientes transparentes acessíveis às crianças. Os objetos são exibidos em prateleiras iluminadas no nível dos olhos das crianças. Por exemplo, as crianças podem encontrar conchas do mar ordenadas por tamanho, cor ou textura. Achei que era importante melhorar o arranjo dos materiais em minha pequena sala de aula, para criar mais foco e menos confusão tanto para crianças quanto para adultos.

Para tornar as prateleiras mais atraentes, mantive apenas alguns itens em cada uma e os revezava periodicamente. Tudo tinha seu lugar. As crianças ainda tinham muitas opções de materiais para usar, mas as escolhas eram exibidas de uma forma mais atraente e menos superestimulante.

Os banheiros também foram tornados mais atraentes, colocando-se garrafas de areia colorida em ordem de tamanho, nas prateleiras. Materiais pouco apresentáveis, guardados no banheiro, foram removidos. Forrei as paredes com espelhos no nível dos olhos das crianças. Para que as crianças realmente aprendam sobre si mesmas, elas precisam olhar-se de diferentes maneiras.

As salas de aulas em Reggio têm um acréscimo maravilhoso, raramente encontrado em outros locais: um atelier, ou estúdio/laboratório, para auxiliar as crianças em seu processo de descoberta. Embora fosse impossível para nós dedicar uma sala unicamente para essa finalidade, desejávamos dedicar algum espaço especial para a melhoria da expressão criativa. Nos Estados Unidos, os professores salientam as habilidades verbais das crianças e frequentemente ignoram ou subvalorizam outras formas de expressão e representação. Oferecer um local particular para ajudá-las a descobrir muitas formas de autoexpressão tem como recompensa o valor e o respeito a essas outras linguagens simbólicas.

Reservei uma parte da sala de aula, portanto, e providenciei uma grande mesa e duas prateleiras que separaram esta área de outras. As prateleiras foram abastecidas, sem amontoamentos, com materiais reciclados em recipientes transparentes e acessíveis. Diferentes tipos de papel, tintas, pincéis, argila, canetas e outros materiais estavam também disponíveis nessa área. Para eliminarmos ainda mais o amontoamento na sala de aula, criei um centro de reciclagem na sala de reuniões, no andar de cima. Tornar esses materiais acessíveis e esteticamente atraentes encorajou seu uso adequado e a expressão não verbal das crianças.

Finalmente, queria melhorar meu ensino, ouvindo mais as crianças, orientando-as para criarem suas próprias soluções para seus questionamentos. Fiquei imensamente impressionada pela filosofia de Reggio Emilia de usar as palavras das crianças como guia do planejamento do currículo. Gravações em áudio das conversas das crianças tornaram-se indispensáveis para mim na avaliação de seus interesses e no planejamento do currículo. Por exemplo, gravei uma conversa de um grupo de crianças brincando com os personagens das Tartarugas Ninja, durante a qual mencionei que os nomes das tartarugas vinham de artistas famosos que viveram muito tempo atrás. Posteriormente, ouvindo a fita, percebi que estas questões surgiam: "O que é um artista?", "O que eles faziam?", "Como eles são?" Essas indagações levaram a um projeto que incluiu uma série de visitas ao Museu de Belas Artes de Boston, onde estudamos diferentes artistas e suas técnicas e também exploramos cores, formas e traços. Muitas crianças levaram blocos de desenho ao museu e copiaram seus desenhos favoritos em uma escala maior. Esse é apenas um exemplo de como o registro de conversas na sala de aula ajudou a provocar uma série de ricas expe-riências e reexperiências para as crianças, iniciadas por elas mesmas.

O DESAFIO DE BETSY

Trazendo as lições para a sala de aula urbana

Diane: *Betsy, como é sua sala de aula, e como você está lidando com seus desafios particulares?*

Betsy: Sou professora de jardim de Infância em um sistema urbano de escolarização pública. Minha sala de aula é diversificada, com 20 crianças de várias origens étnicas. Metade fala inglês como segunda língua, algumas não falam inglês. Um terço têm sérios problemas emocionais ou comportamentais. Algumas crianças vêm à escola prontas para aprender, com os fundamentos da leitura e da escrita e uma forte autoimagem, enquanto outras não conseguem dizer o nome de uma cor ou de uma forma. As crianças encontram-se pela primeira vez no início de setembro e ficam comigo durante um curto ano escolar.

Eu realmente desejo salientar o acentuado contraste entre a abordagem coesa e coerente encontrada em Reggio Emilia e a situação daqui. Trabalho em uma escola que abriga três programas diferentes. Cada programa possui um diretor, com suas próprias metas e diretrizes. As salas de aula adjacentes abrangem filosofias educacionais opostas, e os professores raramente têm tempo livre para visitar ou trocar ideias durante o dia escolar. Dentro dessa moldura fragmentada, tento desenvolver um espaço e um estilo de trabalho que reflitam a influência de Reggio Emilia. A coisa mais importante a manter em mente é que qualquer pequena mudança tem valor.

Meus materiais podem ser similares àqueles disponíveis em Reggio Emilia, mas entre o que as crianças podem fazer e aquilo que espero há uma grande distância. Em minha sala de aula, no início deste ano, coloquei à disposição das crianças aquarelas e caixas de tintas comuns, da lojinha barata da esquina. Achei que descobriria os níveis de habilidades de meus estudantes e então poderia melhorar seu conhecimento e aprendizagem de um modo apropriado. Desse modo, estava aplicando meu entendimento de como os professores de Reggio abordam os problemas escolhendo meios que enfoquem mais diretamente uma questão específica.

À medida que as crianças usavam as aquarelas, cantarolava, "Água, tinta, papel... água, tinta, papel" para ajudar algumas crianças a entenderem como tirar a cor da caixa de pinturas e colocá-la no papel. Um menininho estava trabalhando na mesa, com um pincel na mão. Ele moveu seu pincel alegremente da água para a caixa de tinta e fez alguns traços iniciais em sua folha. Depois, quando recolocou seu pincel na água, ficou chocado, e então assustado. Olhou para cima, encontrando meu olhar com seus olhos imensos e assustados, dizendo ansiosamente: "Professora, minha água está ficando suja".

Aprendi bastante com essa experiência. Aquele menino jamais vira ou usara aquarela antes. Estava assustado com algo. Será que era com o pensamento de que a professora ficaria zangada porque sujara a água? Como achava que a professora reagiria? Se ele jamais usara aquarela antes, quantas das outras experiências em sala de aula eram novas para ele? Como eu poderia esperar que ele se expressasse com materiais estranhos?

Eventos como esse ocorrem todos os dias em minha sala de aula, enquanto continuo traduzindo uma filosofia educacional italiana para minha própria língua e integro-a com minha compreensão sobre as crianças e a escolarização. Compartilho parte da ansiedade das crianças, enquanto também atravesso um território desconhecido. Posso ver que parte do contentamento tranquilo que senti nas salas de aulas de Reggio Emilia deve vir do conforto e da segurança que as crianças adquirem do uso repetido dos mesmos meios simbólicos, bem como de seus relacionamentos seguros com adultos.

Sinto fortemente que em meu caso a melhor abordagem parece ser introduzir materiais lenta e cuidadosamente para as crianças, estudar e documentar seu progresso e experimentação e observar a direção de seus interesses.

Minhas prateleiras estão cheias de materiais abertos à exploração. Os balcões são mantidos livres e limpos. O espaço é aberto e convidativo, bem-iluminado, com janelas com cortinas e flores frescas na mesa da área de brincadeiras. Desejo que as crianças experienciem esse ambiente bonito, seguro, confortável e previsível como um local para relaxarem e desfrutarem a vida, descobrirem seu potencial e construírem sua força e sua felicidade.

Massa de modelar caseira tem estado disponível diariamente em uma mesa, por mais de um mês. Certas crianças definitivamente escolheram este como seu material preferido. Elas já usaram quatro lotes de minha melhor receita! Contudo, o que cada criança descobriu na mesa é altamente individual.

Uma criança, por exemplo, dominou a arte de sentar-se à mesa e manter a massa de modelar longe de suas roupas. Ela está aprendendo a concentrar-se e focalizar sua atenção. Eventualmente, será capaz de completar uma construção bem-sucedida e expressar-se com a massa; no processo, compreenderá que suas ideias são válidas e interessantes.

Uma outra criança faz bolas e espirais com a massa; ela consegue sentar-se e trabalhar com uma idéia por um extenso período de tempo. Mostrei-lhe modos adicionais de trabalhar: como beliscar a massa para fazer certas formas, ou como usar uma ferramenta de entalhe para fazer desenhos mais delicados. Ela frequentemente ajuda outras crianças, demonstrando suas técnicas. Consegue até mesmo trabalhar diretamente na massa de outros, ajudando-os a desenvolver ideias sem a frustração e o isolamento de ter de fazer tudo independentemente.

Quanto mais experiência as crianças têm com materiais, mais são capazes de entender esses materiais e desenvolvê-los como uma de suas linguagens. Carlina Rinaldi ensinou-me que o material precisa pertencer às crianças para que os usem como uma ferramenta para a comunicação. O material precisa ter uma história com as crianças. Com o passar do tempo, serão capazes de se expressar claramente, a fim de solucionarem determinado problema.

As habilidades aprendidas com aquarelas e massa de modelar transferem-se facilmente para outras atividades em sala de aula. Afetam a criança na solução de problemas, no entendimento de qualidades particulares, no trabalho difícil e demorado com uma outra pessoa com um objetivo mútuo, no comprometimento, na argumentação, na descontração, no compartilhamento e no sentimento interior de força e bem-estar. O mesmo é verdadeiro quanto a mim mesma como professora. Estou olhando as coisas com novos olhos, pensando sobre projetos e materiais que apresentem o desafio certo. Onde poderíamos coletar, fazer ou encontrar coisas que as crianças possam "possuir"? Nossas caminhadas ao *playground* local oferecem-nos muito mais material para discutir e usar. Mas por que não coletar folhas, pedras, areia ou cascalho no parque? Que histórias as crianças contariam, trabalhando com esses objetos naturais? Como elas os incorporariam em seus conhecimentos em desenvolvimento sobre a massa de modelar? Todos esses momentos estão à nossa frente, e espero com ansiedade.

O PROBLEMA DE NORA

O começo, em uma sala de artes em uma escola elementar

Betsy: *Nora, como você se interessou pela abordagem de Reggio Emilia?*

Nora: Tudo começou enquanto eu estava na exposição "As Cem Linguagens da Criança" na Prefeitura de Boston, no inverno de 1989. Estive lutando contra a distância entre meu papel como artista e meu papel como professora de artes para crianças da escola elementar. O papel de *atelierista* permite a convergência desses aspectos. A união de duas palavras simples, "artista educadora", pode ser facilmente dita, mas é muito mais difícil de ser colocada em prática.

Betsy: *Como você está aplicando o conceito de atelierista aqui, em seu trabalho?*

Nora: Trabalho como especialista em educação artística em programas pós-escola, em escolas públicas e com um acampamento de verão. Como integro aspectos da experiência de Reggio nesses contextos diferentes? Isso acontece no momento em que entro na sala, falo com outro professor, coloco em ordem meus suprimentos e começo a trabalhar com os estudantes.

Por exemplo, uma vez por semana, durante oito semanas, trabalhei em um programa pós-escolar em uma escola de periferia. Muitos dos alunos não tinham um período designado para artes, em virtude de cortes no orçamento, de modo que minha prioridade máxima era manter aberto para eles um canal de expressão. As tintas eram abundantes neste local, de modo que se tornaram nosso ponto de partida. Cada aluno podia começar a trabalhar a partir de seu próprio nível.

O projeto foi mantido por prazo indeterminado, enquanto começávamos com coisas conhecidas – casas e rostos – pintados de formas previsíveis. As tintas foram colocadas em paletas, as folhas eram oferecidas e os alunos faziam sua parte, entregando pilhas e pilhas de pinturas. Percebi que eles começavam a sentir muito prazer em misturar todas as tintas e pintar com a paleta, como faziam ao realizar suas pinturas. No espírito de Reggio Emilia, intuí que a progressão natural do projeto seria envolver a experimentação na mistura das tintas.

Pinturas em branco e preto foram introduzidas e os estudantes aprenderam como uma cor pode ter muitos tons. O que era familiar tornou-se estranho, e os estudantes fizeram grandes formas com essas cores recém-descobertas. O resultado foi pintura abstrata usando tons e gradações. A experimentação dos alunos guiou o projeto e meu trabalho com eles.

Em uma escola elementar pública do subúrbio, trabalhei no sentido de expandir a experiência com a arte além do período semanal de 40 minutos que os estudantes tinham na sala de artes. Eu estava completando minha prática de ensino naquele local, e uma parte de minhas atribuições era elaborar o currículo antes de me encontrar com os estudantes.

Escolhi o que, de acordo com meus supervisores e a professora colaboradora, pareceu um projeto ambicioso para alunos de 4ª e 5ª séries: fazer estandartes bordados em sacos de aniagem. Muitas crianças jamais haviam costurado um ponto sequer, nem desenhado um cartaz ou algo como um estandarte. Contudo, de uma forma que surpreendeu a nós todos, meninos e meninas mergulharam com igual disposição no projeto.

Uma vez que nosso tempo juntos era limitado, sabia que os alunos precisariam de um tempo adicional fora da aula de artes. Aqui estava eu, inspirada pelo modelo da atelierista de Reggio, envolvendo os professores com a classe. Na cafeteria, depois do almoço e enquanto cumpria meu horário no *playground*, eu os procurava. Discutíamos como poderiam ajudar os alunos a manter seu interesse durante a semana. Os professores concordaram, relutantemente de início, em manter os estandartes em suas salas, não prometendo que os alunos conseguiriam fazer muito. Nas semanas seguintes, entretanto, foi feito um progresso muito positivo. Alguns professores permitiram que os alunos trabalhassem em seus estandartes após completarem outros trabalhos, “uma bela atividade tranquila”, uma professora comentou comigo, mais tarde. Outros professores deixaram que os alunos levassem os estandartes para casa. Que modo maravilhoso de fazer com que os pais e os avós ajudassem em algo que sabem fazer bem!

A ADAPTAÇÃO DE PAT E IRENE

Criação de um atelier em uma creche

Nora: *Pat, você trabalha como atelierista em uma creche. Como isso começou?*

Pat: Durante um período de três anos, Irene e eu mudamos da excitação inicial de nossa primeira exposição às ideias de Reggio Emilia para uma exploração mais focalizada de como poderíamos estabelecer um atelier com uma *atelierista* em nosso centro. Ainda estamos descobrindo e aprendendo como fazer isto.

Temos vívidas recordações de nossas experiências em Reggio, especialmente da visita à escola, La Villetta. "Devemos transformar-nos nas crianças e pensar como elas", ecoam as palavras de Amelia Gambetti, uma professora, e Giovanni Piazza, o atelierista. Essas palavras lembram-nos constantemente de observar as crianças. Em alguns dias, elas simplesmente fazem bagunça, brincando com os materiais, e em outros dias, trabalham intensamente. Nós valorizamos e reforçamos todos os seus processos de experimentação.

Em 1989, introduzimos em nosso programa um Especialista em Artes (nosso nome para o *atelierista*) para oferecer mais experiências exploratórias e de final aberto para as crianças. Todas as crianças, não importando o agrupamento etário, compareciam a essas sessões de autoexpressão semanalmente. Contudo, a aceitação da mudança não foi facilmente conquistada no primeiro ano pela equipe e pelas crianças. Os professores esperavam atividades mais instrutivas e prescritivas do Especialista em Artes. Contudo, através do oferecimento de apoio e da busca de *input* da equipe sobre os projetos, o momento de sua ocorrência e seus mecanismos, o programa foi estabelecido.

Após algumas tentativas e erros, descobrimos que uma das estruturas efetivas era a de trabalhar com pequenos grupos de quatro a seis crianças por longos períodos, em uma área do corredor iluminada por claraboias. As crianças pareciam gostar de sair de seu ambiente habitual e também gostaram do tamanho do grupo. Frequentemente juntávamos diferentes grupos de crianças, na esperança de que formassem novos relacionamentos e fizessem descobertas conjuntas. Na maioria dos casos, a experiência parecia apaziguadora e relaxante tanto para a equipe quanto para as crianças.

A maior parte de nossos materiais de arte eram reciclados. Os pais traziam materiais de seus locais de trabalho, desde forrações de sofás fora de linha até papéis obsoletos de pequenas gráficas.

Em novembro de 1989, diversos "especialistas" combinaram seus talentos em movimento, música e arte para dirigirem as crianças em uma produção do "Balé Quebra-Nozes". As crianças aprenderam seus papéis e desenharam suas fantasias em fronhas. Os pais envolveram-se no desenho do *set* ajudaram a desenhar cenários em giz, em folhas imensas de papel. Na noite da estreia, todos os pais compareceram para compartilhá-la com seus filhos. As crianças, que tímidas e reservadas durante os ensaios, explodiram em entusiasmo pela oportunidade de encenarem e demonstrarem competência em uma outra linguagem simbólica. Toda a produção foi filmada, e as crianças sentiram alegria ao assistirem a seus esforços muito tempo depois de a cortina fechar-se.

Em 1990, estabelecemos um *atelier* permanente na creche, redefinindo o espaço no mesmo corredor com luz natural. Providenciamos duas grandes mesas, prateleiras de metal cheias de materiais e uma mesa de desenho iluminada. No passado, talvez tenhamos apressado as crianças a fabricarem algum trabalho artístico, até mesmo esperando que se parecesse com todos os outros, perfeito na tradição da linha de montagem. Agora, começamos a ver as crianças como artesãos, que lentamente produzem sua arte. Descobrimos que, enquanto as crianças exploram com seu próprio ritmo, elas também passam muito tempo brincando com a tinta, com cores e com diferentes tamanhos de pincéis em vez de fazerem uma pintura de “algo”. Essa experimentação leva a recompensas inesperadas, tanto nas sessões quanto fora delas.

Por exemplo, certa tarde, no último outono, os professores decidiram colocar sobras de lantejoulas multicoloridas em uma caixa de areia dentro da sala, ao invés de jogá-las fora. Na manhã seguinte, as crianças começaram a brincar com a areia e descobriram os belos círculos metálicos e brilhantes que haviam usado para fazer máscaras do Dia das Bruxas, no dia anterior. Cada uma pegou um copo plástico e começou a coletá-las avidamente. Algumas crianças pediram cola e papel à professora e começaram a criar uma multiplicidade de figuras diferentes. Carlina Rinaldi, durante sua visita em outubro de 1990, sugerira a mistura de materiais de modos inesperados; e a combinação de areia e lantejoulas é um exemplo de como aplicamos seus conselhos. Algumas crianças usaram restos de papel de parede para recortar máscaras e então usaram as lantejoulas para criar características faciais e joias. Todas estavam excitadas ao mostrarem a seus amigos e professores os tesouros que haviam encontrado na caixa de areia.

Facilitar a expressão das crianças em qualquer das “cem linguagens” das crianças agora ocorre em uma centena de maneiras. De tempos em tempos as crianças vêm ao atelier, começam a trabalhar com os materiais e, espontaneamente, falam sobre problemas que as perturbam. As crianças começaram a sentir-se confortáveis com o esquema de pequenos grupos, cercadas por outros que estão ouvindo, observando e examinando suas expressões. Essa experiência apoia o respeito mútuo pelo trabalho, pelas opiniões e pelas reações de outros. Nosso programa valoriza esses ideais.

A IDEIA DE EUNICE

Unindo uma professora para a primeira infância a uma educadora artística

Pat: *Eunice, você trabalha como diretora de uma escola-laboratório universitária, onde dirige um programa multietário para crianças dos 3 aos 5 anos. Que aspecto da experiência de Reggio foi mais útil para você?*

Eunice: Muitos aspectos me interessaram, mas o que eu mais queria adaptar a meu programa era o padrão de formação da equipe que observei lá. Mesmo antes de ir a Reggio, sentia que nosso programa poderia beneficiar-se de algumas mudanças. Embora tivéssemos um currículo e uma equipe de professores excelentes, sentia que nossas abordagens eram bastante previsíveis. Uma área que eu desejava desenvolver era a exploração e o entendimento adicionais da expressão simbólica das crianças. Sentia que as habilidades combinadas de uma pessoa treinada em educação para a primeira infância e uma com uma experiência em psicologia desenvolvimental e em artes seriam exatamente o necessário para esta mudança. Quando uma oportunidade para a admissão de novos funcionários surgiu, foi possível realizar a mudança. Embora todos nós na escola concordássemos que essa era uma boa ideia, não percebemos os desafios que enfrentaríamos. Contudo, aprendi que desafios similares ocorreram também em Reggio, quando alteraram seus modelos tradicionais, introduzindo a equipe de coensino bem como o papel do atelierista.

Trazer as pessoas a essas estreitas parcerias de trabalho e novas fez com que precisassem trabalhar muitos pontos de vista diferentes e conflitos em Reggio. Essa também foi nossa experiência. Quando nossas duas professoras começaram seu trabalho juntas, não perceberam quanto tinham a oferecer uma à outra e, especialmente, às crianças. Suas habilidades combinadas são uma parte importante do equilíbrio necessário em um bom planejamento do programa. Agora, quatro anos depois, nosso programa reflete os esforços feitos através da colaboração dessas profissionais. Está claro, para mim, que as ideias únicas e inovadoras dos educadores para a primeira infância aqui sempre foram uma força de sustentação na construção de uma nova abordagem. Tal como os educadores de Reggio, tivemos nossas discussões, desapontamentos e provocações, que nos levaram a uma visão mais ampla de um modo diferente de trabalhar com crianças pequenas. Os elementos tanto da tradição quanto da inovação podem coexistir, trazendo um programa mais rico e diversificado para todos.

Pat: *Como isso se revela em sua sala de aula?*

Eunice: O uso integrado de materiais de currículo, juntamente com a documentação cuidadosa do trabalho das crianças, ofereceu-nos novas ideias para transmitirmos tanto à criança individualmente quanto ao grupo os desafios criativos que elas adoram e são capazes de conquistar. Adicionalmente, nosso planejamento possui suas próprias características de manejo, como podemos ver nas interações sociais e nas experiências de aprendizagem das crianças.

Por exemplo, introduzimos uma mesa de desenho, agora uma parte integral de nosso programa. A mesa é, na verdade, um tampo de mesa que trazemos diariamente e usamos exclusivamente para o desenho. As crianças usam uma variedade de ferramentas para desenhar: canetas, lápis, *crayons*, carvão, bem como lápis de cera e canetinhas luminosas. Vemos muito mais habilidade e domínio quando apenas ferramentas simples são combinadas, com tempo adequado para o trabalho e para a diversão. As crianças já desenharam antes, mas não sabíamos que impacto esta nova abordagem teria sobre o rumo de nosso programa.

Pat: *Você observou mudanças apenas nos desenhos das crianças?*

Eunice: Não, uma outra atividade que desenvolvemos é o uso da argila. Anteriormente, usávamos principalmente massa feita em casa, e ainda a usamos ocasionalmente. É um material maravilhoso para as crianças. Entretanto, agora damos maior ênfase à argila, que permite uma construção mais elaborada e ampla de ideias e maior variedade de etapas no processamento, como moldar, envernizar, cozinhar e preservar o material. As ideias e mensagens que vêm do trabalho com argila ofereceram às crianças também outros meios importantes de expressão pessoal. As crianças aumentaram imensamente suas habilidades e sua competência no uso da argila; assim como a mesa de desenho, ela está disponível todos os dias.

Figura 15.2 Loris Malaguzzi conversa com uma delegação estrangeira em visita à Escola Diana.

Em resumo, por meio da colaboração do professor e do educador artístico, vemos as crianças conquistando um uso mais concentrado, independente e autorregulado dos materiais. Uma experiência particular confirmou, para mim, que esta espécie de padrão de formação da equipe beneficia as crianças. Certo dia, observei um menino que estava trabalhando na mesa de argila por um tempo bastante longo. Ele brincou com a argila, amassou-a, moldou-a e finalmente criou uma peça que lhe agradava. Ao terminar, o menino disse-me: "Agora estou pronto para levar minha argila ao forno. Quero que meu verniz azul fique realmente bom. Eu trabalhei muito; usei a ferramenta, dividi minha argila, fiz um projeto. Mal posso esperar para ver como fica, depois de ir ao forno! Acho que agora vou participar da hora da rodinha". Nesses breves momentos, a criança exibira para mim suas habilidades motoras, sua capacidade para a expressão criativa e o uso adequado de novas palavras, uma capacidade de compartilhar com outros e um alto nível de autoestima. A criança estava satisfeita. O mesmo aconteceu comigo.

Diane: Certamente não poderíamos tomar a abordagem de Reggio Emilia, criada há mais de 30 anos em uma outra cultura, e simplesmente replicá-la nos Estados Unidos. Contudo, nossas reflexões e nossas experiências em Reggio ajudaram-nos a focalizar sobre os conceitos de uma forma nova – beleza e ordem, as múltiplas linguagens das crianças, deixar de cuidar o relógio, escutar e observar como base para o ensino – que têm sido frequentemente esquecidos ou relegados a segundo plano em nossa sociedade e em nossas salas de aula. Se Reggio pelo menos ajuda-nos a voltar e a recordar o que é realmente importante para as crianças, então a abordagem já foi aplicada com sucesso.

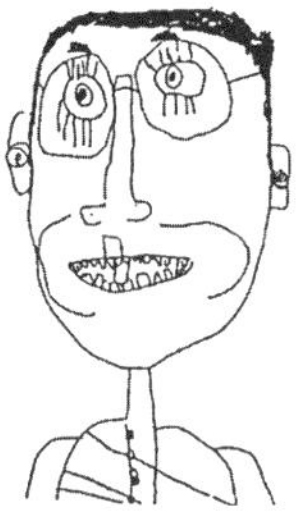

"Autorretrato", feito por menino de 5 anos da Escola Pablo Neruda

16

Um olhar para o passado – de Reggio Emilia para a educação progressista

Meg Barden

O problema da educação de crianças não pode ser separado da história: ela depende de muitas variáveis, que jamais são independentes do universo do raciocínio no qual está baseada.

Loris Malaguzzi

Quando visitei as exposições de "As Cem Linguagens da Criança" em Boston e Amherst, Massachusetts, e li o livreto que a acompanha, foi como voltar à cidade natal de minha infância e descobrir que as casas, campos e árvores que eu conhecera quando criança ainda estavam lá. Assim como caminhava pela vizinhança durante minha infância, deliciada pela árvore prateada do bordo, com a grande cerca no jardim da frente e com o trajeto do atalho que levava a escola, todos eles ainda lá, após 60 anos, também senti-me deliciada pelas descrições dos centros para a primeira infância em Reggio Emilia e seus currículos. As ideias, conceitos e até mesmo expressões – embora tenham todas um sabor italiano – lembravam-me de meus próprios dias na escola elementar nas décadas de 20 e 30, e de muito mais tarde, durante meus dias de professora de professores, no início dos anos 70.

Agora, como professora universitária e supervisora de alunos de magistério, visito classes em creches e pré-escolas na América, onde com demasiada frequência as paredes são dominadas por um alfabeto comercial de figuras de desenhos animados juntamente com um calendário com símbolos das estações do ano ou dos feriados, feitos por um professor. O trabalho das crianças, se chegam a ser exibidos, limitam-se a um determinado exemplo – abóboras alaranjadas no Dia das Bruxas, trevos verdes em março. Portanto, nas exposições, considerei inspirador e reconfortante não apenas ver o trabalho original das crianças, mas também fotografias detalhando o envolvimento das crianças em atividades intrigantes como Colheita de Uvas com Fazendeiros, As Sombras, e Em Busca de uma Folha Plana de Árvore. O trabalho e as fotos das crianças lembram aos pais e aos visitantes que as criações e as atividades das crianças não são apenas importantes, mas são deliciosos de serem vistas. Para mim, as exposições e, posteriormente, minha visita a Reggio também trouxeram recordações do passado.

Deixe-me começar com algumas das similaridades nos prédios. Carla Rinaldi, falando na exposição de Boston, afirmou que em cada Centro de Reggio Emilia,

> [...] o prédio é o resultado de muitas reuniões entre professores, educadores e arquitetos que decidem juntos sobre a planta e sobre a seleção dos materiais, brinquedos e equipamentos... O ambiente criado em cada prédio é o receptáculo ou local onde o impacto dos professores, das crianças, de suas famílias e da história de sua cultura é tangível e visível. Cada prédio, portanto, é um original, um local feito sob medida, ajustado para um grupo particular de crianças e adultos. (RINALDI, 1989, p. 2).

Enquanto ouvia isso, minha mente voltava à escola elementar progressista à qual compareci de 1929 a 1932 em um subúrbio da cidade de Nova Iorque.

Figura 16.1 "Colhendo Uvas". (Desenhos do catálogo da exposição *As Cem Linguagens da Criança,* 1987. Reimpressa com permissão.)

Os primeiros anos na Hessian Hills School foram na garagem de um dos pais. Enquanto envolviam-se cada vez mais com a escola, os pais compraram uma fazenda antiga e maravilhosa, que ajudaram a remodelar. Em 1931, um incêndio destruiu este prédio. Os professores, crianças e suas famílias, assim como em Reggio, trabalharam para a construção de uma nova escola especialmente desenhada para eles mesmos – um grupo particular de crianças e adultos. Katherine Moos Campbell, neta do fundador da Hessian Hills School, dá-nos as seguintes visões sobre o espírito de educação progressista naquela época. O incêndio, ela escreve,

> [...] uniu os pais em um esforço para a reconstrução. Seis pais de famílias da Hessian Hills School administraram o Fundo para a Construção da Escola.

Figura 16.2 "Colhendo Uvas".

> Recrutaram John Dewey como presidente honorário... E entre seus patrocinadores estavam os notáveis pais Waldo Frank, Heyward Broun, Stuart Chase, Floyd Dell e Lincoln Steffens, bem como Lewis Mumford, Oswald Garrison Villiard e Edward L. Thorndike. Para todas essas pessoas o pequeno experimento isolado na educação criativa centrada na criança merecia ser salvo, mesmo no meio da depressão. Dell e Chase comentaram que a Hessian Hills School preparava as crianças para "vidas felizes na era das máquinas" por meio "da redescoberta dos valores humanos da cultura". (CAMPBELL, 1984, p. 132-133).

Muito esforço mental foi dedicado à construção da nova escola. O diretor e a equipe esboçaram planos para uma nova escola ideal: [...] salas de aula para abrigarem quinze crianças cada, toaletes privados, espaço para atividades tanto tranquilas quanto ruidosas; paredes à prova de som, mas ainda assim de fácil acesso aos campos e florestas que usamos tanto... Principalmente, precisavam de oficinas para cada forma de trabalho manual, um local para forja, fornos, tipógrafos, uma grande sala para ritmos, trabalhos dramáticos e corais. (CAMPBELL, 1984, p. 134).

Elizabeth Moos, a diretora da escola, afirmou, em 1931:

> Existem paralelos óbvios entre a filosofia por trás da arquitetura moderna e da educação moderna. Os arquitetos modernos e os educadores modernos estão descartando dogmas, nada deixando sem esmiuçar; eles são experimentais e flexíveis. Nem os educadores nem os arquitetos, se realmente modernos, aceitam a tradição, a menos que esta justifique seu valor para a sua civilização. Nossas crian-

> ças devem ser treinadas para ocuparem seus lugares neste tipo particular de civilização; elas devem crescer em harmonia física com esta civilização.
> Trabalhamos com a criança como um todo; arquitetos com o edifício total. Ambos devem ser objetivos e devem funcionar. Cada um de nós trabalha de dentro para fora e não mais está satisfeito com quaisquer fachadas artificiais. E, acima de tudo, ambos estamos tentando deixar entrar a luz. (CAMPBELL, 1984, p. 135).

Enquanto explorava minhas recordações e os escritos dos educadores progressistas do passado e andava pelas charmosas escolas de Reggio, tornou-se claro que ambos estávamos conscientes da necessidade de "deixar entrar a luz" – tanto a luz do sol quanto a das ideias iluminadas. Compare as seguintes afirmações da exposição de Reggio Emilia sobre a Colheita de Uvas com Fazendeiros, e de *I Learn From Children* ("Eu Aprendo com as Crianças"), de Caroline Pratt. Pratt foi diretora da City and Country School, na cidade de Nova Iorque, que foi fundada ainda antes da Hessian Hills School e ainda está em funcionamento. Ambas as escolas eram membros da organização Escolas Experimentais Associadas. O livro de Pratt foi publicado em 1948, mas foi escrito acerca de suas experiências nos 30 anos anteriores.

> As crianças e os professores de nossas escolas participam nesta tradição há mais de vinte anos: cada escola possui uma longa relação de amizade com as famílias de fazendeiros da área. Nosso compromisso para setembro é uma reunião com o ambiente agrícola, com a terra que é trabalhada e dá frutos, com os vinhedos, com as máquinas, com as ferramentas, com a arquitetura e com os móveis de uma casa, com os estábulos, com os demais prédios da fazenda, com as habilidades e com os problemas daqueles que trabalham a terra e criam animais, com os costumes das famílias nas fazendas, com as técnicas de colheita das uvas e com os processos envolvidos na transformação dessas em vinho, com o equipamento tradicional e com as máquinas modernas das Cooperativas dos Vinicultores. O processo é então repetido diretamente nas escolas, com o auxílio e conselhos de nossos amigos fazendeiros. (MALAGUZZI, 1987, p. 95).

Pratt descreve ainda as adjacências de sua escola:

> As seis crianças e eu passamos muito tempo nas docas. O tráfego do rio, sempre fascinante, trouxe questões boas e simples aos seus lábios, mas elas estavam muito tímidas inicialmente para pedir respostas aos barqueiros, aos estivadores e aos motoristas. Quando viram que eu não perguntaria por elas, juntaram coragem para dar o primeiro passo e receberam respostas tão amigáveis que seu desânimo desapareceu instantaneamente. Expliquei aos homens que essas visitas eram parte do trabalho escolar das crianças. Os homens gostaram de ser indagados e de contribuir para a educação das crianças. Responderam paciente e cuidadosamente às jovens vozes. Sentamos por uma hora na carroceria de um caminhão estacionado nas docas, olhando os barcos que iam e vinham, os estivadores trazendo as barcaças cheias e ajudando as vazias a partir. Vimos os caminhões sendo carregados com toda a espécie de coisas para a cidade, e perguntamos aos motoristas onde estavam levando suas cargas. (PRATT, 1948, p. 42).

De volta à escola, Pratt diz que o rio e os barcos exerceram um papel importante nos prédios de blocos que as crianças fizeram da cidade. "As crianças colocaram em uso os fatos que haviam conhecido fazendo perguntas, mas a maior parte através de seus olhos e ouvidos" (PRATT, 1948, p. 42).

Tanto em Reggio Emilia quanto na cidade de Nova Iorque, as experiências que as crianças tiveram "em campo" foram recapituladas na sala de aula. As crianças foram capazes de mostrar a si mesmas o que haviam descoberto e, portanto, de oferecer continuidade entre a escola e o mundo real. Como o livro sobre a exposição comenta: "[...] sua identidade como crianças está enraizada em uma história mais longa, em mundos diversos e, ainda assim, sempre contemporâneos" (MALAGUZZI, 1987, p. 96).

Em Reggio e nas primeiras escolas progressistas, havia um respeito profundo pelas crianças e um prazer óbvio em ouvir e aprender com elas. "As escolas não são locais para palestras, mas lugares onde os professores escutam atentamente, para poderem juntar-se à 'aventura' das crianças no mundo do conhecimento" (RINALDI, 1989, p. 5).

> Se as brincadeiras e trabalhos das próprias crianças deveriam ser seu método de aprendizagem, como eu insistia que fosse, então elas deveriam obter sua inspiração para isso à sua própria maneira, pelo conhecimento obtido com seus próprios olhos e ouvidos, com questões sendo-lhe indagadas sobre coisas que *elas* desejam saber, com respostas encontradas por elas dentro dos limites de suas próprias capacidades para encontrá-las e compreendê-las. Um professor ou membro da família ou um adulto solidário pode ajudá-las e encorajá-las em suas pesquisas, mas o impulso original vem delas. (PRATT, 1948, p. 10).

Os professores tanto em Reggio Emilia quanto nas escolas progressistas estavam comprometidos com as pesquisas e experimentação com crianças pequenas. Seu entusiasmo e comprometimento resultaram em uma disseminação mundial dos conceitos e dos conteúdos de seus projetos com as crianças. A Associação para a Educação Progressista possuía um estande na Feira Mundial, no verão de 1939. As pré-escolas de Reggio Emilia começaram a receber delegações de visitantes estrangeiros em 1979 e continuaram sua função de anfitriãs desde então.

ASCENSÃO E QUEDA DA EDUCAÇÃO PROGRESSISTA

Nos anos 30, ocorreram tentativas de se estabelecer uma escola progressista pública na cidade de Nova Iorque. Conhecidas como Little Red School House ("Escolinha Vermelha"), as classes continham entre 30 e 35 crianças e o orçamento não era maior, per capita, do que aquele oferecido pela cidade aos programas públicos (DELIMA, 1943). As tentativas iniciais de incorporar-se ideias progressistas nas escolas públicas, em locais como Winnetaka, Illinois e Gary, Indiana, foram muito alardeadas no início do século, mas nem sempre persistiram. Depois de apenas alguns meses, a cidade de Nova Iorque retirou seus fundos da Little Red School House. Entretanto, ela continuou como uma escola particular.

Existem várias interpretações envolvendo a ascensão e a queda da educação progressista e o grau em que isto influenciou a educação pública norte-americana. Campbell afirmou que a Hessian Hills School e a educação progressista como um todo declinaram durante a Segunda Guerra Mundial. Após 1938:

> [...] ataques sobre os métodos de re construção social, tentativas anticomunistas de remover alguns professores da ala esquerdista, para cessar o uso de livros-textos de estudos sociais progressistas começaram em 1938-1940, mas aceleraram-se durante e após a guerra. Muitas escolas progressistas adaptaram-se às

> pressões do tempo de guerra como a Hessian Hills, adotando um patriotismo de tempo de guerra, minimizando suas diferenças com as escolas públicas, tornando mais brandos o experimentalismo e o radicalismo. (CAMPBELL, 1984, p. 338).

Lawrence Cremin, escrevendo em 1961, atribui o colapso da educação progressista a cismas no movimento, ao negativismo de todos os movimentos de reforma social, às demandas incomuns sobre o tempo e as capacidades dos professores, a uma mudança geral para o conservadorismo no pensamento social político pós-guerra e um fracasso para manter o ritmo com a transformação contínua da sociedade americana (CREMIN, 1961).

Patricia Albjerg Graham, escrevendo sobre a Associação para a Educação Progressista, que publicou um periódico e manteve conferências de 1919 a 1955, dá a maior parte das mesmas razões para seu fim (GRAHAM, 1967). Em uma revisão de seu livro no *Harvard Educational Review* (1967), James Wallace, Diretor de Educação para Professores no Reed College, argumenta que Graham[...] concede demais às críticas sobre a educação progressiva. Ela coloca uma ênfase substancial sobre os conflitos internos dos progressistas como elementos no enfraquecimento do movimento e não coloca ênfase suficiente sobre a resistência maciça dos grupos americanos no poder a qualquer reforma radical das escolas. (WALLACE, 1969, p. 191). Wallace encerra sua revisão com uma citação de John DeBoer, ex-presidente da Associação para a Educação Progressista:

> Em longo prazo, nenhum sistema educacional pode ser melhor que a sociedade na qual opera e [...] portanto, a educação progressista exige uma sociedade progressista. (WALLACE, 1969, p. 191).

Esse pequeno exemplo de bom senso aplica-se também ao sistema educacional que se seguiu à educação progressista. Comentando que no começo dos anos 50 alguns métodos progressistas haviam ingressando nas escolas públicas, Campbell escreve:

> Mas boa parte da essência [...] não foi copiada na educação pública. A reconstrução social, a ideia de que as crianças deveriam experienciar a cooperação, ao invés de competirem umas com as outras, abordagens criativas para os estudantes da dramatização da escrita, das ciências e da dança não se transferiram para a corrente principal da educação pública na América. Os métodos experimentais floresceram na Grã-Bretanha, e apenas nos anos 60 e 70 os educadores americanos redescobriram-nos e os trouxeram de volta a este país como "educação aberta". (CAMPBELL, 1984, p. 331-332).

PÓS-PROGRESSIVISMO

Campbell descreve a educação aberta como um:

> [...] descendente indireto da educação progressista, no sentido de que a Nova Educação Europeia, que possuía estreitas conexões com a educação progressista americana, criou o movimento britânico do "dia integrado" de 1945-65. A educação progressista e a educação aberta concentram-se em aprender fazendo, em deixar que a criança desenvolva seu próprio quadro de horários, em "integrar" a arte, as ciências e os estudos sociais. (CAMPBELL, 1984, p. 351).

A Guerra contra a Pobreza, anunciada em 1965 pelo presidente Johnson, criou um clima que conduzia a uma sociedade humana e progressista e, portanto, encorajava os educadores americanos a criarem escolas mais humanas e progressistas.

Muitas pessoas estavam buscando modos de reformar as escolas. O Comitê Presidencial de Aconselhamento para a Ciência publicou *Innovation and Experiment in Education* em 1964, um relatório de uma série de painéis de cientistas e educadores proeminentes que se reuniram em 1962 e 1963 para considerarem como as pesquisas educacionais e o desenvolvimento podem aprender "[...] a oferecer a todos os estudantes a educação que um professor excepcional oferece para poucos" (PANEL ON EDUCATIONAL RESEARCH AND DEVELOPMENT OF THE PRESIDENT'S SCIENCE ADIVISORY COMMITTEE, 1964, p. 7). Embora afirmando que não apoiava qualquer método particular de pedagogia, o relatório realmente favorece "uma abordagem particular ao ensino, um enfoque chamado 'ensino indutivo' ou 'o método da descoberta'. O plano é levar os estudantes à descoberta das coisas "por si mesmos" (PANEL ON EDUCATIONAL RESEARCH AND DEVELOPMENT OF THE PRESIDENT'S SCIENCE ADIVISORY COMMITTEE, 1964, p. 6).

Em 1967, o Conselho de Aconselhamento Central para a Educação na Inglaterra publicou *Children and their Primary Schools* ("As Crianças e suas Escolas Primárias"), parte do Relatório Plowden, cujo nome deriva-se de Lady Bridget Plowden, que dirigiu o Conselho. Os educadores americanos, ainda insatisfeitos com as escolas americanas, receberam com alegria essas recomendações. Os educadores dos Estados Unidos visitaram escolas na Inglaterra. Muitos livros sobre educação aberta foram publicados na América, e um dos modelos do experimento nacional de *Follow Through*[*] estava baseado em ideias britânicas. Essas ideias diferiam pouco da educação progressista nos anos 20.

O professor de Harvard, Cortney Cazden, visitou a Gordonbrook Infant School, em 1967, e publicou uma entrevista com a diretora. Falando sobre professores ingleses, afirmou:

> Você realmente conhece suas crianças. Não apenas está consciente das necessidades que elas têm, intelectual e fisicamente, mas também tem a oportunidade para parar e observar. Apenas observando as crianças você realmente vem a conhecê-las. Se você está sentado ali e vê todos os pequeninos fazendo a mesma coisa ao mesmo tempo, que oportunidade realmente existe para conhecer suas crianças? Mas se você pode selecionar o que eles desejam fazer, e consegue encontrar os pensamentos que passam por suas mentes, você realmente começa a conhecer suas crianças. Junte a isso o fato de poder ver os pais... Ao final de 2 ou 3 anos, no caso de algumas crianças, você realmente vem a conhecê-las. (CAZDEN, 1969, p. 10).

Compare a declaração acima com a afirmação de Rinaldi sobre Reggio Emilia: "As escolas não são locais para palestras, mas locais onde os professores escutam ativamente, de modo a poderem, com as crianças, 'aventurarem-se' no mundo do conhecimento" (RINALDI, 1989, p. 5).

Os líderes da educação progressista, da educação aberta e de Reggio Emilia mostram repetidamente em seus escritos seu entendimento similar de como as crianças aprendem, e que o planejamento de um currículo deve estar baseado nos interesses das crianças. Recorde as barcaças de Caroline Pratt e a descrição da Colheita de Uvas de Reggio Emilia. O *Relatório Plowden* britânico também detalhou um projeto de "Uso do Ambiente":

> As escolas rurais possuem uma abundância de materiais às suas portas. Colheitas

[*] N. de T. Execução de um projeto.

> e pastagens, flores silvestres e ervas, animais da fazenda, criaturas selvagens de toda espécie, estradas e trilhas, beiras de estradas, cercas, valetas, córregos, matagais, a temperatura, a estação, as estrelas, tudo é um ponto de partida para a curiosidade, para a discussão, para a observação, para o registro e para a investigação...
> Os professores de pequenos vilarejos podem fazer uso de ferrovias e outros sistemas de transporte, e das lojas e fábricas locais, que podem fornecer materiais apropriados. Locais de construções estão em qualquer parte e podem oferecer um enfoque à geografia, à matemática e às ciências. Já ouvimos sobre crianças que "controlam o tráfego", descobrem com donos de lojas a origem de suas mercadorias e até mesmo, em um caso, exploram oficiosamente o sistema de esgotos da área. (PLOWDEN et al. 1967, p. 200).

Na Inglaterra, como nas primeiras escolas progressistas, havia um reconhecimento do poder didático da experiência em primeira mão com o ambiente local, quer fosse um rio, uma rua da cidade ou uma estrada rural.

Cientistas, professores, mestres universitários e estudantes visitaram as escolas primárias britânicas para bebês durante as décadas de 60 e 70. Entre esses visitantes estavam David e Frances Hawkins, que então inauguraram o Montain View Center for Environmental Education em Boulder, em 1970; ali, os professores podiam realizar cursos breves dados por cientistas visitantes. Conselheiros estavam disponíveis para visitas a escolas, quando solicitados. Os Hawkins também publicaram um periódico, *Outlook*, de 1970 a 1987. O programa nacional de *Follow Through* adotou a Educação Aberta como um de seus modelos. Com sua principal base de atuação no Centro de Desenvolvimento da Educação em Newton, Massachusetts, o modelo de Educação Aberta, apoiado por concessões do governo federal e da Fundação Ford, adotou um sistema de aconselhamento, ajudando professores com base em um modelo de Leicestershire. De 1967 a 1976, aproximadamente, os conselheiros estavam sempre presentes nas salas de aula de escolas públicas, em locais tão diversos quanto Paterson, em Nova Jérsei, Rosebud, no Texas, Smithfield, Carolina do Norte, e Filadélfia, entre outros. Os conselheiros tentavam ajudar os diretores e os professores a colocar em operação a Educação Aberta, da pré-escola à 3ª série. Eu era um desses conselheiros. Embora realmente ajudássemos a implementar algumas salas de aulas maravilhosamente abertas, nosso sucesso, no geral, foi bastante limitado. Era uma experiência educacional ricamente patrocinada. Não apenas íamos a locais distantes do sistema escolar de avião e automóveis alugados, mas pagávamos para que professores viessem ao EDC para a participação em oficinas. Todos os conselheiros haviam sido enviados à Inglaterra por algumas semanas, para vivenciarem a Educação Aberta em primeira mão.

Entretanto, os diretores e professores das escolas escolhidas para participar na mudança para a Educação Aberta frequentemente possuíam pouco *input* na escolha do modelo a ser seguido. Alguns professores recebiam bem novas ideias e estavam ansiosos por conselhos sobre como tornar o ensino mais significativo para seus alunos. Alguns professores viam-nos como ameaças, e alguns tinham problemas reais ao tentarem imaginar a "educação aberta". Recordo de uma professora perplexa em uma classe maternal em Paterson, dizendo-nos: "Se eu pelo menos conseguisse compreender o que vocês estão me dizendo, acho que poderia colocar em prática".

Recordei essa observação da professora de Paterson com frequência, quando compareci a encontros de americanos que visitaram as escolas de Reggio Emilia. Alguns membros desses grupos sugerem que o modo de trabalharmos nos melhores centros de cuidados infantis e creches neste país é adotando algum pequeno aspecto dos programas de Reggio, tais como fazer com que o professor da criança permaneça com o grupo por três anos ou tentar algum projeto de currículo específico baseado em um projeto de Reggio. Acho que a professora de Paterson estava certa. A fim de termos centros atraentes e humanos, onde tanto as crianças quanto os professores estejam envolvidos ativamente na aprendizagem, primeiro precisamos ter professores e pais, bem como líderes comunitários, que saibam "em suas mentes" que essa espécie de cuidados e educação é importante para crianças pequenas. Uma vez que saibamos disso, podemos planejar nossas próprias técnicas e nosso próprio currículo, para tornarmos isso realidade. Reggio Emilia deve ser usada como uma inspiração, não como um modelo.

ASCENSÃO E QUEDA DA EDUCAÇÃO ABERTA

Um dos muitos visitantes a Leicestershire foi a Professora Schafftel, da Universidade de Stanford. Uma carta sua, enviada à Inglaterra após sua visita, é apresentada no artigo de Phillip Sherwood, "The Leicestershire Myth" ("O Mito de Leicestershire"), em *Outlook* (1974).

> Deixei a Inglaterra sentindo que as escolas que visitara apresentavam uma preocupação com as crianças como pessoas, não apenas como aprendizes, que as escolas norte-americanas haviam perdido. Tínhamos esta preocupação em nossas escolas progressistas da década de 30. Nós a enterramos sob a pressão do frenesi pró-ciência e pós-sputnick. Espero que esforços como os seus estimulem um novo movimento em nosso país. Certamente, o número de visitantes americanos às escolas inglesas sugere uma nova busca. (SHERWOOD, 1974, p. 9).

Nesse mesmo artigo, estudantes do Wheelock College, que haviam visitado Leicestershire, também foram citados: "Cada escola de Leicestershire é uma criação das pessoas de sua cidade, de sua equipe, de suas crianças e de sua história. Eles levaram um longo tempo para tornarem-se o que são" (SHERWOOD, 1974, p. 9).

Esse mesmo comentário poderia bem ser tecido hoje, sobre cada pré-escola de Reggio. Em minha visita, descobri que tão intrigante quanto o currículo e o trabalho artístico maravilhoso das crianças, foram as palavras de orgulho sobre a história da escola, quer seja contada por professores, por pais ou pelo pedagogo.

Escrevendo em 1974, Vito Perrone refletiu sobre "Educação Aberta. Para Onde ela Foi? Para onde Está Indo?" Delineou quatro fases na literatura sobre a Educação Aberta: na primeira, baseou-se pesadamente na experiência inglesa. A seguir, uma atenção maior foi dada ao trabalho de Jean Piaget e após 1971 houve uma menor ênfase na literatura sobre a experiência inglesa. A terceira fase baseou se na literatura do movimento progressista, e a quarta foi uma literatura sobre "Como Colocar em Prática".

Embora ainda esperançoso, na época, de que as escolas pudessem tornar-se mais sensíveis às crianças, Perrone alertou que:

> Apesar do movimento crescente para a prática aberta em sala de aula, com sua ênfase sobre recursos comunitários, ainda

existe um uso limitado da comunidade... A própria comunidade precisa ver a si mesma como integral para o processo pleno da educação, não separada deste. É necessário fazer-se uma intersecção de escola e comunidade para que as qualidades de cada uma façam parte da educação das crianças. Não estou absolutamente otimista de que o progresso nessa área será rápido. (PERRONE, 1989, p. 85).

Perrone termina o capítulo apontando que os fundos para a Educação Aberta, tanto federais quanto provenientes de fundações, estão declinando, e que continuam diminuindo. O Mountain View Center fechou em *1983*. *Outlook* teve sua publicação encerrada em *1987*.

Nas décadas de 20 e 30, os educadores e os outros profissionais envolvidos em tornar as escolas sensíveis às crianças visitaram escolas progressistas particulares na cidade de Nova Iorque e nas proximidades desta. Nos anos 60, as Escolas Abertas da Inglaterra eram o local certo para ir-se; agora, é a Itália. Os educadores sentem claramente uma necessidade de verem bons programas para crianças em ação e de ouvirem seus líderes. Dois desses líderes, Malaguzzi na Itália e Perrone nos Estados Unidos, insistem que observemos a história dos programas sensíveis às crianças. Vito Perrone, atualmente professor em Harvard, encerrou uma palestra em 1982 com a sugestão de que devemos ler novamente Agnes DeLima, Caroline Pratt, Frances Hawkins, etc.

> Vejo essas descrições como sendo mais do que um elemento de desafio para as formulações contemporâneas de educação; vejo-as também como uma base importante para a luta progressista em longo prazo por melhores escolas, como parte de um esforço contínuo para garantir que aquilo que é aprendido é retido, como capaz de informar a próxima geração de progressistas que poderiam ter ainda mais sucesso em virtude de nossos esforços agora, quando as condições parecem tão difíceis e complexas. (PERRONE, 1989, p. 99).

Esses comentários parecem mais verdadeiros, para os anos 90, do que pareciam para 1982.

À medida que tanto os Estados Unidos quanto a Grã-Bretanha preocupavam-se cada vez menos com as crianças e com as escolas e mais com o individualismo, com o materialismo e com os gastos em defesa, a Educação Aberta debilitou-se em ambos os países. As observações proféticas de DeBoer sobre a Educação Progressista poderiam ser aplicadas atualmente à Educação Aberta: "Nenhum sistema de educação pode ser melhor do que a sociedade na qual opera."

A fim de aprender com as pré-escolas de Reggio Emilia, precisamos cuidar do contexto político e social que as cerca. Diane Rollo visitou as escolas em 1990; citando Rinaldi:

> Reggio Emilia é uma cidade com uma herança cultural, econômica e política profunda, é uma região onde as ideias de socialismo e cooperação para o bem-estar de todos fixaram raízes muito tempo atrás. Esses conceitos de cooperação e trabalho compartilhado para a promoção do bem comum são princípios subjacentes à experiência pré-escolar de Reggio Emilia. (ROLLO, 1990, p. 3).

Posteriormente, Rollo faz esta observação:

> Na Itália, você não consegue deixar de perceber a profunda apreciação dos italianos por beleza e estética. Essas qualidades podem ser encontradas em cada cantinho. A limpeza e a ordem sempre estão à sua volta. Existe uma ordem estética no ambiente. Pode ser vista na grandeza da arte e da arquitetura e no modo como as flores são arranjadas em um vaso, ou na forma como o macarrão é servido em seu prato. (ROLLO, 1990, p. 8).

Nos anos 90, depois de os americanos sentirem-se inspirados pelas visitas à Itália e informados por leituras sobre programas similares na América no passado, eles precisam voltar sua energia criativa não apenas para a reforma educacional, mas também para o cenário social e político em qualquer sociedade na qual residam. Uma sociedade humana parece ser um pré-requisito necessário para ter-se escolas humanas, onde os professores sejam capazes de "aprender com as crianças" e com seu ambiente e rasguem essas reproduções de abóboras e trevos com nossa bênção.

REFERÊNCIAS

CAMPBELL, K. M. *An experiment in education:* the Hessian Hills School, 1925-1952. Doctoral Dissertation, Boston University, 1984.

CAZDEN, C. *Infant school*. Newton: Education Development Center, 1969.

CREMIN, L. A. *The transformation of the school*. New York: Alfred A. Knopf, 1961.

DELIMA, A. *The little red school house*. New York: Random House, 1943.

GRAHAM, P.A. *Progressive education:* from Arcady to academe. New York: Teachers College Press, 1967.

MALAGUZZI, L. *The hundred languages of children*. Emilia Romagna: Comune di Reggio Emilia, 1987. A catalog of the exhibit, "The Hundred Languages of Children".

PANEL ON EDUCATIONAL RESEARCH AND DEVELOPMENT OF THE PRESIDENT'S SCIENCE ADIVISORY COMMITTEE. *Innovation and experiment in education*. Washington: U.S. Government Printing Office, 1964.

PERRONE, V. *Working papers*. New York: Teachers College Press, 1989.

PLOWDEN, L. B. *et al. Children and their primary schools:* a report of the Central Advisory Council for Education. London: Her Majesty's Stationery Office, 1967. v. 1.

PRATT, C. *I learn from children:* an adventure in progressive education. New York: Simon and Schuster, 1948.

RINALDI, C. *The role of the environment:* the third educator. Boston: [s. n], 1989. Unpublished extracts from Workshop at the Conference "Exploring the Hundred languages of Children".

ROLLO, D. *Non facciano niente senza gioia:* the Reggio Emilia preschool experience for children. Unpublished graduate field study article, 1990.

SHERWOOD, P. The Leicestershire myth. *Outlook,* v. 13, p. 5-13, 1974.

WALLACE, J. M. Review *of progressive education:* from Arcady to academe. *Harvard Educational Review,* v. 39, n. 1, p. 187-191, 1969.

"Zebra". Desenho feito por criança da Escola Diana.

17

As papoulas e a dança da criação do mundo

Paul Kaufman

CENA UM: FELLINI APROVARIA

O ar morno e adocicado da primavera está no ar. Uma fila de crianças move-se silenciosamente no campo de papoulas. Partindo a grama alta – como Moisés e os Israelitas – seguem seu caminho através de um mar chamejante em vermelho. "Vocês podem colher algumas flores", diz a atelierista, uma mulher atraente com cabelos de Botticelli e uma câmera de 35mm.

Um menino segura uma papoula alto, na luz do sol, examina-a com óbvio discernimento e a sopra. "Isto é melhor que sorvete", ele murmura. No mais doce dos rituais primevos, duas meninas enfeitam uma à outra.

"Deixe-me tentar colocar a flor em seus cabelos", uma diz. Ela insere o caule da papoula delicadamente nos cabelos da amiguinha e o apalpa de modo aprovador. A outra menina responde em uma voz baixa e rouca, "Eu quero fazer uma coroa de flores em seus cabelos".

Hiiiiii! Gritinhos e outros gritos animados. Uma zebra entrou na ponta extrema do campo: algumas crianças já a viram. Cabeça balançando vigorosamente para cima e para baixo, um buquê de papoulas preso em sua boca de espuma de borracha, seu traje simples, branco e preto, colide deliciosamente com os vermelhos e verdes do campo. Um menino grita: "É a zebra da Escola Diana e *eu* sei *quem* ela é!" As crianças correm pelo campo para cumprimentar o animal e os auxiliares da professora suficientemente loucos para acenar e suar debaixo da pele de zebra.

CENA DOIS: "AH... NÃO... E POR FAVOR, PASSE A ÁGUA MINERAL".

Flashback. No refeitório de uma escola de Reggio Emilia vários dias antes, o fundador Loris Malaguzzi e a equipe almoçavam com a equipe de televisão americana. Os americanos desejam capturar a essência do enfoque de Reggio Emilia à educação precoce para uma nova série de televisão sobre a criatividade. Os italianos são polidos, mas condizentemente cautelosos. Ocorrem muitas conversas cruzadas entre eles, sobre possíveis arranjos.

– Gostaríamos de filmar o projeto das papoulas.
– Mas você está aqui há apenas cinco dias. Existem várias etapas. Levará mais tempo do que você tem para mostrar todo o processo.
– Mas não temos muito tempo! Acredite-me, gostaríamos de ter mais.
– Sim, mas primeiro as crianças fazem desenhos individuais. Depois, elas começam a trabalhar umas com as outras. Finalmente, todo o grupo cria um trabalho.

Enquanto escuta e saboreia o macarrão delicado, o produtor americano recorda que o refeitório de sua antiga escola em San Diego jamais foi assim. Ele devaneia. Torna-se momentaneamente desorientado e imagina que vê uma forma evanescente libertar-se do corpo de Malaguzzi, que está ouvindo intensamente uma discussão sobre o que deve ser exibido na televisão. Uma aparição do próprio Malaguzzi levanta-se da mesa e, com um copo de vinho na mão, vai até o americano. O espírito pousa uma mão translúcida no ombro do produtor. "Olhe aqui, meu amigo, vocês americanos têm vindo muito aqui, ultimamente. Especialmente os eruditos – oh, eles vêm aos punhados –, alguns deles fizeram uma indústria, estudando-nos – mas agora também os meios de comunicação descobriram Reggio Emilia. Depois que vocês partirem, chegará uma outra equipe de televisão. Um dia estaremos na *Newsweek*. Ehhhhh...." O fantasma toma um gole de vinho. "Aqui está a questão: nada muda, por lá. Vocês vêm. Vocês olham. Vocês voltam. Vocês vêm, vocês olham..."

O produtor volta à realidade subitamente. Malaguzzi está trocando argumentos com os professores.

– "A zebra deveria chegar ao campo de papoulas", ele diz. "Isto será uma surpresa".
– Ah... Não... Malaguzzi! – uma professora lamenta-se, com um floreio dramático de mãos. – A zebra *não* é parte do projeto. Ela apenas distrairá as crianças.

Malaguzzi não volta atrás.

– As crianças precisam de surpresas – ele diz.
– Mas Malaguzzi, as crianças ficarão muito excitadas! – Ela suplica.

Alguém pede uma água mineral. Comendo e falando e comendo e falando, o produtor relaxa com uma sensação de ser parte de uma família grande, carinhosa e brigona, à qual pertenceu durante toda a sua vida.

CENA TRÊS: FILMANDO NA ESCOLA DIANA

A Diretora de Fotografia da equipe de vídeo mantém em seus ombros a pesada câmera de vídeo. Ela precisa enquadrar Malaguzzi melhor enquanto ele caminha pela sala, apontando os trabalhos artísticos das crianças. O produtor dá passos desajeitados para trás, para permanecer fora do campo de filmagem, mas ainda mantém contato visual com Malaguzzi. Eles conversam em francês. O engenheiro de som, empunhando um microfone oscilante como uma vara de pescar, anda por ali como Quasímodo em um dia ruim. Malaguzzi para diante de uma colagem. "Específica é a parte final de um projeto explorando apenas uma palavra. A palavra é 'multidão'. Como vocês podem ver, a multidão é formada de crianças, de pessoas idosas... de adultos, de pequenos cães, de odores, de sons. Esta é uma figura muito complexa. Aqui, o que as crianças estão fazendo é tomar a palavra 'multidão' e parti-la em todos os seus diferentes significados".

Os desenhos das crianças mostram uma mulher caminhando em uma direção, enquanto um homem caminha na direção oposta. Uma mãe empurra seu filho em um carrinho de bebê. Um cão é levado pela guia. "O problema é este. Dar um significado visual a um mundo tão complexo e explosivo quando uma 'multidão' pode ser. As crianças têm a habilidade de colocar muitas imagens em suas mentes. Uma imagem até pode tornar-se uma multidão de imagens e uma multidão de imagens pode criar um *diálogo* entre as crianças. Este diálogo não é apenas um meio de transmitir algo. É também o modo de a criança inventar novos rumos, de aumentar as possibilidades de fala, de enriquecer umas às outras", diz Malaguzzi. Faz uma pausa, seus olhos brilhando com a luz da paixão informada. "*Acredito que não existe possibilidade de existir sem um relacionamento. Relacionamento é uma necessidade da vida.* Desde o nascimento, as crianças estão em relacionamentos contínuos. Elas têm esta necessidade, este desejo, de dominar a interação, de serem protagonistas em um momento, ouvintes em outro. E, depois, ser protagonistas novamente. Para as crianças, o diálogo abre este jogo de exercer diferentes papéis. As crianças têm a imensa sorte de saber como extrair pensamentos e significados das vozes umas das outras. Podem falar em imagens que estão próximas, mas também em imagens que estão remotas. Para os adultos, essas imagens podem parecer fora de foco, mas estão sempre próximas à sensibilidade das crianças".

Figura 17.1 Detalhe de "Mural de Verão". Mural pintado por crianças da Escola Diana.

CENA QUATRO: AS CRIANÇAS PINTAM

Os ex-cidadãos honorários do campo de papoulas agora espalham-se no chão juntos, pintando um grande mural. As papoulas e seus amigos – gafanhotos, sapos, libélulas – aparecem em uma estética surpreendente que é simultaneamente primitiva e sofisticada. Criaturas exuberantes, expressões de pequenas fenomenologias recém-despertadas, fundidas em uma paisagem primaveril. Enquanto pintam, as crianças negociam. "O que está *coisa* está fazendo dentro da papoula?", pergunta uma menina a outra. "*Mãe!*", ela responde com exasperação: "É uma brincadeira!" – "Ahhh...", diz a outra, com o sorriso de uma criança de seis anos que está entrando nos trinta anos. Malaguzzi vai até onde as crianças trabalham e comenta: "Não são apenas as imagens que vêm das mãos e imaginação das crianças que contam, mas também o fruto da harmonia de todas as suas ideias. Colocar as cores, encontrar o equilíbrio certo em uma sinfonia de cores, significa para a criança tornar-se o instrumento extraordinário de uma orquestra".

CENA CINCO: ENCERRAMENTO E BANQUETE

Os americanos estão encerrando a produção. Cabos são enrolados e os apoios de luz são desmontados. A equipe tem o cuidado especial de não deixar a desordem atrás de si, chegando até mesmo a procurar os pedaços de fita usados para esconder microfones sob mesas e atrás de escrivaninhas. Na última noite, a equipe escolar e os americanos jantam juntos em uma estalagem rural. Os americanos brindam aos italianos. Os italianos brindam aos americanos. O produtor abraça Malaguzzi. Malaguzzi abraça o produtor, "*Caro amico*". Se existe um olho seco na casa, este é o do garçom.

De volta ao hotel, os americanos sentem-se deprimidos por deixarem Reggio Emilia. Sua próxima parada é em uma fábrica inovadora na Suécia. Uma colega que partiu na frente relata por telefone que a Suécia é fria e cara e que, além disso, não tem certeza se a história é tão boa. O produtor é assaltado por fantasias sombrias. A fábrica sueca é uma caverna gelada e escura na qual alguns gigantes barbados em aventais andam para lá e para cá, ocasionalmente batendo com suas chaves-inglesas. Tenta entrevistá-los sobre criatividade, mas tudo sobre o que falam é o quanto os suecos adoram visitar a ensolarada Itália.

O produtor volta à realidade com uma cerveja, sentado ao ar livre, com uma mesa da qual vê a grande praça – a *piazza*. É noite e ele observa os homens de Reggio Emilia reunindo-se, como têm feito há séculos.... para conversar. Eles permanecem em pequenos grupos, assim como seus pais e os pais antes deles. O produtor cogita sobre o que estarão discutindo. Política, sem dúvida. O produtor anseia por pertencer a um ritual como este, a esta comunhão através da comunicação. Ele recorda as palavras de Malaguzzi: "*Acredito que não há possibilidade de existir sem um relacionamento. O relacionamento é uma necessidade da vida*".

Um campo de papoulas, uma *piazza* de pessoas – é tudo o mesmo. As crianças dançam sua dança de criação do mundo e os homens idosos também dançam. Os sinos de uma igreja próxima soam e o produtor recorda os rostos das crianças.

"Pequenos salvadores da Interpretação", ele pensa. Deus sabe o quanto precisamos deles.

Parte V

Conclusão

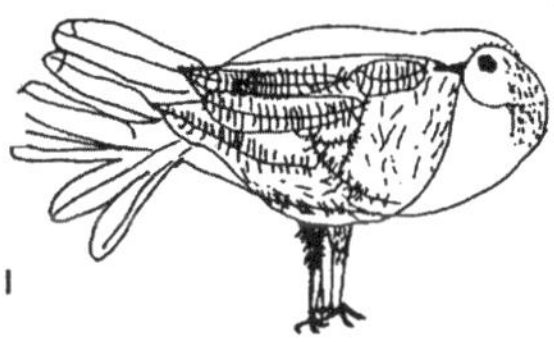

"Um pássaro olhando para trás". Desenho feito por criança da Escola Diana.

18

Para onde vamos agora?

Carolyn Edwards e George Forman

Este livro apresentou uma introdução e um panorama geral da abordagem de Reggio Emilia à educação infantil precoce. A finalidade deste projeto educacional, como dizem os educadores em Reggio Emilia (EMILIA ROMAGNA, 1984), é produzir uma *criança reintegrada,* capaz de construir seus próprios poderes de pensamento através de uma síntese de todas as linguagens expressivas, comunicativas e cognitivas. Contudo, a criança reintegrada não é um investigador solitário. Ao contrário, os sentidos e a mente da criança precisam da ajuda de outros para perceberem a ordem e a mudança e descobrirem os significados das novas relações. A criança é um *protagonista.*

Este livro, como o próprio sistema de Reggio Emilia, é o produto de muitas colaborações. Em primeiro lugar, ele é o ápice – o final do "primeiro ato" – do drama contínuo e em aceleração do diálogo e do intercâmbio entre educadores em Reggio Emilia e nos Estados Unidos, com Lella Gandini servindo como embaixadora original representando ambos os lados. Na verdade, o entendimento transcultural sempre ocorre melhor quando "aqueles dentro da cultura" e "aqueles fora da cultura" conversam sobre o significado de eventos e ideias (EDWARDS; GANDINI, 1989; WHITING; EDWARDS, 1988). Ambos os grupos oferecem perspectivas necessárias, interpretações complementares e, dessa justaposição, emerge uma "verdade do momento" completa sobre o significado e a importância da abordagem de Reggio Emilia.

Em segundo lugar, este livro representa algo que gostaríamos de encorajar: a colaboração – fusão, na verdade – entre as artes liberais e a disciplina profissional da educação para a primeira infância. A base de conhecimentos das artes e das humanidades é usada com demasiada frequência superficialmente e de um modo não inspirador nas salas de aula, porque os professores acham que não estão suficientemente preparados ou "não são bons" em coisas relacionadas à arte, à música, à história e à literatura. Em contrapartida, o programa de Reggio Emilia demonstra como os professores podem, através da documentação e do trabalho em equipe, preparar ambientes escolares e atividades que despertem nas crianças pequenas poderes para perceber, estudar e representar os mundos belos e organizados da natureza e da cultura que as cercam. Como resultado, as crianças, através de uma exploração guiada, de jogos e de autoexpressão, são apresentadas de modos apropriados aos símbolos importantes e ao sistema de conhecimento dos adultos. As crianças adquirem cedo um senso profundo de sua história, de sua herança e de suas tradições culturais.

Figura 18.1 "Crianças concluindo sua história". Fotografia colocada pelas crianças no final de sua foto-história, "Pedinovela". (Extraída do catálogo da exposição *As Cem Linguagens da Criança*. Reimpressa com permissão.)

Finalmente, este livro representa um anseio pela espécie mais esperançosa de colaboração de todas, aquela entre as crianças e os adultos. Como Dean Murray Schwartz disse, apresentando a Conferência de 1988 na Universidade de Massachusetts:

> Uma das coisas que aprendemos neste século com as pessoas que trabalham com as crianças é que a brincadeira não é apenas um meio de testar a realidade, mas é também uma forma de criá-la. A liberdade das crianças para brincarem cooperativamente muda o mundo! Quando crescerem, ficarão adultas e ensinarão outras crianças... Se elas podem criar uma comunidade adulta, então isso terá um efeito profundo sobre o modo como percebemos, mudamos e respeitamos o mundo real.

Portanto, para onde vamos, agora? A abordagem de Reggio Emilia representa uma combinação singular de elementos, mas sua filosofia e premissas básicas sobre o ensino e a aprendizagem são aqueles que a maioria dos educadores americanos da primeira infância considerarão familiares e simpáticos. Por exemplo, apesar de nossa ênfase sobre a autonomia e a individualidade, a maior parte de nós tenta promover uma maior cooperação, comunidade e participação tanto nas escolas quanto na vida americana. Embora possamos encontrar situações nas quais podemos usar abordagens sequenciais ou comportamentais, ainda somos basicamente centrados na criança e voltados para o todo.

Um esforço que vale a pena ser empreendido é o estudo em maior profundidade do trabalho que está sendo realizado em Reggio Emilia. Mal começamos a compreender, por exemplo, como os professores trabalham lá. Até que ponto os professores são diferentes, naquilo que fazem? Qual é o grau de consistência em que mantêm um equilíbrio entre a orientação pelo professor e pela criança, da aprendizagem? Como, exatamente, transformam as diferenças e conflitos em oportunidades para a solução de problemas? Como encontram tempo para documentar o trabalho e as conversas das crianças, enquanto executam suas outras responsabilidades?

Além do estudo do programa em Reggio Emilia, entretanto, devemos observar o que ocorre no exterior, em outros sucessos na educação (COCHRAN, 1993; LAMB et al., 1992; OLMSTEAD; WEIKART, 1989). Certamente, Reggio Emilia não é o único local interessante de inovação na Itália, muito menos na Europa! Uma vez que as pessoas na Europa Ocidental estão à frente dos norte-americanos com relação aos serviços sociais e à política familiar, devemos estudar suas experiências, enquanto debatemos se e como devemos financiar com fundos públicos os cuidados e a educação para a primeira infância, como desenhar espaços e ambientes para os bebês e crianças pequenas, e quais são os diferentes modelos possíveis para agruparmos as crianças, para organizarmos o dia e o ano escolar, para definirmos os papéis dos adultos e para construirmos estruturas para a tomada de decisões.

No que se refere a "trazer a abordagem para casa", existem muitas possibilidades. Um tema inicial tem a ver com a seguinte questão: é melhor avançarmos, por um lado, estabelecendo escolas ou salas de aula para demonstração, incorporando tão estreitamente quanto possível todas as premissas centrais importantes da abordagem de Reggio Emilia, ou, por outro lado, tentar incorporar uma ou mais tendências da abordagem em esforços já em andamento, em qualquer contexto ou nível de educação no qual estamos trabalhando? Ainda assim, é realmente um debate inútil. Todas as tentativas para incorporarmos as ideias e enfoques de outros tendem a ser mais ou menos parciais. Mesmo com todo o dinheiro, liberdade e recursos que desejamos, não podemos fazer tudo completamente novo, ou importar exatamente o que fazem em Reggio Emilia; nem desejaríamos fazer isso. Em primeiro lugar, existem 22 pré-escolas e 13 creches municipais em Reggio – cada uma com sua própria individualidade distinta, que evoluiu ao longo do tempo – de modo que não existe um "algo" isolado e estático sobre o que modelar. Em segundo lugar, como David Hawkins (Comentários) nos lembra, a importação de modelos estrangeiros em seu todo jamais funcionou; cada sociedade deve solucionar seus próprios problemas. Portanto, a questão vem a ser, simplesmente, relativa ao grau de ambição e de complexidade do projeto que desejamos assumir, ou quantas dimensões devemos considerar simultaneamente.

De qualquer modo, aqueles engajados na adaptação e aplicação descobrem-se imediatamente confrontando temas interessantes e sutis. Para alguns aspectos da abordagem de Reggio Emilia – por exemplo, o uso de projetos de estudo a longo prazo – podemos facilmente encontrar recursos práticos (KATZ; CHARD, 1989) e racionalizar em termos de prática desenvolvimentalmente apropriada (BREDEKAMP, 1987). O sucesso evidente da incorporação de ideias de Reggio Emilia em um trabalho elaborado de projeto com crianças americanas é comprovado por Forman, Lee, Weisley e Langley (Cap. 13) e LeeKeenan e Nimmo (Cap. 14). Outros aspectos, entretanto, apresentam uma dificuldade muito maior, mesmo quando apresentam ideias válidas. Um desses aspectos envolve o oferecimento de tempo às crianças. Os educadores em Reggio deploram o modo como os americanos "apressam" as crianças e lhes negam o tempo necessário para o trabalho com projetos. Embora essa crítica pareça justificada, nós temos compromissos com raízes fortemente fixadas com a adesão a horários e o uso eficiente do tempo. Talvez o exemplo de Reggio Emilia possa nos ajudar a reexaminar e modular os excessos de nossa tendência americana para correr e compactar demasiadas atividades e transições em nossos horários e nos horários das crianças. Um outro aspecto envolve a continuidade por três anos, dos professores e grupos de crianças nas escolas pré-primárias de Reggio – uma prática comum em toda a Itália e em outras partes da Europa. Os imensos benefícios parecem óbvios em termos de proteger-se o sentimento de segurança das crianças, promover vínculos entre pais e professores e transformar as pré-escolas em algo menos institucional. Por que, então, esta prática não é a norma, nos Estados Unidos?

A pergunta "Para onde vamos, agora?" levanta muitas possibilidades instigantes. Esperamos que nossos empreendimentos sejam cheios de momentos de confusão e iluminação, de conflito e progresso.

RESUMO: UMA ABORDAGEM MULTISSIMBÓLICA AO ENSINO

A abordagem ao ensino, em Reggio Emilia, é uma grande parte do que torna o programa tão único e interessante. Partindo do manuscrito como um todo, abstraímos uma lista de princípios ou diretrizes de ensino. Esse conjunto não é final ou exaustivo; esses itens são o melhor, em termos de resumo, que podemos oferecer no momento. Dividimos esses princípios em seis categorias. Uma vez que foram plenamente descritos no livro, aqui serão simplesmente listados de um modo abreviado. Por favor, considere esta seção como um resumo de muitas das ideias cruciais do livro, assim como um conjunto de lembretes para o professor, em sua prática.

Preparação do projeto

- Pense em termos de "reconhecimento", em vez de "planejamento".
- Use pequenos grupos de duas a seis crianças no trabalho em projetos.
- Dê liberdade a temas distantes da experiência cotidiana.
- Desafie as crianças a fazerem algo grande ou complicado.
- Não evite temas emocionalmente carregados.
- Apresente o projeto como uma necessidade a ser exibida e comentada.
- Esteja preparado para qualquer coisa, debatendo as possibilidades.
- Preveja de que maneira o conteúdo acadêmico pode surgir naturalmente.

Estratégias de representação

- Peça que as crianças copiem as representações de adultos, como mapas.

- Deixe que as crianças façam desenhos transmodais, como desenhos de sons e sentimentos.
- Mostre às crianças fotos tiradas enquanto trabalham; estimule a reflexão.
- Use os primeiro desenhos como uma referência para melhorar representações posteriores.
- Encoraje as crianças a fazerem seus primeiros esboços de modo casual e rápido.
- Use os desenhos das crianças para esclarecer suas teorias ingênuas.
- Faça fotocópias dos ícones das crianças e os use em muitos contextos.
- Substitua as notações padronizadas por símbolos inventados pelas crianças.
- Peça que as crianças inventem notações e sintaxe, por exemplo, para representarem pegadas.
- Use um domínio simbólico para pressionar e desafiar um outro domínio.
- Vá além da arte e estética; em vez disso, veja a arte como uma ferramenta para o pensamento.
- Integre desenhos a partir tanto da observação quanto da imaginação.
- Desenhe o mesmo objeto ou sistema a partir de diferentes perspectivas.
- Represente o mesmo objeto ao longo do tempo, por exemplo, sombras que se alongam, plantas que crescem.

Dinâmica de grupo

- Utilize, no nível adulto, os tipos de participação democrática, de aprendizagem cooperativa e de resolução de conflitos que está tentando ensinar às crianças.
- Permita que as crianças comparem e critiquem o trabalho umas das outras.
- Ajude a transformar diferenças de opinião em oportunidades para a solução de problemas.
- Deixe que o sistema de relações do grupo seja um meio educacional.
- Experimente com pequenos grupos com número variável de membros no trabalho em projetos.
- Seja sensível às diferenças de gênero nos estilos de solução de problemas.
- Confie nas crianças para debaterem entre si até o fim.
- Use o senso de "nós" para melhorar a dinâmica social do projeto.
- Use o construtivismo social, apoiando o conflito construtivo.
- Faça uso do interesse das crianças por regras como um meio educacional.
- Faça com que o projeto culmine em um evento para a comunidade como um todo.

Estratégias didáticas

- Proporcione situações que desafiem as crianças intelectual e emocionalmente.
- Sirva como escriba das crianças; escreva o que elas ditam.
- Ofereça réplicas em miniatura para apoiar o discurso das crianças.
- Deixe as crianças falarem sobre que representação comunica melhor.
- Deixe que as crianças selecionem e discutam que materiais funcionam melhor.
- Ensine habilidades técnicas diretamente, por exemplo, quando trabalhando com argila.
- Comente sobre o trabalho, em vez de comentar sobre o nível de habilidade das crianças.
- Desvie-se da falta de habilidades técnicas das crianças e vá diretamente a seu pensamento, por exemplo, usando de fotocópias.

- Combine objetos e materiais de formas inesperadas, por exemplo, traga o que pertence à rua para dentro da escola e o que geralmente está dentro da escola para a rua.
- Aprenda com as crianças enquanto elas tentam aprender com você.
- Deixe que as crianças sigam um ritmo lento, sem apressá-las.

Objetivos cognitivos

- Encoraje as crianças a pensar sobre aquilo que algo *não é.*
- Encoraje as crianças a pensar acerca do que algo *poderia ser.*
- Encoraje as crianças a pensar sobre relações recíprocas.
- Ajude as crianças a reemoldurarem o mundano e o comum.
- Saliente o conhecimento em profundidade de sistemas completos.
- Permita que as crianças discutam a natureza incompleta de seu trabalho.

Interpretação do trabalho das crianças

- Documente, documente, documente!
- Compartilhe sua documentação com os pais, com as crianças, com os colegas e com o público.
- Assuma a perspectiva de um pesquisador.
- Encontre nas anotações de ontem problemas que podem ser apresentados hoje.
- Reveja transcrições e fotos das crianças com elas.
- Encoraje as crianças para que trabalhem e retrabalhem uma representação.
- Trate todas as respostas como produtos de uma lógica a ser compreendida.

REFERÊNCIAS

BREDEKAMP, S. *Developmentally appropriate practice in early childhood programs serving children from birth through age 8*. Washington: National Association for the Education of Young Children, 1987.

COCHRAN, M. (Ed.). *International handbook on child care policies and programs.* Westport: Greenwood Press, 1993.

EDWARDS, C. P.; GANDINI, L. Teachers' expectations about the timing of developmental skills: a cross-cultural study. *Young Children,* v. 44, n. 4, p. 15-19, 1989.

EMILIA ROMAGNA. Department of Early Education. *L'occhio se salta il muro (When the eye jumps over the wall).* Catalog of the Exhibit, "L'Occhio se Salta il Muro", 1984.

KATZ, L. G.; CHARD, S. C. *Engaging children's minds:* the project approach. Norwood: Ablex, 1989.

LAMB, M. E. et al. (Ed.). *Child care in context.* Hillsdale: Erlbaum, 1992.

OLMSTEAD, P.; WEIKART, D. (Ed.). *How nations serve young children:* profiles of child care and education in 14 countries. Ypsilanti: High/Scope Press, 1989.

SCHWARTZ, M. Introduction to the "Hundred Languages of Children". Conference, University of Massachusetts, Amherst, 1988.

WHITING, B. B.; EDWARDS, C. P. *Children of different worlds:* the formation of social behavior. Cambridge: Harvard University Press, 1988.

Glossário de termos usados por educadores de Reggio Emilia

Asilo Nido: Creche educacional de turno integral para crianças dos quatro meses aos três anos.

Assessore: Oficial eleito, subordinado ao Prefeito, encarregado de toda a educação pública da cidade.

Atelier: Oficina ou estúdio, mobiliada com uma variedade de materiais e de recursos usados por todas as crianças e adultos em uma escola.

Atelierista: Professor com formação em educação artística ou um artista local encarregado do atelier. Este profissional tem a função de auxiliar no desenvolvimento do currículo, bem como de registrar e documentar as atividades realizadas.

Comuna: Também chamada de municipio, é o governo da cidade e o prédio onde está localizado.

Consiglio di Gestione – Conselho da Administração Baseada na Comunidade: Comitê eleito de pais, cidadãos e educadores servindo em uma pré-escola ou creche.

Consulta di Asili Nido e delle Scuole dell' Infanzia – Conselho Municipal de Educação para Creches e Pré-Escolas: Composta de representantes das Juntas de Consultoria; tem autoridade de governo sobre o sistema para a primeira infância.

Direttore – Diretor de Educação para a Primeira Infância: Profissional civil, que supervisiona todo o sistema pré-escolar e de creches garantindo a qualidade e a integridade dos serviços educacionais oferecidos às crianças e às famílias.

Educatore: Professor em uma pré-escola.

Gestione Sociale: Gestão social é a administração baseada na comunidade, isto é, o sistema de gestão, envolvendo representações de diferentes setores da comunidade local, praticado no sistema municipal de Reggio Emilia para a primeira infância.

Operatore: Professor em um centro para bebês ou creche.

Pedagogista: Coordenador Pedagógico: Age como consultor, auxiliar e coordenador de diversas pré-escolas e creches. A Equipe de Pedagogista serve sob o Diretor, que é responsável pelas pré-escolas e creches da cidade.

Scuola dell' Infanzia Pré-Escola: Centro educacional de cuidados infantis de turno integral para crianças de 3, 4 e 5 anos de idade. Glossário de Termos Usados por Educadores de Reggio Emilia.

Recursos adicionais publicados sobre a abordagem de Reggio Emilia

LIVROS

EDWARDS, C. P.; SHALLCROSS, D.; MALONEY, J. Promoting creativity in a graduate course on creativity: entering the time and space of the young child. *Journal of Creative Behavior*, v. 25, n. 4, p. 304-310, 1991.

FORMAN, G. E. Helping children ask good questions. In: NEUGEBAUER, B. (Ed.). *The wonder of it:* exploring how the world works. Redmond: Exchange, 1989.

FORMAN, G. E. The constructivist perspective. In: ROOPNARINE, J. L.; JOHNSON, J. E. (Ed.). *Approaches to early childhood education*. Columbus: Merrill, 1992.

GANDINI, L. Creativity comes dressed in everyday clothes. *Child Care Information Exchange*, n. 85, p. 26-29, 1992.

GANDINI, L. Not just anywhere: making child care centers into "particular" places. *Beginnings*, n. 78, p. 17-20, 1991.

GANDINI, L.; EDWARDS, C. P. Early childhood integration of the visual arts. *Gifted International,* v. 5, n. 2, p. 14-18, 1988.

KATZ, L. G. Impressions of Reggio Emilia preschools. *Young Children,* v. 45, n. 6, p. 10-11, 1990.

LEEKEENAN, D.; EDWARDS, C. P. Using the project approach with toddlers. *Young Children,* v. 47, n. 4, p. 31-36, 1992.

LEWIN, A. W. The view from Reggio. *Hand to hand:* youth museums newsletter, v. 6, n. 1, p. 4-6, 1992.

NEW, R. Early childhood teacher education in Italy: Reggio Emilia's master plan for "master" teachers. *The Journal of Early Childhood Teacher Education*, v. 12, n. 37, 1991.

NEW, R. Excellent early education: a city in Italy has it! *Young Children,* v. 45, n. 6, p. 4-10, 1990.

NEW, R. Italian child and early education: amor maternus and other cultural contributions. In: COCHRAN, M. (Ed.). *International handbook on child care policies and programs*. Westport: Greenwood, 1993.

NEW, R. Projects and provocations: preschool curriculum ideas from Reggio Emilia. *Montessori Life,* v. 3, n. 1, p. 26-28, 1991.

RANKIN, B. Inviting children's creativity: a story of Reggio Emilia, Italy. *Child Care Information Exchange*, n. 85, p. 30-35, 1992.

REGGIO EMILIA. Department of Early Education. *I centro linguaggi dei bambini (The hundred languages of children: Narrative of the possible)*. Catalog of the Exhibit, "The hundred languages of children". Reggio Emilia, Italy, 1987.

THE 10 BEST schools in the world, and what we can learn from them. *Newsweek*, p. 50-59, 1991.

RECURSOS EM VÍDEO

CHILDHOOD. Short segments on Reggio Emilia in Parts 3 (Love's labors) and 4 (In the land of the giants) of 7. Ambrose Video Publishing, 1290 Avenue of the Americas, Suite 2245, New York, NY 10104. PBS, 1991.

FORMAN, G. et al. An amusement park for birds. Performanetics Press, 19 The Hollow, Amherst MA 01002, 1993.

THE CREATIVE SPIRIT. Segment on Reggio Emilia in Part 2 of 4 (Creative beginnings). PBS Video, 4401 Sunset Boulevard, Los Angeles, CA 90027. Companion volume: The creative spirit, by D. Goleman, P. Kaufman, and M. Ray, New York, Dutton, 1992.

THE LONG JUMP: a video analysis of small group projects in early education as practiced in Reggio Emilia, Italy. Performanetics Press, 19 The Hollow, Amherst, MA 01002, 1991.

TO MAKE A PORTRAIT OF A LION (PER FARE IL RITRATTO DI UN LEONE). Reggio Emilia: Reggio Children, 1987. Comune di Reggio Emilia, Centro Documentazione Ricerca Educativa Nidi e Scuole dell'Infanzia. Available through Baji Rankin, 346 Washington St., Cambridge, MA 02139.

BOLETINS

U.S. REGGIO EMILIA NETWORK NEWSLETTER. The Merril-Palmer Institute, 71A East Ferry Avenue, Detroit, Michigan 48202. Beginning November, 1992.

Índice onomástico

Os números em *itálico* reportam-se a Referências.

Índice

IMPRESSÃO:

GRÁFICA EDITORA
Pallotti
IMAGEM DE QUALIDADE

Santa Maria - RS - Fone/Fax: (55) 3220.4500
www.pallotti.com.br